CB080971

Série Estratégias de Ensino 65

INTERCOMPREENSÃO

a chave para as línguas

Pierre Escudé
Francisco Calvo del Olmo

parábola

Direção: Andréia Custódio
Capa e diagramação: Telma Custódio
Revisão: Kaya Adu Pereira
Imagem da capa: Imagem da escultura Sarutul, o Beijo, de Constantin Brâncuşi, escultor romeno que fez a sua carreira artística em Paris, contemporâneo de Jules Ronjat, Jean Jaurès e Ferdinand de Saussure

CIP-BRASIL. CATALOGAÇÃO NA FONTE
SINDICATO NACIONAL DOS EDITORES DE LIVROS, RJ

O61i

Olmo, Francisco Calvo Del
Intercompreensão : a chave para as línguas / Francisco Calvo Del Olmo, Pierre Escudé. - 1. ed. - São Paulo : Parábola, 2019.
224 p. ; 23 cm. (Estratégias de ensino ; 65)

Inclui bibliografia e índice
ISBN 978-85-7934-177-9

1. Linguística. 2. Línguas românicas. I. Escudé, Pierre. II. Título. III. Série.

19-61192 CDD: 410
CDU: 81

Leandra Felix da Cruz - Bibliotecária - CRB-7/6135

Direitos reservados à
PARÁBOLA EDITORIAL
Rua Dr. Mário Vicente, 394 - Ipiranga
04270-000 São Paulo, SP
pabx: [11] 5061-9262 | 5061-8075 | fax: [11] 2589-9263
home page: www.parabolaeditorial.com.br
e-mail: parabola@parabolaeditorial.com.br

ISBN: 978-85-7934-177-9

Os autores agradecem a todas as pessoas que contribuíram para este livro chegar às mãos das leitoras e leitores. Especialmente às professoras Karine Marielly Rocha da Cunha e Kátia Bernardon de Oliveira e ao professor Marcos Bagno pela leitura do manuscrito e por todos os comentários e correções que propuseram. Também agradecemos à Capes, que financiou nossa pesquisa através do projeto DiproLínguas, sob a coordenação do professor Christian Degache. Só o investimento público na educação permite posicionar o Brasil na produção científica internacional e superar a dívida histórica com a formação do povo brasileiro.

Sumário

Capítulo UM

Representações da linguagem e das línguas ... 11

1. A intercompreensão: uma chance para a comunicação em contextos plurilíngues ... 11
2. Variação e universais linguísticos: alicerces da linguagem humana ... 13
   2.1 O signo linguístico ... 14
   2.2 O paroquialismo e a força do intercurso ... 15
3. Histórias e universos linguísticos ... 17
   3.1 A história de Victor, *l'enfant sauvage* ... 20
   3.2 *Storia di Tönle*, o homem que não se sabia plurilíngue ... 21
   3.3 *Baudolino*, a construção de um personagem literário mediante o plurilinguismo ... 22
4. Aspectos psicológicos, sociais e políticos do plurilinguismo ... 23
   4.1 Aspectos psicolinguísticos e aquisição da linguagem ... 24
   4.2 Aspectos sociolinguísticos e representações das línguas ... 25
   4.3 Aspectos de política linguística e valorização das competências ... 27
5. Os cenários da comunicação exolíngue: a intercompreensão como alternativa ética ... 30
6. Origens e definição do termo *intercompreensão* ... 34
7. A intercompreensão: da oralidade à escrita e vice-versa ... 38
8. A diversidade linguística como maldição ou dom divino nas narrativas mitológicas ... 42

Capítulo DOIS

A intercompreensão: método para o ensino integrado de línguas ... 45

1. O comparativismo como precedente da intercompreensão ... 45

2. Identificação e distanciamento: as duas dinâmicas presentes nos contatos linguísticos 49
3. O *continuum* linguístico românico 51
4. A intencionalidade 57
5. Estratégias para a intercompreensão 59
   5.1 O contexto e a forma como guias 60
   5.2 Estratégia de transferência 63
   5.3 Estratégia de aproximação 64
6. Uma competência deliberadamente parcial: a intercompreensão através da escrita 65
7. Da escrita à globalidade das competências 68
8. Mudança de paradigma: o ensino integrado de línguas 71
9. O papel do professor e do aluno na abordagem intercompreensiva 73

Capítulo TRÊS

O acervo lexical das línguas românicas aplicado à intercompreensão 75

1. O título do *Pequeno Príncipe*: exemplo da diversidade entre as línguas humanas 75
2. Pontes entre as línguas do *continuum* românico 78
3. Observação, manipulação e habilidades metalinguísticas 81
4. Da contiguidade à continuidade: conexões produtivas 85
5. O acervo lexical da família românica 87
   5.1 Palavras populares, eruditas e semieruditas 87
   5.2 Empréstimos intrarromânicos na construção de uma latinidade plural 89
   5.3 Empréstimos procedentes de outras línguas: fonte de diversificação e de unificação do léxico românico 92
   5.4 Prefixos de origem greco-latina 95
   5.5 Sufixos apreciativos e derivativos 96
   5.6 Elementos de dispersão no léxico e falsos amigos 98
6. A roupagem da língua: algumas especificidades ortográficas e suas correspondências fonéticas 100
   6.1 Palatalização de /k/ e /g/ e as grafias <qu>, <gu>, <ch>, <gh> 102
   6.2 As grafias <nh> e <lh> 103
   6.3 Os grupos iniciais latinos *pl-*, *fl-*, *cl-* e os grupos internos *-ct-* e *-lt-* 104
7. Conclusões pedagógicas sobre o léxico românico: opacidade e transparência 105

Capítulo QUATRO

Pontes e alavancas morfológicas no desenvolvimento de competências metalinguísticas 109

1. Analogias e contrastes do tipo linguístico românico para uma formação em intercompreensão 109
2. A flexão nominal: comum e diversa 111

2.1 As marcas de gênero gramatical: feminino e masculino como herança compartilhada 112
2.2 As marcas de número: a formação do plural como fator de distanciamento no *continuum* 115
3. Os mostrativos nas línguas românicas: semelhanças e diferenças 117
3.1 Artigos definidos e indefinidos 117
3.2 A série dos demonstrativos 120
4. O verbo 121
4.1 A apofonia vocálica na conjugação verbal 122
4.2 As formas nominais do verbo: infinitivos, particípios e gerúndios 124
5. A negação 127
6. Pequenas, mas notáveis: as preposições 129
7. Perfis das línguas românicas: o que as diferencia entre si? 130
7.1 O galego-português no extremo ocidental do *continuum* românico 131
7.2 O espanhol: tipologia de uma língua ibero-românica 132
7.3 O catalão e o occitano: duas línguas gêmeas no centro do *continuum* românico 134
7.4 O francês no *continuum* românico: perfil de uma língua inovadora 136
7.5 O italiano e as línguas da Itália: o espaço onde surgiu o *continuum* românico 139
7.6 O romeno no *continuum* românico: uma ilha latina num mar eslavo 141
7.7 As chamadas línguas crioulas dentro do *continuum* românico 146
8. Para além da gramática contrastiva: conhecer novas línguas para melhor entender a língua materna 150

Capítulo CINCO

Projetos e materiais didáticos 153
1. Panorama de métodos, projetos e manuais de intercompreensão 153
2. Materiais e métodos baseados na leitura plurilíngue 155
2.1 EuroComRom e as Sete Peneiras 155
2.2 EuRom4 e EuRom5 157
2.3 Romanica Intercom: um método para um público catalão 158
2.4 A produção latino-americana: Interlat, InterRom, LALIC e Intercompreensão de línguas românicas e língua inglesa 159
3. Materiais, métodos baseados na interação em plataformas digitais 160
3.1 A saga interacionista: Galatea, Galanet e Galapro 160
3.2 O Projeto Cinco: cooperação em intercompreensão para o mundo profissional 163
3.3 Outros recursos online de aprendizagem autônoma: Babel Web e Book2 164
4. A formação de redes de pesquisa: Redinter e Miriadi 164
5. O plurilinguismo na escola: da exclusão à sua progressiva integração 166
5.1 Os projetos de Despertar para as Línguas: EvLang, Ja-Ling e EOLE 167

5.2 Euromania: um manual para a integração da intercompreensão na escola ... 169
5.3 A União Latina na promoção da intercompreensão: Itinerários românicos e Limbo ... 171
6. A construção de quadros de referência para o ensino e avaliação da intercompreensão: CARAP, REFIC, REFDIC e Eval-IC ... 172
7. Recapitulando: projetos e produtos para o ensino da intercompreensão ... 174
8. A integração curricular da intercompreensão: possibilidades e empecilhos . 176
8.1 Elementos para a integração da intercompreensão no ensino básico ... 178
8.2 Aplicações da intercompreensão no ensino de português como língua não materna ... 181
8.3 Questões para a integração da intercompreensão nos currículos acadêmicos universitários ... 183

Apêndice
Propostas didáticas em intercompreensão ... 185
1. Primeiros passos para integrar a intercompreensão nas aulas de língua(s) ... 185
2. *Minha biografia linguística*: ponto de partida para as abordagens plurais ... 186
3. *A flor das línguas*: despertar para as línguas da turma ... 189
4. *Leituras espelhadas*: a intercompreensão como ferramenta para o letramento plurilíngue ... 190
5. *Notícias multilíngues*: atividades de leitura integrada ... 194
6. *Cinema e Romanofonia*: o trabalho em redes ... 197
7. *Entendi!* Trabalhando a compreensão oral desde as abordagens intercompreensivas ... 199
8. *Adote uma língua*: reconhecimento das características de uma língua dentro do *continuum* linguístico ... 201
9. *Tão longe e tão perto*: introdução à fraseologia plurilíngue através da intercompreensão ... 203
10. *O latim, uma língua com boa saúde*: tecendo pontes entre as línguas clássicas e as línguas modernas através da intercompreensão ... 205
11. *Uma aula de intercompreensão, uma aula em intercompreensão*: planejamento de unidades didáticas na formação de formadores ... 210
12. A avaliação da formação ... 212

Anexo ... 215

Referências bibliográficas ... 219

Capítulo UM

Representações da linguagem e das línguas

Le mécanisme linguistique roule tout entier sur des identités et des différences, celles-ci n'étant que la contrepartie de celles-là.

O mecanismo linguístico gira todo ele sobre identidades e diferenças, não sendo estas mais que a contraparte daquelas.
FERDINAND DE SAUSSURE

1. A intercompreensão: uma chance para a comunicação em contextos plurilíngues

A palavra "intercompreensão" foi cunhada em 1913 pelo linguista francês Jules Ronjat, mas ainda hoje não é suficientemente divulgada em âmbito acadêmico. No entanto, é simples explicar o que esse termo significa: dois interlocutores se encontram, cada um falando — ou escrevendo — sua própria língua e se esforçando para entender a língua do outro. De fato, a intercompreensão dá conta de uma forma de comunicação que todos nós já experimentamos alguma vez em nossas vidas: ao viajar a um país hispanofalante ou ao ler um breve texto escrito em italiano, por exemplo, conseguimos nos aproximar dessa língua *estrangeira* — em teoria desconhecida —, compreender as informações principais — mesmo com dificuldades — e inclusive interagir usando nossa língua materna.

Além de ser um recurso imediato, essa modalidade de comunicação constitui uma prática ancestral e apresenta algumas vantagens importantes tanto em termos de eficiência, pois cada interlocutor usa uma língua que conhece bem, quanto em termos de igualdade, já que ninguém impõe sua língua ao outro nem se vê constrangido a arranhar uma língua com insegurança. Enquanto prática comunicativa, ela pode ser bem-sucedida, desde que os interlocutores adotem algumas estratégias e desenvolvam certas competências, como explicaremos mais adiante. Por conseguinte, a intercompreensão respalda o pensamento formulado pelo escritor e semiólogo italiano Umberto Eco (1994: 376-377):

> Uma Europa de poliglotas não é uma Europa de pessoas que falam muitas línguas fluentemente, mas, na melhor das hipóteses, de pessoas que podem se encontrar falando cada uma sua própria língua e entendendo a língua da outra, a qual não conseguiriam falar fluentemente, e compreendendo essa outra língua, mesmo com dificuldade, pudessem entender o "gênio", o universo cultural que cada pessoa expressa falando a língua de seus antepassados e de sua própria tradição[1].

A reflexão sobre o funcionamento da língua(gem) será central ao longo de nossa exposição; nos atos da fala, a língua se encontra dentro de um contexto histórico, geográfico, social e cultural, no qual é usada por um grupo de pessoas com intencionalidade específica. O conhecimento desse contexto e a intencionalidade compartilhada entre os falantes fornecem um primeiro quadro para a comunicação.

Um dos princípios que também vai guiar nossa exposição nos próximos capítulos é a ideia do *continuum*. Isto é, as línguas raramente se encontram completamente isoladas, antes, se integram com outras línguas vizinhas, com outros sistemas mais ou menos próximos, com os quais tecem relações de parentesco ou contatos recíprocos. Nesse sentido, a didatização da intercompreensão traz elementos relevantes para a área da linguística aplicada e do ensino de línguas estrangeiras

---

1 Apresentamos também o trecho original do autor: *Un'Europa di poliglotti non è un'Europa di persone che parlano correntemente molte lingue, ma nel migliore dei casi di persone che possono incontrarsi parlando ciascuno la propria lingua e intendendo quella dell'altro, che pure non saprebbero parlare in modo fluente, e intendendola, sia pure a fatica, intendessero il 'genio', l'universo culturale che ciascuno esprime parlando la lingua dei propri avi e della propria tradizione.*

que tradicionalmente as entendia como objetos de estudo estanques — separadas entre si e também diferentes da língua materna — e condenava qualquer tipo de *mistura* entre tais idiomas. Todavia, devemos esclarecer que a intercompreensão, enquanto abordagem pedagógica, não pretende substituir outras metodologias precedentes; ela assume uma posição pragmática no que tange ao nosso modo de ser e de interagir nas línguas. Assim, antes de entrar plenamente nessas questões, devemos refletir sobre o que são as línguas, como as aprendemos e como as representamos.

2. Variação e universais linguísticos: alicerces da linguagem humana

Há pouco mais de um século, em 1916, foi publicado o *Curso de linguística geral* do suíço Ferdinand de Saussure, professor da Universidade de Genebra. O objetivo dessa obra não era estudar uma língua em particular ou um grupo de línguas específico, como vinha sendo feito até então mediante o método histórico-comparativo, mas estabelecer um método para o estudo do funcionamento da linguagem enquanto capacidade humana. Anteriormente, a escola dos neogramáticos — representada por nomes como Osthoff e Brugmann — tinha proposto introduzir na linguística histórica os princípios positivistas, que triunfaram na ciência e na filosofia da época, com a esperança de renovar a gramática comparativa. O livro do professor suíço — publicado pelos seus discípulos Charles Bally, Albert Sechehaye e Albert Riedlinger após a sua morte — teve intensa e extensa repercussão ao longo do século XX, contribuindo de maneira muito notável não só para o desenvolvimento da linguística, mas também de outras áreas do saber adjacentes como a semiótica, a antropologia, a teoria literária e a psicanálise.

A correspondência trocada entre Roman Jakobson — discípulo genial de Saussure — e Claude Lévi-Strauss — o mais *brasileiro* dos estruturalistas e um dos pais da antropologia — evidencia um pensamento comum ao entender que o estruturalismo concilia o sentido da variação com a busca por invariáveis; ou seja, não opõe a preocupação com as formas universais ao interesse pelas particularidades, por aquilo que é diferente e faz com que cada língua seja singular. Assim sendo, combina a ciência e a experiência, o conceito e a sensação, a verdade e a vida; uma série de pares aos quais nós poderíamos acrescentar a língua no seu conjunto e os atos da fala. Dentro desse quadro, as estruturas invariantes nada mais são que matrizes de variação (Jakobson; Lévi Strauss, 2018). Em outras palavras, a linguagem é um sistema que produz, admite e precisa de variação.

2.1 O signo linguístico

Cada língua codifica, numa linguagem articulada e abstrata, o que está presente para os sentidos (o que é chamado de referente: *mesa, garrafa, céu*) ou o que está ausente dos sentidos (a mesa na sala ao lado, o conceito de liberdade, a matemática, os seres mitológicos etc.). Essa codificação funciona por aquilo que Saussure chama de *signo linguístico*, o qual tem duas faces inseparáveis: o significante e o significado. Assim, um som pronunciado oralmente, um traço escrito (para Saussure, a escrita é como a fotografia da primeira realidade, que é falada) ou um gesto nas línguas de sinais, todos eles são significantes que carregam um significado para sua comunidade de usuários. Ao ouvirmos ou lermos *mesa*, imediatamente se forma no nosso cérebro a imagem de uma mesa. Isto é importante porque o referente e o significado respondem um ao outro, um no mundo concreto, manipulável, o outro na abstração do signo. O que torna possível alcançar o referente — o significado — é o significante: ou seja, a sequência de sons; ou, na escrita, a sequência de traços que codifica esses sons de acordo com um alfabeto e determinado código ortográfico. Copiamos o esquema de Saussure para apresentar visualmente as duas faces do signo linguístico.

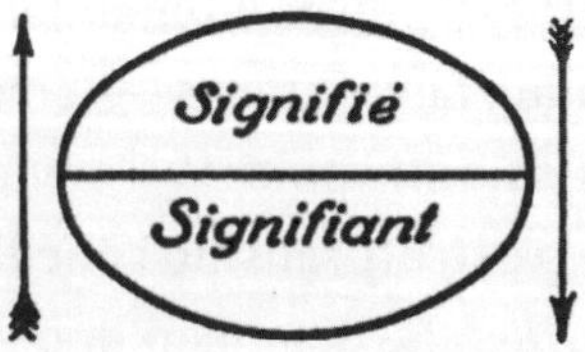

Figura 1

Avançando na sua tarefa de descrição da linguagem, ele dedica o capítulo quarto da quarta parte do *Curso* ao tratamento da "propagação das ondas linguísticas" (Saussure, 2006: 238-245). Nessa passagem, explica o que acontece quando há distância entre emissor e receptor, seja geográfica ou temporal. A distância é uma separação que precisa ser preenchida pela linguagem, podendo gerar ruídos ou interferências entre emissor e receptor, elementos que afetam a transmissão da mensagem em diferentes níveis, modos e medidas. A distância também pode ser cultural: para um emissor francófono do Quebec, provavelmente a palavra *arbre* crie a imagem de alguma árvore genérica do bosque boreal, talvez o bordo, cuja folha aparece na bandeira do Canadá; já para um francófono do Caribe — um haitiano, por exemplo — a mesma palavra, *arbre*, estará associada primeiramente a espécies tropicais presentes no seu contexto geográfico.

2.2 O paroquialismo e a força do intercurso

A distância entre emissor e receptor gera uma tensão, uma fonte de mudanças que explicam, além de todos os possíveis mal-entendidos e jogos de palavras, a variação histórica das línguas nos eixos geográficos e sociais e a diversidade de idiomas no mesmo diassistema ou família linguística, como veremos mais adiante. Essa ideia é fundamental para nossa exposição, de modo que apresentamos a citação integral de Saussure na tradução brasileira de Antônio Chelini, José Paulo Paes e Izidoro Blikstein:

> A propagação dos fatos de língua está sujeita às mesmas leis que regem qualquer outro costume, a moda, por exemplo. Em toda massa humana, duas forças agem sem cessar simultaneamente e em sentidos contrários: de um lado, o espírito particularista, o "espírito de campanário"; de outro, a força de intercurso que cria as comunicações entre os homens.
>
> É por força do espírito de campanário que uma comunidade linguística restrita permanece fiel às tradições que se desenvolveram em seu seio. Tais hábitos são os primeiros que cada indivíduo contrai em sua infância; daí sua força e sua persistência. Se agissem sozinhos criariam, em matéria de linguagem, particularidades que iriam até o infinito.

> Todavia, seus efeitos são corrigidos pela ação da força oposta. Se o espírito de campanário torna os homens sedentários, o intercurso os obriga a se comunicarem entre si. É o intercurso que traz a uma vila os viandantes de outras localidades, que desloca uma parte da população por ocasião de uma festa ou de uma feira, que reúne sob bandeiras os homens de províncias diversas etc. Numa palavra, é um princípio unificador, que contraria a ação dissolvente do espírito de campanário. É ao intercurso que se deve a extensão e a coesão de uma língua (*CLG* 2006: 238-239).

Ora, todas as línguas abrangem um percurso histórico e um espaço geográfico mais ou menos vastos. Saussure indica que sobre essas coordenadas agem duas forças de maneira simultânea: o espírito de campanário — *esprit de clocher* no original francês — e a força do intercurso — *force d'intercourse* no original. Gostaríamos de fazer dois esclarecimentos sobre esses dois termos, que serão centrais ao longo de nossa exposição. A primeira é sobre o espírito de campanário: o campanário é a torre da igreja onde ficam os sinos; nas sociedades camponesas, ele representava o orgulho e a identidade de cada vilarejo. Assim, podemos parafrasear a expressão de Saussure com o termo mais transparente de "paroquialismo", forma que será adotada nas próximas páginas. A segunda é sobre a força do intercurso: os próprios tradutores da versão brasileira comentaram a escolha do termo *intercourse* que Saussure teria tomado como empréstimo do inglês e que, em todo caso, faz referência às relações sociais de intercâmbio ou de troca.

Os termos saussurianos são bastante explícitos: o paroquialismo vai em direção à valorização de tudo quanto é local e à caracterização de grupos pequenos cujos membros criam fortes laços emocionais, formando socioletos e variedades locais, léxicos e gírias específicos, formas marcadas pela idade ou por referentes culturais precisos — tudo isso tende à refração, ao distanciamento. O paroquialismo também pode se manifestar num estado-nação que fixa sua língua numa norma-padrão, com uma pronúncia e um léxico prescritos por uma academia, excluindo qualquer forma de variação, considerada então como pouco culta, provinciana ou rústica. Já a força do intercurso reúne todos os fenômenos que promovem intercâmbios entre as comunidades mais ou menos próximas e se posiciona no rumo da *fusão*, da identificação mútua.

Tal força é responsável pela comunicação entre pessoas de diferentes idades e grupos sociais numa mesma sociedade, como também entre pessoas de diferentes áreas geográficas (um turista brasileiro em visita a Portugal ou uma engenheira portuguesa que trabalhe em Angola, por exemplo). Entra nessa dinâmica o estabelecimento de *línguas globais*, usadas na comunicação transnacional com os mais diversos sotaques.

No segundo capítulo, explicaremos o funcionamento da intercompreensão como abordagem didática, mas aqui adiantamos sua relação com os termos saussurianos: ela permite interagir com grupos mais ou menos afastados, seguindo a força do intercurso, sem renunciar à própria voz em suas particularidades, ou seja, ao paroquialismo. Retomando a frase do próprio Saussure com a qual abrimos o capítulo: "O mecanismo linguístico gira todo ele sobre identidades e diferenças, não sendo estas mais que a contraparte daquelas" (2006: 126). Assim sendo, a intercompreensão integra essas duas dinâmicas complementares e revela o funcionamento da linguagem.

3. Histórias e universos linguísticos

A pragmática é o ramo da linguística que estuda a linguagem em relação aos seus falantes, os enunciados que eles produzem e as diversas circunstâncias que concorrem para a comunicação, pois — como já dissemos — a língua funciona sempre dentro de um contexto regido por determinados usos. O significado de um mesmo enunciado pode ser alterado ao mudar de contexto, dando origem a mal-entendidos ou a *falsos amigos* entre falantes que usam registros diferentes ou variedades diatópicas (geográficas) distintas, mesmo se — em teoria — os dois falam a mesma língua. Por exemplo, a palavra *rapariga* tomou em português brasileiro uma conotação sexual, enquanto em Portugal significa simplesmente "mulher jovem", funcionando como sinônimo de "jovem". Tratamentos familiares como "mano" ou "véi", que demonstram camaradagem entre jovens — valores positivos —, não seriam adequados para se dirigir a um professor por serem considerados pouco corteses — adquirindo um valor negativo. Termos da linguagem juvenil da década de 1980, como "morô?" ou "filé", talvez não seriam entendidos pelos adolescentes de hoje. Consequentemente, a necessidade de adequação e o *risco* de produzir mal-entendidos ou mesmo incompreensão estão presentes na própria língua materna. Para garantir a comunicação, são necessárias boa vontade e colaboração entre os interlocutores, uma intencionalidade que diminua a tensão entre os *polos*.

A distância que talvez seja mais fácil apreciar é a geográfica: variedades diatópicas de uma mesma língua mais ou menos afastadas no território. Qualquer falante de português brasileiro consegue identificar sem grandes dificuldades a origem geográfica do seu interlocutor, se ele fala com sotaque paulista, caipira, mineiro, carioca, gaúcho, baiano, manezinho, nordestino etc. Jules Ronjat, linguista francês que será apresentado nas próximas seções, afirmava na sua tese de 1913 que a intercompreensão permitia a comunicação sem dificuldades entre pessoas das mais diversas regiões que falavam dialetos diferentes de occitano, língua veicular da época no sul da França, e inclusive esses falantes de occitano entendiam as variedades de catalão, língua vizinha e muito próxima, como estudaremos nos capítulos terceiro e quarto. Assim também, as variedades de espanhol faladas na América Latina constituem um exemplo de *continuum*, abrangendo um vasto espaço geográfico que vai da Califórnia, na América do Norte, até a Terra do Fogo, no extremo austral da América do Sul.

A sociolinguística, iniciada com os trabalhos do norte-americano William Labov na década de 1960, aborda a distância entre falantes que compartilham um mesmo espaço geográfico — uma cidade, por exemplo —, mas que apresentam diferenças na fala em função de sua idade, gênero, classe social, nível de formação etc. Assim como a variação geográfica ou diatópica gera dialetos, a variação social ou diastrática produz socioletos. No caso do português brasileiro, Lucchesi (2015) abordou a polarização sociolinguística de maneira minuciosa procurando suas causas no processo socioeconômico de formação da nação brasileira.

Aqui podemos fazer uma distinção interessante. Os termos *dialeto* e *socioleto* se inserem na dinâmica do paroquialismo, separando-se do tronco comum da língua se a força do intercurso cessar por motivos de caráter político ou social. Já *língua* é aquilo que uma comunidade — ou suas autoridades políticas e culturais — decide ter de ser compartilhado pelos diferentes falantes provenientes de lugares diversos, pertencentes a classes sociais díspares e com vários graus de educação.

Muitas vezes, as elites intelectuais criam mitos que reforçam essa crença: o espanhol é a língua de Cervantes, o inglês, de Shakespeare — ou de Wall Street, o que não é exatamente a mesma coisa. De acordo com Bagno (2019), esses discursos sobre a língua tomam como real, concreto e objetivo algo que na verdade é uma abstração: assim, a língua construída se torna uma língua-sujeito, uma língua com alma, desejo e poder de decisão. Segundo o autor, ela corresponde àquilo que, em filosofia, é chamado de hipóstase[2]. Mediante a capacidade de impor uma consciência comum (por meios mais ou menos diretos como a educação, a cultura, a ascensão social, a mídia), constrói-se, em longo prazo, o sentimento de pertencer a uma língua comum. Inversamente, uma ação que remova a força do intercurso de uma língua faz com que ela se torne uma variedade, um dialeto. Pois, retomando aquela famosa frase atribuída a Weinreich, uma língua é um dialeto com exército e marinha — algumas dispõem inclusive de aeronáutica e de coalizões internacionais.

Em síntese, a linguagem está constantemente em tensão por causa da interação entre diferentes falantes em diferentes contextos espaciais, temporais e sociais. Como resultado, a linguagem é sempre a mesma e sempre diversa, comum e dialetal. Separar uma variedade de sua força do intercurso, de sua capacidade de negociação e troca entre indivíduos mais afastados, seria condená-la a ficar reduzida a si mesma. Construir uma língua num padrão *neutro* que erradique os diferentes paroquialismos, as variedades locais, tornaria a língua artificial, inautêntica e esvaziada, um código desterritorializado: uma língua de todos que, na verdade, é de ninguém.

Se concordarmos com esses dois axiomas, a grande questão então é como integrar essas duas forças na formação linguística dos membros de uma comunidade. Apresentaremos nas próximas duas seções algumas histórias que servirão para ilustrar os vários aspectos da nossa reflexão.

---

2 A primeira acepção de hipóstase é, precisamente, o "engano que consiste em tomar como real, concreto e objetivo o que só existe como ficção ou abstração" (Disponível em: www.aulete.com.br/hipostase. Acesso em: 30 out. 2019).

3.1 A história de Victor, *l'enfant sauvage*

O famoso diretor de cinema francês François Truffaut fez um filme intitulado *L'enfant sauvage* (1969), no qual narrava um fato histórico do final do século XVIII. Em uma floresta de Aveyron, região no sul da França, foi encontrado um menino de aproximadamente 12 anos, que sobrevivia sem família, sozinho e nu entre os animais do bosque. Na sequência, esse *menino selvagem* foi enviado a Paris, que então transitava pela Revolução Francesa. Naquela época, o grande ideal era imaginar um novo contrato social, seguindo o pensamento do filósofo Jean-Jacques Rousseau e do escritor Pierre de Marivaux. Marivaux encenava peças onde as leis antigas entre amos e servos seriam abolidas. O pensamento revolucionário defendia que os seres humanos nascem iguais e que as diferenças de condição são apenas as consequências das injustiças sociais. Assim, quando o menino selvagem chega a Paris, a grande questão em voga é como viver numa nova sociedade sem ser corrompido pelas velhas ideias políticas, banidas graças à Revolução. Aqui, o papel do menino selvagem é fundamental, pois é a prova de que a utopia de uma nova educação é possível. Ele sai do estado primigênio da natureza, sem nunca ter sido corrompido pela velha sociedade, e pode abordar o novo contrato social em toda a sua pureza. O menino selvagem é a peça que faltava no quebra-cabeça filosófico do Iluminismo.

Depois de várias reviravoltas, a criança é confiada a Jean Itard — interpretado no filme pelo próprio François Truffaut. Monsieur Itard é médico e cuida do Instituto dos Surdos de Paris. Ele adota o menino selvagem e lhe dá um nome: Victor. Por doze anos, ele vai educá-lo, conversar com ele e *ensiná-lo* a falar. O jovem não é surdo, reconhece sons, sabe discriminá-los e é capaz de atribuir significado: pode pegar uma chave ou trazer um copo de água, se Itard lhe pede. No entanto, Victor não adquire a habilidade de falar francês, embora isso não signifique necessariamente que ele não apresentasse outro tipo de linguagem. Ele acessa os pedidos de forma parecida a como um cão faria com seu dono; contudo, carece da inventividade da linguagem. Mesmo tendo sobrevivido sozinho na floresta, sem a ajuda de nenhum outro ser humano, não consegue sobreviver em Paris, apesar de contar com o apoio do pai adotivo, e morre aos 25 anos. O filme apresenta como moral da história a impossibilidade de viver em sociedade sem a língua(gem) que precisamente reúne e articula esse grupo humano.

Então, podemos perguntar: por que Victor *não aprendeu a falar*? Uma resposta plausível seria ele não ter tido acesso a uma língua — no caso, o francês — por antes não ter tido acesso à linguagem. Retomando as ideias de Saussure, é possível diferenciar língua e linguagem, sendo esta a função cognitiva que permite o acesso ao modo de codificação abstrata e articulada para enunciar entidades presentes ou ausentes no eixo espaçotemporal. As crianças ativam essa função — que distingue nossa espécie — mediante a assimilação e a interação nos primeiros anos de vida familiar e social. A língua presente no ambiente imediato — círculo familiar, tribo, bairro, escola, país — será adquirida nesse processo tornando-se a *língua materna* da criança, ou seja, seu primeiro repertório linguístico (inclusive, pode ser mais que uma língua). Se Victor tivesse morado em São Paulo, ele obviamente falaria português brasileiro; se tivesse vivido com sua família de Aveyron, teria falado occitano e francês; se tivesse sido adotado por pais chineses, falaria chinês; no Paraguai, certamente guarani e espanhol. Mas a falta de socialização nos primeiros anos de vida através de uma língua, de um código, lhe impossibilitou ativar a função da linguagem. Em suma, não ter uma primeira língua lhe impossibilitou o acesso a qualquer outra na idade adulta.

3.2 *Storia di Tönle*, o homem que não se sabia plurilíngue

O segundo exemplo que usamos para ilustrar nossa exposição difere diametralmente do caso de Victor. O protagonista, Tönle Bintarn — o sobrenome seria algo como "o homem dos ventos" — também existiu: era um pastor nascido no planalto alpino de Asiago, região fronteiriça entre o Império Austro-Húngaro e a Itália, que acabara de se tornar um estado-nação unificado. Várias vicissitudes na sua vida o levaram a procurar diversos empregos longe de casa e a viajar por várias regiões do Império Austro-Húngaro.

Inspirado nessa personagem, o escritor italiano Mario Rigoni Stern escreveu um breve conto intitulado *Storia di Tönle*. Não entraremos aqui na análise da trama do conto, mas sim da paisagem ecolinguística em que Rigoni Stern imagina sua história: Tönle, o pastor, pouco instruído, é *naturalmente* multilíngue. Sua primeira língua é o cimbriano (um dialeto germânico falado na região àquela altura), mas também fala variedades austríacas de alemão, assim como o húngaro, o croata e o italiano. A narrativa de Rigoni Stern explica como nosso personagem chegou a praticar essa ou aquela língua, mas, em nenhum momento, o narrador fica surpreso perante essa capacidade plurilíngue, nem sublinha que ela seja algo excepcional. Pelo contrário, tudo é apresentado como óbvio: a fluência do protagonista em vários idiomas de diferentes famílias é parcialmente explicada por sua condição de fronteira e, também, por sua vida aventurosa. Assim como os outros habitantes do planalto de Asiago, Tönle precisa se adaptar às situações linguísticas com as quais se confronta sem questioná-las. Mas quando a Primeira Guerra Mundial irrompe, com a exasperação nacionalista que a acompanha, as habilidades linguísticas do pastor se voltam contra ele: os italianos suspeitam dele porque não canta em italiano na missa de Natal; os oficiais austro-húngaros, por outro lado, o veem como um traidor porque reivindica sua nacionalidade italiana, apesar de ser falante de alemão.

Tönle simboliza o sofrimento das pessoas do planalto devastado ao se tornar a linha de fronteira e campo de batalha. O pastor personifica os habitantes daqueles espaços, vítimas de uma Europa presa a uma concepção nacionalista monolíngue, impermeável e conflituosa, que se agrava mais ainda após a guerra. Cabe lembrar que nossa forma de ensinar e aprender línguas continua permeada desses discursos políticos até hoje.

3.3 *Baudolino*, a construção de um personagem literário mediante o plurilinguismo

Passando de Rigoni Stern a outro escritor italiano aqui já citado, Umberto Eco também criou jogos literários combinando elementos ecléticos das línguas românicas e do alemão para representar os discursos de personagens que teriam vivido em diferentes territórios. Um bom exemplo é o primeiro capítulo do romance *Baudolino*, onde o discurso do protagonista, um monge originário do Piemonte, no norte da Itália, narra em primeira pessoa uma história plurilíngue. Gostaríamos de reivindicar as personagens viajantes de Tönle Bintarn e de Baudolino como símbolos do plurilinguismo *inato*, ou mais propriamente *intuitivo*: confrontados com o multilinguismo do seu entorno, os seres humanos se adaptam e aprendem os idiomas de que precisam. Essas histórias ilustram a intercompreensão entre línguas mais ou menos próximas como prática ancestral.

4. Aspectos psicológicos, sociais e políticos do plurilinguismo

É importante esclarecer que nossas aptidões inatas e intuitivas para o plurilinguismo não nos capacitam imediatamente a falar muitas línguas, mas nos permitem aumentar nossos repertórios comunicativos de acordo com as circunstâncias, com nossas necessidades e nossos desejos. Essa ideia dialoga com a definição dada no *Guia para o desenvolvimento das políticas de educação linguística* (2007: 40), publicado pelo Conselho da Europa:

> Todo falante é potencialmente plurilíngue, pois é capaz de adquirir e dominar, em diferentes graus de proficiência, diversas variedades linguísticas, sejam elas ensinadas formalmente ou não. A capacidade de adquirir idiomas é natural e, portanto, acessível a todos. Uma pessoa plurilíngue não é um falante excepcional, como o poliglota, e o plurilinguismo não pode ser considerado o privilégio de uma elite de "superdotados". O plurilinguismo é comum, mesmo que o "investimento" e os processos psicolinguísticos de aquisição possam ser diferentes, dependendo de se é a primeira língua ou não, dependendo de as variedades serem próximas ou não com respeito à primeira língua[3].

A reflexão que podemos fazer enquanto estudiosos das ciências da linguagem é que tais competências e aptidões abrangem aspectos psico

[3] *Tout locuteur est potentiellement plurilingue en ce qu'il est capable d'acquérir la maîtrise, à des degrés divers, de plusieurs variétés linguistiques, à la suite ou non d'un enseignement. L'aptitude à acquérir les langues est naturelle et se trouve ainsi à la portée de tous. Le plurilingue n'est pas un locuteur d'exception, comme le polyglotte, et le plurilinguisme ne peut pas être considéré comme le privilège d'une élite de locuteurs "surdoués". Le plurilinguisme est ordinaire même si le "coût" et les processus psycholinguistiques de l'acquisition peuvent être différents, selon qu'il s'agit de la langue première ou des suivantes, selon qu'il s'agit de variétés proches ou lointaines de la langue première.*

e sociolinguísticos permeados pelas políticas linguísticas implementadas pelos poderes públicos, como veremos a seguir.

4.1 Aspectos psicolinguísticos e aquisição da linguagem

As línguas são códigos que tornam a função da linguagem operativa. Toda criança, ao nascer, tem a capacidade de ser plurilíngue — ou seja, qualquer criança pode discriminar todos os sons ouvidos e produzidos em torno dela. Quando esses sons se repetem, eles constroem significado (mamãe, papai, bebê, xixi, papar etc.) e notamos que, para a discriminação funcionar ainda melhor, as primeiras palavras costumam ter sílabas duplicadas. Essas palavras produzem ainda mais sentido, uma vez que redobram a realidade do que está presente, do que pode ser tocado, visto ou experimentado. Se a língua carrega significado, no início da aquisição da criança, é porque ela explicita um *referente* presente (mãe, pai, comida etc.), e isso graças à série de sons articulados (ou de sinais visuoespaciais, se a criança for surda) que, num código cultural dado, representa de maneira abstrata o objeto, a pessoa, o conceito designado. A palavra *mamãe* faz sentido quando a mãe está presente ou quando falamos dela.

A palavra *mesa* em português equivale a "mesa" em espanhol, "table" em francês e em inglês, "Tisch" em alemão, "stolik" em polonês. Todas as línguas são códigos formados por símbolos aleatórios, ou seja, a forma oral — e escrita — do significante não pode ser explicada pelo referente, pelo significado. Porém, todas as línguas permitem que a função única da linguagem produza sentido e inclua, em determinado grupo humano, falantes que compartilhem o código e o universo cultural.

Portanto, a identidade de uma pessoa — ou de um grupo — é formada por todas as suas línguas. Essa identidade sempre é multilíngue porque integra variedades diatópicas e diafásicas, registros mais ou menos formais, gírias ou diferenças motivadas pelo gênero ou pela idade dos falantes. Em síntese, a linguagem que enuncia o pensamento humano vive mergulhada na diversidade e nas nuances de todas essas variações. Desse modo, podemos afirmar que toda sociedade é virtualmente *multilíngue*.

O termo *multilinguismo* faz referência à convivência das línguas e variedades num grupo humano — fenômeno coletivo —, enquanto o termo *plurilinguismo* considera os repertórios e acervos de várias línguas e variedades de um indivíduo — fenômeno individual. Consequentemente, é possível afirmar ser uma criança capaz de desenvolver competências plurilíngues sem dificuldade captando o multilinguismo e a diversidade do contexto social onde ela se insere. Ela sabe discriminar várias línguas e reproduzi-las em contextos coerentes. Esses contextos são dados pelos interlocutores que a criança terá identificado previamente. Mas, então, se todos nós nascemos plurilíngues, por que os sistemas educacionais de nossos Estados produzem majoritariamente cidadãos convictos de serem monolíngues?

4.2 Aspectos sociolinguísticos e representações das línguas

Para responder à questão enunciada ao final da seção precedente, devemos considerar os fatores sociais e políticos que impõem uma ideologia monolíngue. Ela provém habitualmente da escola que, enquanto instituição, serve para transmitir os valores em vigor na sociedade. Como explicam Tabouret-Keller (2013) e Escudé (2018), na maioria dos Estados modernos, o monolinguismo é exigido de acordo com esta equação nacionalista:

um povo = uma língua = uma história = uma nação = um Estado

Segundo Blanchet (2018), uma pessoa que não fala ou "fala mal" — com sotaque estrangeiro ou provinciano — a língua do Estado não pode se encaixar adequadamente na sociedade. Essa pessoa é enxergada como um estrangeiro, um subcidadão, um não cidadão ou mesmo um *selvagem*, como ilustram os casos de Victor e de Tönle. Vale lembrar que a palavra *bárbaro*, etimologicamente, caracterizava aqueles que não falavam, que não eram civilizados, aqueles que só conseguiam *balbuciar*. Aprender a língua padrão é, portanto, uma obrigação e uma necessidade impostas pelas estruturas de poder. Os cidadãos logo integram esse discurso, mediado pela própria escola. Uma dinâmica predatória entre as línguas e suas variedades que as hierarquiza para determinar quais serão repassadas às novas gerações (línguas da promoção social, veiculares de conhecimento e de cultura) e aquelas sem prestígio (línguas minorizadas, falas de camponeses ou proletários, dialetos, gírias, patoás). Consequentemente, os falantes dessas línguas e variedades sem prestígio sofrem preconceito (Bagno, 2015).

Essa hierarquização, essa relação predatória são uma construção política e não correspondem à realidade da função da linguagem, que é exatamente a oposta: quanto mais línguas houver numa mesma sociedade, mais fortemente se manifesta a função comum da linguagem já que, mais uma vez, as identidades não são mais do que a contraparte das diferenças. Em outros termos, para fugir das relações de dominação entre idiomas, será necessário retornar à realidade que cada língua carrega e revela como produto histórico da capacidade da linguagem, comum a todos os seres humanos.

Os fatores psicolinguísticos — como a capacidade de linguagem e o plurilinguismo inatos nas crianças — e sociolinguísticos — a hierarquização e os conflitos entre as línguas, a imposição do monolinguismo, o preconceito linguístico ou a formação de sociedades multilíngues — determinam nossas habilidades para falar, compreender, ler e escrever essa ou aquela língua em tais e tais contextos. Assim, nos percebemos enquanto monolíngues ou plurilíngues. A grande questão é: como nos posicionamos diante da variação linguística? Como tratamos, no âmbito da política linguística e da academia, o multilinguismo e a variação no interior de cada língua? Assumimos princípios predatórios e hierárquicos, separando normas herméticas e impermeáveis num eixo vertical? Ou adotamos uma paisagem ecolinguística horizontal, tomando cada habilidade linguística como expressão genuína da capacidade da linguagem? Isolamos as línguas e seus falantes a ponto de torná-los estrangeiros uns para os outros e, em certo sentido, reciprocamente incompreensíveis? Ou preferimos manejar os contatos linguísticos para tentar compreender os elementos comuns, as possibilidades — muitas vezes elevadas — de estabelecer um grau mútuo de compreensão, de comunicação e conceituação comum? Deixamos que os contatos entre línguas e variedades, existentes em todas as sociedades, sejam geridos sem nenhum árbitro ou decidimos agir enquanto atores políticos e agentes pedagógicos, estabelecendo instrumentos didáticos para o plurilinguismo e para a intercompreensão?

Nesse quadro de questionamentos, precisamos entender a influência dos construtos sociolinguísticos sobre as *competências* para falar e aprender — ou não falar e não aprender — determinada língua.

4.3 Aspectos de política linguística e valorização das competências

Nas últimas décadas, foram desenvolvidas avaliações internacionais com o intuito de classificar e *harmonizar* as práticas escolares de diferentes países de acordo com as pontuações obtidas pelos alunos em matemática ou leitura, mediante o PIRLS[4]. Apresentamos um caso procedente do âmbito da Europa por considerá-lo muito pertinente a nossa exposição. Em 2012, a Comissão Europeia, órgão executivo da UE, realizou a pesquisa European Survey on Language Competences (ESLC) para avaliar as competências na primeira língua estrangeira (LE1), geralmente o inglês, e na segunda língua estrangeira (LE2), habitualmente o francês, o espanhol ou o alemão, de alunos de 14 anos procedentes de quinze países europeus. Em 2018, o Ministério francês da Educação realizou um relatório técnico com os resultados da pesquisa, onde afirmava que os alunos franceses costumam ter baixos resultados em língua estrangeira. De fato, os franceses ficaram em último lugar em inglês como LE1. Os países com as melhores classificações em LE1 foram Suécia, Malta e Holanda. Sem mais comentários ou análises, seria possível afirmar os franceses terem baixo rendimento em língua estrangeira. Mas será que isso é congênito? Será que existe um *dom para as línguas*? Ou se trata de falha do sistema educacional francês? Ora, a capacidade da linguagem é inata, mas o desenvolvimento das competências linguísticas é determinado por fatores sociopolíticos presentes na escola. Portanto, é importante entender como ocorre o processo de ensino-aprendizagem de LE. Quais línguas estão no currículo escolar e

4 PIRLS (Progress in International Reading Literacy Study) é a pesquisa internacional da IEA (International Association for the Evaluation of Educational Achievement), uma associação científica em grande parte anglo-saxônica, sem fins lucrativos, criada em 1958 para implementar estudos comparativos internacionais no campo da educação sobre as habilidades de compreensão leitora dos alunos. A última pesquisa do PIRLS (2016) centrou-se nos sistemas educacionais de cinquenta países.

qual é a percepção que os alunos têm delas. Assim, podemos reavaliar os resultados dos estudantes franceses no ESLC à luz de uma série de argumentos de cunho histórico e linguístico.

Os alunos mais bem classificados em LE1 procedem de países com uma estreita relação com a língua inglesa. Malta é um pequeno Estado de 316 km^2 — menor que a ilha de Santa Catarina — habitado por aproximadamente 450.000 pessoas. Entre 1815 e 1964, Malta pertenceu ao Império Britânico e ainda hoje faz parte da Commonwealth, tendo como línguas oficiais o inglês e o maltês (a única língua semítica oficial no continente europeu!). Já a Suécia, com uma população de aproximadamente 10 milhões de habitantes, é um país que há muito tempo fez uma escolha radical na sua política linguística: o poder econômico e a administração pública decidiram que o idioma de uso para intercâmbios profissionais, acadêmicos e internacionais seria o inglês, permanecendo o sueco como um vernáculo adequado apenas para usos domésticos, familiares, privados e identitários. De fato, a fabricante de carros Volvo foi a primeira empresa internacional a adotar o inglês como idioma de trabalho em 1976, abandonando o sueco em seu próprio país. O inglês ocupa uma posição similar no panorama sociolinguístico da Holanda que, por outro lado, conta com uma população de 17 milhões de pessoas. Esses dois países possuem baixa influência linguística no seu entorno: nem o sueco nem o holandês são considerados *grandes línguas* de comunicação e poucos sistemas escolares as ofertam. Além disso, a língua sueca e a língua holandesa pertencem à mesma família linguística do inglês, ou seja, a família das línguas germânicas. Suecos e holandeses consideram o inglês como a principal língua do grupo, o que é verdade do ponto de vista econômico, demográfico, cultural e político no atual panorama.

Passando do comentário dos dados de LE1 para os de LE2, a ESLC de 2012 traz resultados interessantes: os melhores alunos de LE2 são os belgas flamengos (falantes de língua holandesa) e os holandeses — ambos os grupos estudaram alemão como LE2. Assim, podemos aplicar uma análise similar à primeira: o holandês é uma língua intermediária entre alemão e inglês, a proximidade entre a língua de partida e a língua aprendida facilita enormemente o processo, especialmente porque as línguas aprendidas são consideradas de prestígio (faladas por mais pessoas, com forte carga simbólica e cultural).

Voltando aos dados específicos dos estudantes franceses, convém salientar que eles alcançaram melhores resultados em LE2 espanhol do que os suecos e, de forma recíproca, os melhores alunos em LE2 francês foram os espanhóis. Ora, se os alunos franceses de 14 anos obtiveram em espanhol melhores resultados do que os suecos, seria correto manter a afirmativa de que os suecos são excelentes em língua estrangeira e os franceses têm baixo rendimento? Os suecos indicaram que o espanhol era uma língua "pouco útil": certamente, a seus olhos, o mundo hispanofalante fica muito distante na sua dimensão geográfica e histórica, em suas realidades linguísticas e culturais. Se um sueco visita um país hispanofalante a turismo ou a negócios, provavelmente usará o inglês, a *língua internacional*, nas suas interações com a população local. Na mesma lógica, os poloneses, com resultados bastante bons em inglês LE1, obtiveram resultados bem mais baixos em LE2 alemão: devemos nos lembrar da Segunda Guerra Mundial e da ocupação nazista para entender esse fenômeno de rejeição? Para terminar, os alunos ingleses aparecem nos últimos lugares das tabelas de resultados, atrás até mesmo dos franceses: apenas 9% deles têm um nível "independente" em uma língua estrangeira (em francês) contra 14% dos franceses e 82% dos suecos (ambos em inglês); os ingleses são os últimos a desenvolver competências linguísticas. O que isso significa? O que devemos deduzir de todos esses dados?

Primeiramente, deve-se notar que a representação da própria língua nacional como uma língua global (falada e estudada por muita gente como língua materna ou estrangeira, que conta com importantes poderes políticos e econômicos) é um *obstáculo* para a aprendizagem de novas línguas. Em segundo lugar, precisamos considerar o contexto linguístico e cultural dos estudantes. Os resultados dos alunos espanhóis em LE2 francês e dos alunos franceses em LE2 espanhol foram positivos porque ambos os grupos têm facilidade para aprender a língua um do outro: compartilham uma contiguidade geográfica, uma origem linguística comum e um percurso histórico marcado por trocas constantes aquém e além dos Pireneus.

Isso quer dizer que um estudante não é bom ou ruim em língua estrangeira, mas tem mais ou menos facilidades para aprender determinada língua conforme ela seja mais ou menos *próxima* de sua língua materna e ele se sinta mais ou menos atraído pelas culturas e representações que ela veicula. Inglês, sueco, holandês e alemão são idiomas do mesmo diassistema: as línguas germânicas; espanhol, francês, português, italiano, catalão e romeno pertencem a outro diassistema: as línguas românicas. Mas esses elementos de *coerência linguística* foram obscurecidos por construções políticas que marcaram as nações onde essas línguas são faladas e construíram fronteiras linguísticas sobre as fronteiras políticas declaradas nos tratados. Assim, as línguas — ou para melhor dizer, seus falantes — perderam a noção de diassistema, de *continuum*.

A conclusão intermediária que devemos extrair de tudo isso é a seguinte: uma política linguística escolar não pode negligenciar a configuração histórica e social do território onde se insere. Além disso, não pode apenas enxergar a língua a ser ensinada — a língua-alvo — sem considerar a bagagem e os repertórios dos alunos de maneira individual e coletiva. Integrar uma atividade reflexiva nessa direção dentro da sala de aula é uma das grandes apostas da intercompreensão.

Precisamente por isso, dedicaremos a próxima seção a descrever em detalhe as várias situações que podem ocorrer no contato entre membros de comunidades linguísticas diferentes.

5. Os cenários da comunicação exolíngue: a intercompreensão como alternativa ética

O termo *exolíngue* serve para identificar as trocas entre pessoas ou grupos que não têm a mesma língua materna. Ao entrar em contato, duas pessoas falantes de línguas diferentes encontrariam *a priori* quatro cenários possíveis para a comunicação.

(1) incomunicação pura e simples entre as duas;

(2) uma delas usa a língua da outra;

(3) as duas empregam um terceiro idioma para a comunicação;

(4) cada uma delas usa sua própria língua para negociar os significados, ou seja, acionam a intercompreensão.

Cada um deles apresenta questões específicas que devem ser detalhadamente abordadas. A primeira situação representa, na verdade, a falta de solução: a comunicação não acontece e há apenas incompreensão. Convém lembrar que considerar a possibilidade da intercompreensão entre falantes diferentes em entornos multilíngues nos obriga a considerar que a incompreensão ou o mal-entendido também podem acontecer. A única saída do impasse seria recorrer a um dispositivo (como um tradutor automático), a outra linguagem (através de gestos ou de desenhos) ou contar com a presença de um intérprete (como acontece nas visitas oficiais entre representantes e diplomatas, por exemplo).

Já a segunda solução propõe que um dos falantes use, com maior ou menor capacidade, a língua do outro — mas como decidir quem renunciará à própria língua para se expressar numa outra que necessariamente precisa ter aprendido? Provavelmente a escolha será motivada por representações sociais que respondem a relações de poder. Por exemplo, o garçom de um restaurante de Puerto Iguazú, na Tríplice Fronteira com a Argentina, prefere empregar o português com seus clientes brasileiros, pois seu salário depende do nível de satisfação eles. O resultado é uma diferença de competência entre os dois falantes: um se expressa *naturalmente* na sua língua, o outro procura e seleciona os recursos que conhece da língua do seu interlocutor. Com certeza, saber falar mais de um idioma é uma riqueza pessoal, mas o domínio relativo de uma língua em suas diversas competências, especialmente na produção, demanda um investimento de tempo e de recursos econômicos bastante considerável. Em suma, há nesse exemplo de interação uma comunicação desequilibrada, uma situação de diglossia, na qual a pessoa que usa sua língua materna se expressa com facilidade e imediatismo enquanto a outra precisa se adaptar aos códigos linguísticos e culturais do seu interlocutor, apagando os traços de sua própria língua e de sua própria cultura. Em termos de eficiência, o falante *nativo* desfruta de uma vantagem em qualquer negociação ou em situações de conflito; em termos de equidade, a desigualdade entre ambos os interlocutores é flagrante.

A essa altura, aparece a terceira solução: o intercâmbio é feito numa terceira língua, aquela que não é de ninguém e, consequentemente, é de todos. Dessa forma, os dois interlocutores se posicionam no mesmo nível, e a comunicação fica garantida sem chegar a uma situação tão desequilibrada quanto na segunda opção. Tal solução pode parecer lógica para falantes de línguas pertencentes a famílias e diassistemas muito distantes ou não aparentados. Hoje, a língua inglesa ocupa a posição de *lingua franca* internacional como veículo hipercentral da globalização e estabelece uma relação de diglossia com todos os outros idiomas da humanidade. Muitos intercâmbios em inglês são realizados entre pessoas que não o têm como língua materna. Nesse sentido, é pertinente frisar a dimensão econômica do domínio de uma *língua universal*.

O economista suíço François Grin (2005) calculou o benefício econômico que o Reino Unido obtém da preeminência funcional da língua inglesa em aproximadamente 18 bilhões de euros por ano. Ademais, ser a língua de todos significa ser a língua de ninguém, deixar de estar atrelada a práticas culturais concretas de determinadas comunidades em benefício da *performance* comunicativa, perder seu paroquialismo em favor de uma força do intercurso exacerbada. Surge assim, definitivamente, um inglês simplificado, um *globish*. Além disso, as competências limitadas dos falantes dessa terceira língua podem estagnar num nível intermediário, adequado para satisfazer necessidades imediatas (como pedir um copo d'água num avião) ou para trocas superficiais (perguntar as horas ou realizar uma transação comercial), mas que dificilmente daria conta de exprimir discursos mais complexos (as lembranças da infância, a expressão poética ou artística, as metáforas, por exemplo). Em síntese, uma espécie de *semilinguismo*.

Muitas pessoas são sensíveis aos efeitos da desigualdade e distorção envolvidos no uso de uma *língua universal*. Por isso, existem outras propostas mais democráticas como o esperanto, idioma planejado pelo doutor Zamenhof no século XIX. O objetivo esperantista é fornecer um veículo internacional comum, já que usar determinada língua nacional na comunicação internacional obriga a abandonar todas as outras e se alienar voluntariamente. Entretanto, a ideia esperantista demonstrou-se de trajetória dificilmente viável: o esperanto não é uma língua histórica e apresenta regularidades bastante artificiais. Além disso, sendo construído a partir de línguas indo-europeias, o esperanto encontrará o problema da proeminência europeia diante das outras línguas da humanidade como o árabe, o japonês, o suaíli e o chinês.

Por fim, a quarta solução, a intercompreensão, propõe que cada um fale ou escreva na sua língua de referência procurando compreender e interagir com seu interlocutor. Certamente, o conceito de intencionalidade e a vontade de entender e ser entendido são fundamentais nesse processo, apoiado também no contexto e na identificação das formas, como explicaremos mais adiante. A produção ocorre no idioma de origem de cada um, beneficiando a autoconfiança dos interlocutores e garantindo a horizontalidade da comunicação. Isso supõe um ganho em eficiência (cada falante tem a sua disposição todos os recursos expressivos da sua língua materna) e também em equidade (ninguém impõe a sua voz e os dois se esforçam de maneira similar para entender as mensagens). A intercompreensão, por sua própria natureza, convida a ouvir o que a outra pessoa fala tanto literalmente quanto no nível de prestar atenção, de escutar com cuidado. Assim, no nível linguístico, a hierarquia das línguas é apagada na troca; no nível ético, os meios de expressão mobilizam o respeito mútuo.

Todo mundo já se deparou em algum momento com alguma dessas quatro situações — talvez durante uma viagem ou ao encontrar algum estrangeiro na sua cidade — e, provavelmente, optou por alguma dessas quatro modalidades. Fora a primeira opção, todas as outras três podem coexistir em função da situação comunicativa. De nosso ponto de vista, é lamentável que a solução de intercompreensão, embora seja a mais equilibrada, ainda permaneça distante das práticas majoritárias que, com frequência, exigem impor a língua de minha preferência ou renunciar a ela.

Todavia, a proteção das línguas da humanidade é um dos fatores mais importantes para a proteção da diversidade cultural. Existem convenções internacionais e disposições legais que buscam alcançar esses objetivos e que vêm sendo gradualmente postas em prática. Assim, a Unesco (Organização das Nações Unidas para a Educação, a Ciência e a Cultura) adotou a Convenção para a proteção e promoção da diversidade das expressões culturais em 20 de outubro de 2005. O documento começou a vigorar em 18 de março de 2007, pois, nessa data, mais de trinta Estados — entre eles o Brasil — ratificaram a convenção, atingindo o quórum mínimo necessário.

A paridade nas trocas linguísticas promovida pela intercompreensão corresponde à igualdade política, a uma ética nas relações humanas e na cidadania em prol do bem comum. Frente a uma visão de concorrência ou conflito entre línguas, a intercompreensão prega o respeito da diversidade, a promoção do multilinguismo em nossas sociedades e a cooperação entre os falantes, fato que tem como consequência o aumento das capacidades comunicativas dos indivíduos e de suas competências na mediação de conflitos. Todas essas razões são argumentos que sustentam a implementação das abordagens intercompreensivas nas políticas linguísticas e educativas, questões que abordaremos com detalhe no quinto capítulo.

6. Origens e definição do termo *intercompreensão*

Se até aqui fizemos uma longa apresentação da diversidade linguística como elemento central da linguagem humana e sua articulação em relação com os valores que vigoram nas nossas sociedades, faz-se necessário agora aprofundar a análise dos conceitos e definições que o termo *intercompreensão* carrega.

Nas últimas décadas, diferentes pesquisadores propuseram várias definições do conceito, muitas delas complementares, considerando a natureza da atividade. O linguista francês, especialista em línguas românicas, Jules Ronjat (1864-1925), foi o primeiro a cunhar o termo para definir a capacidade dos falantes de compreender variedades — mais ou menos distantes — de diferentes idiomas pertencentes a uma mesma família linguística. Em 1913, ele publicou duas teses: na primeira, intitulada *Le développement du langage observé chez un enfant bilingue* ("O desenvolvimento da linguagem observada em uma criança bilíngue"), explicava os benefícios cognitivos do bilinguismo precoce a partir da experiência do seu próprio filho, Louis, com o qual ele falava em francês enquanto sua esposa, Ilse Loebell, a mãe da criança, falava em alemão. Já no segundo dos seus trabalhos, intitulado *La syntaxe du provençal moderne* ("A sintaxe do provençal moderno"), Ronjat explicou à comunidade acadêmica que, da beira do mar Mediterrâneo até o coração dos Alpes, os dialetos occitanos (gascão, languedociano, provençal marítimo e provençal alpino) e os dialetos franco-provençais (ou arpitanos) formavam um *continuum* que permitia a intercompreensão, isto é, trocas comunicativas de sucesso entre dois falantes que não precisavam de formação acadêmica. A comunicação estendia-se também para o sul, incluindo o catalão e reunindo três línguas românicas vizinhas. Aqueles falantes de variedades afins — porém diferentes — podiam se comunicar usando cada um seu próprio vernáculo:

> As diferenças fonéticas, morfológicas, sintáticas e de vocabulário não são tamanhas que impeçam uma pessoa proficiente num dos nossos dialetos de conversar nesse dialeto com outra pessoa falante de um outro dialeto diferente (...) nas feiras e nos botecos dos vilarejos, sempre vi pessoas de distintas regiões mantendo, sem dificuldades, conversas familiares e discussões de negócios. Existe o sentimento muito claro de uma linguagem comum, pronunciada de forma um pouco diferente; o contexto faz com que se compreendam os sons, as formas, as colocações e os vocábulos, os quais, isolados, atrapalhariam a comunicação; no máximo, às vezes, é necessário repetir ou explicar uma palavra, ou mudar a estrutura de uma frase a fim de que ela seja melhor compreendida (Ronjat, 1913 *apud* Escudé, 2016: 19)[5].

Parafraseando o conteúdo da citação, vemos que esses falantes sem acesso à cultura letrada — viajantes, camponeses e comerciantes — eram capazes de se entender usando cada um sua língua materna. No mais, eles compartilhavam o sentimento de pertencimento a uma mesma comunidade e empregavam estratégias para facilitar a compreensão

5 *"Les différences de phonétique, de morphologie, de syntaxe et de vocabulaire ne sont pas telles qu'une personne possédant pratiquement à fond un de nos dialectes ne puisse converser dans ce dialecte avec une autre personne parlant un autre dialecte qu'elle possède pratiquement à fond. (...) aux foires, dans les cabarets des villages situés à la rencontre de dialectes différents, j'ai toujours vu se poursuivre sans difficulté entre gens des pays les plus divers, les conversations familières comme les discussions d'affaires. On a le sentiment très net d'une langue commune, prononcée un peu différemment; le contexte fait saisir les sons, les formes, les tournures et les vocables qui embarrasseraient s'ils étaient isolés; tout au plus a-t-on quelquefois à répéter ou à expliquer un mot, ou à changer la tournure d'une phrase pour être mieux compris."*

por parte dos seus interlocutores, tais como reformulações e repetições, se apoiando no contexto geral da conversa.

Outro intelectual contemporâneo de Ronjat, o filósofo marxista, político, escritor e pacifista Jean Jaurès (1859-1914) redigiu um breve artigo intitulado *Méthode comparée* ("Método comparado") durante sua escala em Lisboa, antes de partir para uma viagem ao Brasil entre os meses de agosto e setembro de 1911. No texto, ele defende que os alunos nas escolas deveriam conhecer, junto à língua nacional (o francês), a língua regional (o occitano), pois a partir da comparação — ele desconhece o termo *intercompreensão* — encontrariam uma espécie de chave para compreender as outras línguas da família. No seu retorno à França, o artigo foi publicado no jornal *Revue de l'Enseignement Primaire* em 15 de outubro de 1911:

> Se, pela comparação do francês e do languedociano, ou do provençal, as crianças do povo, em todo o sul da França, aprendessem a encontrar a mesma palavra sob duas formas próximas, rapidamente teriam a chave que lhes abriria, sem muito esforço, o acesso ao italiano, ao catalão, ao espanhol, ao português. Sentindo-se em harmonia natural, em comunicação confortável com esse vasto mundo de povos latinos, que hoje, na Europa meridional e na América do Sul, desenvolvem tantas forças e tantas audaciosas esperanças. Tanto para a expansão econômica como para o crescimento intelectual da França meridional, existe aqui uma questão da maior importância e a respeito da qual eu me permito chamar a atenção dos docentes (Jaurès 2014: 3)[6].

Neste trecho, gostaríamos de salientar, por um lado, a percepção que Jaurès tem não só dos territórios do Sul da Europa onde as línguas românicas são faladas, mas também da América Latina, um *continuum* geolinguístico preciso; e, por outro, os benefícios culturais — e mesmo econômicos — que a aplicação dessa política linguística traria para a

6 *"Si, par la comparaison du français et du languedocien, ou du provençal, les enfants du peuple, dans tout le Midi de la France, apprenaient à retrouver le même mot sous deux formes un peu différentes, ils auraient bientôt en main la clef qui leur ouvrirait, sans grands efforts, l'italien, le catalan, l'espagnol, le portugais. Et ils se sentiraient en harmonie naturelle, en communication aisée avec ce vaste monde des races latines, qui aujourd'hui, dans l'Europe méridionale et dans l'Amérique du Sud, développe tant de forces et d'audacieuses espérances. Pour l'expansion économique comme pour l'agrandissement intellectuel de la France du Midi, il y a là un problème de la plus haute importance, et sur lequel je me permets d'appeler l'attention des instituteurs."*

cidadania. Além disso, um dos aspectos mais importantes da intercompreensão, segundo o autor, é a capacidade de se comunicar, em *harmonia natural*, com um grande número de pessoas, independentemente de sua nacionalidade ou origem social. Assim, as línguas não representam veículos de uma identidade nacional ou de grupo social que domina a norma-padrão, mas são ferramentas, chaves que permitem interagir em harmonia com múltiplas identidades.

Infelizmente, as esperanças de aproximar os povos mediante uma *fraternidade da linguagem* contrastam com os dramáticos eventos que ocorrerão durante os anos posteriores. No pesado clima pré-bélico do verão de 1914, Jean Jaurès é assassinado em Paris, enquanto Ronjat, considerado um germanófilo, vê-se obrigado ao exílio na Suíça com a esposa e o filho. Na França, impõe-se um sentimento nacionalista exacerbado contra a Alemanha — inimiga externa que "roubara" as regiões da Alsácia e da Lorena — e contra os patoás — inimigos internos da unidade da pátria, falares suspeitos dentro do espaço público institucional —, duas ameaças que poderiam fragmentar a "sagrada" unidade da República. Em decorrência dessa lógica, as leis promulgadas por Ferry — à época, ministro da Educação e, não por acaso, das Colônias — estenderam a educação para todas as crianças francesas numa única língua, o francês, erradicando todas as demais línguas faladas no espaço nacional, denominadas patoás como forma genérica e depreciativa. Observa-se que a valorização de uma única variedade linguística — o chamado *bon usage* da língua de Paris — veicula uma cultura positivista e cartesiana, deixando fora dos muros da escola os saberes e a cultura popular camponesa.

As citações de Ronjat e de Jaurès nos permitem abordar a intercompreensão enquanto prática pragmática — e não necessariamente acadêmica — que enfoca as competências e capacidades entre falantes para identificar e compreender variedades (registros, dialetos, línguas) inscritas no *continuum* de um mesmo diassistema, dispersas por motivos políticos, sociais ou históricos. A essa altura, gostaríamos de retomar, mais uma vez, a ideia saussuriana da linguagem como mecanismo que gira e avança sobre a identidade e a diferença, sobre a identificação e o estranhamento. Cabe igualmente sublinhar que Ronjat foi o revisor das notas que dariam origem ao *Curso de linguística geral* organizado pelos discípulos de Saussure. Portanto, o criador do termo *intercompreensão* conhecia as ideias do linguista suíço.

Em síntese, desde o seu surgimento, a formulação da intercompreensão se contrapõe à hierarquização e à instrumentalização política das línguas ao restituir a legitimidade de todas elas. Entretanto, é importante frisar que, para essa identificação acontecer, não basta a proximidade linguística, é necessária também a intencionalidade entre os falantes, ou seja, um interesse comum na comunicação. Em outras palavras, aceitar a intercompreensão como possibilidade de identificação e força do intercurso entre variedades mais ou menos afastadas implica aceitar a incompreensão como tentativa malsucedida por causa de *ruídos* no ato comunicativo ou mesmo por falta de intencionalidade entre os interlocutores, pois a comunicação é, sobretudo, um ato volitivo, uma questão de vontade.

7. A intercompreensão: da oralidade à escrita e vice-versa

Voltando às teses de Ronjat, ele explica que a intercompreensão entre variedades de occitano ocorria tanto nos círculos culturais do Felibrismo — movimento literário de poetas que usavam o occitano para compor suas obras, encabeçado por Frederic Mistral, Prêmio Nobel de Literatura em 1904 — quanto nas feiras e nos botecos de qualquer vilarejo. Isso marca uma clara oposição ao preconceito preexistente, segundo o qual os dialetos e os patoás não teriam legitimidade social, seriam não línguas sem acesso ao universo letrado, sem gramática nem literatura, inaptas para a interação social com indivíduos de outros grupos sociais ou de outras origens geográficas. Este argumento foi usado pelas autoridades políticas e educativas para justificar a exclusão dos dialetos na vida pública: os patoás poderiam ser tolerados apenas nas interações privadas, no interior de um grupo reduzido, de um clã familiar, passando para o francês — a língua nacional — em qualquer outro contexto. A intercompreensão torna, na sua pragmática, a realidade de uma consciência de pertencimento a uma língua plural, a um grupo linguístico, a um diassistema comum.

Retomando a velha intuição do filósofo da linguagem alemão Wilhelm von Humboldt (1767-1835) — o léxico procede da língua e a língua precede ao léxico —, Ronjat postula que a língua é, primeiramente, um fluxo formado pela morfologia — as *peças* — que segue as regras sintáticas — a *arquitetura* — para construir significados, e não uma mera combinação lexical. Na materialidade das palavras, na sua forma — em seus níveis orais e escritos —, encontraremos a aproximação mais óbvia para tornar cientes dois falantes distintos do vasto sistema compartilhado pelas línguas românicas. Eles precisam apenas perceber as semelhanças sistemáticas por trás dos inúmeros — porém regulares — fenômenos particulares. Através das correspondências regulares, da descoberta dos mecanismos de funcionamento de várias línguas, podemos traçar a via mais favorável para a intercompreensão. Nesse trabalho regular de conscientização de ocorrências, de previsibilidade, encontramos o cerne da aprendizagem de línguas a partir de uma abordagem intercompreensiva.

No entanto, não se trata de desenvolver uma intercompreensão estritamente descritiva, ou filológica, baseada na comparação exaustiva de formas e de normas: nosso objetivo é fornecer ferramentas para uma intercompreensão pragmática, aplicada como abordagem metodológica a explorar os usos reais da língua. Retomamos a afirmativa norteadora da tese de Ronjat: possuir praticamente qualquer falar, dialeto, variedade ou língua do *continuum* nos habilita à intercompreensão. Igualmente, chamamos a atenção para a oralidade, nos seus componentes de ser espontânea, interativa e pragmática, priorizando o diálogo com o objetivo de realizar uma tarefa comum. Nesse sentido, a intercompreensão é uma forma de mediação (Coste e Cavalli, 2015) que pragmaticamente ajuda a resolver impasses e mal-entendidos na comunicação, contribuindo para a resolução de conflitos e a negociação entre indivíduos e coletivos.

Enquanto prática comunicativa, a intercompreensão parte do pressuposto de que, em toda realidade linguística, existe paroquialismo, mas também há força de intercurso; nesse ponto, o contexto ajuda a superar os *ruídos* da comunicação em prol da mútua negociação dos significados. Fazer uma perífrase, explicar o significado de uma palavra ou expressão, procurar um sinônimo são estratégias que os falantes empregam de maneira mais ou menos consciente de acordo com suas capacidades de mediação. Dentro dessa abordagem, a reformulação pode demandar que a mensagem seja repassada mudando de registro, de dialeto ou mesmo de língua. Em outros termos, é preciso usar o sistema na medida em que ele contém a variação, pois graças ao conhecimento e à compreensão do sistema é possível (re)conhecer o funcionamento dessa ou daquela língua, variedade ou registro.

Além da oralidade, Ronjat aborda o papel da escrita. A ortografia pode codificar separadamente variedades muito próximas no oral. Por exemplo, no âmbito das línguas eslavas, algumas usam o alfabeto cirílico (como o russo, o búlgaro, o ucraniano, o bielo-russo e o sérvio), enquanto outras são escritas no alfabeto latino (polonês, tcheco, eslovaco, esloveno e croata), o que cria uma divisão no interior dessa família linguística entre formas muitas vezes mutuamente compreensíveis ao serem oralizadas. Por outro lado, a forma escrita pode aumentar as diferenças dialetais, como uma espécie de lupa, ao representar sons próximos por meio de sinais diferentes: por exemplo, *prêmio* e *fenômeno* escrevem-se, na norma de Portugal, como *prémio* e *fenómeno*, pois essas vogais são pronunciadas com timbre aberto e não nasal pelos falantes de português europeu, exatamente como as pronúncias brasileiras de *prévio* e *ótimo*. De maneira análoga, palavras homófonas em português e em espanhol recebem acentuação gráfica diferente (como *dia/día, contínua/continua, continua/ continúa, prévio/previo, história/historia*) e palavras heterotônicas — com sílabas tônicas diferentes em português e em espanhol — são homógrafas, se escrevem exatamente igual (*democracia, magia, terapia*). Isso é o resultado de que a acentuação gráfica em espanhol serve para marcar os hiatos, enquanto em português tende a marcar os ditongos. Entretanto, todas essas diferenças podem ser sistematizadas durante uma formação em intercompreensão.

As teses de Ronjat permitem ainda afirmar que a intercompreensão articula a oralidade e a escrita sem que existam uma separação entre competências linguísticas ou a preeminência de umas sobre as outras. Para ele, a prática da intercompreensão descreve a atividade de produção oral em interação, sendo ela precisamente a atividade mais negligenciada no processo de ensino-aprendizagem de idiomas em nossas escolas e universidades. Nos últimos anos, assistimos ao aumento da escrita e da leitura na vida cotidiana, em parte por causa da internet, das redes sociais e aplicativos dos celulares, mas também constatamos uma perda de capacidades orais devido a um século de educação escolar em que a normalização da língua foi feita através da escrita.

Na década de 1990, quando surgiram os primeiros métodos de intercompreensão no âmbito universitário, algumas equipes centraram o trabalho nas atividades de leitura, enquanto outras se preocuparam com a interação escrita — esses assuntos serão explicados no quinto capítulo. Naquela altura, a professora Dabène, da Universidade de Grenoble, na França, chama a atenção para a proximidade linguística aplicada ao ensino de línguas, em diálogo com as colocações que Ronjat e Jaurès tinham feito oitenta anos antes.

> Devemos também levar em conta a **proximidade linguística**. As línguas românicas, por exemplo, constituem uma zona de continuidade linguística no sul da Europa e na América Latina, onde a intercompreensão já existente pode se desenvolver facilmente. No entanto, este parentesco linguístico tem sido tradicionalmente considerado como um fator de depreciação: as línguas vizinhas, percebidas como fáceis, sempre foram desvalorizadas no contexto escolar francês, onde os bons alunos costumam ser orientados para o alemão e onde a semelhança causa receio, já que pode constituir uma fonte de erros (não nos esqueçamos dos "falsos amigos"). Em nossa opinião, seria necessário fazer prevalecer a tendência oposta: se apoiar nas semelhanças linguísticas para desenvolver a intercompreensão entre indivíduos que falam línguas próximas. As línguas românicas teriam tudo a ganhar com esse ensino recíproco. Isso implica, como já vimos, uma mudança radical de perspectiva (Dabène, 1994: 169)[7].

7 *Il faut aussi prendre en compte la proximité linguistique. Les langues romanes, par exemple, constituent, au Sud de l'Europe et en Amérique latine, une zone de continuum linguistique où l'intercompréhension déjà existante peut se développer aisément. Or cette parenté linguistique a traditionnellement été considérée comme un facteur de dépréciation: les langues voisines considérées comme faciles ont toujours été dévalorisées dans le contexte scolaire français où l'on oriente trop souvent les bons élèves vers l'allemand, et où l'on se méfie de la ressemblance qui peut constituer une source d'erreur (n'oublions pas les «faux-amis»). Il faudrait, à notre avis, faire prévaloir la tendance inverse: s'appuyer sur les similitudes linguistiques pour développer l'intercompréhension entre individus locuteurs de parlers proches. Les langues romanes auraient tout à gagner à cet enseignement réciproque. Ceci implique, on le voit, un changement radical de perspective.*

Consideramos essa reflexão o ponto de partida — *terminus ad quem* — dos projetos acadêmicos e da produção científica que as várias equipes desenvolveriam nos anos seguintes com o objetivo de aproveitar e otimizar as vantagens didáticas da intercompreensão. Todas elas serão matéria dos próximos capítulos do livro.

8. A diversidade linguística como maldição ou dom divino nas narrativas mitológicas

A diversidade linguística acompanha a humanidade desde o surgimento da própria linguagem. Nesse sentido, não surpreende que os povos antigos tenham tentado explicar essa questão através de mitos. O *Popol Vuh* — que poderíamos traduzir como o "livro da comunidade" — reúne as narrativas lendárias e históricas do povo maia quiché, que habitou — e ainda habita — a atual Guatemala. A obra narra como os deuses criaram os animais para que os adorassem, mas como aquelas criaturas não conseguiam falar, pronunciar o nome das divindades, foram condenadas a se devorarem entre si. Essa narrativa pode ser relacionada com o livro do Gênesis, o primeiro da coleção que compõe a Bíblia, quando Deus pede para Adão nomear todos os animais do Paraíso. Através dessas duas tradições, observamos que as mitologias refletiram sobre a importância central da linguagem na formação de nossa humanidade. De fato, o Evangelho de João, ao retomar a narração da origem do cosmos, coloca a Palavra mesmo antes da criação do mundo, no seu primeiro versículo: Ἐν ἀρχῇ ἦν ὁ Λόγος (transliterado: *En archē ēn ho Lógos*, "No início era o Verbo").

Todavia, a partir da capacidade de falar, de dar nome à realidade em que os seres humanos vivem, essas mesmas matrizes mitológicas entenderam as línguas como fatores de dispersão e de exclusão. Vale lembrar o famoso mito da Torre de Babel, segundo o qual Deus destruiu a torre daquela cidade para castigar a arrogância de homens que almejavam igualar Sua altura e fragmentou as línguas da humanidade ao infinito para impedir que a torre fosse reerguida. Esse mito apresenta a diversidade linguística como uma maldição divina, como barreira infranqueável.

Por sua vez, o filósofo inglês Thomas Hobbes (1588-1679) toma o nome do Leviatã — o monstro marinho vindo das profundezas infernais, que aparecia no Livro de Jó — para dar um título a sua obra filosófica de 1651, em que aborda a necessidade de um poder absoluto do Estado. As duas maldições antitéticas descrevem universos linguísticos fortemente distópicos onde a própria capacidade da linguagem entra em colapso. De um lado, o mito de Babel imagina a fragmentação infinita e incompreensível; do outro, o mito do Leviatã imagina uma linguagem absoluta, unívoca e asfixiante que nega qualquer diversidade.

Frente a esses dois mitos antitéticos, o relato do Pentecostes narra que os apóstolos estavam com medo, reclusos numa casa após a morte do seu mestre, Jesus. Então, viram baixar do céu línguas de fogo que pousaram acima deles, logo abriram portas e janelas da casa e saíram para pregar o Evangelho sendo entendidos por todos os povos. Porém, esse *dom de línguas* talvez possa ser visto mais como uma forma de poliglotismo miraculoso do que como uma figuração lendária da intercompreensão enquanto prática ancestral.

Fechamos este capítulo mencionando esses mitos procedentes da antiguidade, ainda hoje parte do substrato que conforma as representações e o imaginário sobre a capacidade da linguagem, a diversidade linguística — vista como algo positivo ou negativo — e a comunicação entre falantes de línguas diferentes.

O ensino de línguas é consequência da concepção de língua(gem) que dirige um dado sistema escolar, ele próprio moldado pelas políticas dos poderes públicos. O conjunto das reflexões teóricas apresentadas ao longo do capítulo permitiu-nos esboçar a base teórica sobre a qual se sustenta a intercompreensão enquanto abordagem metodológica dentro da linguística aplicada.

Capítulo DOIS

A intercompreensão: método para o ensino integrado de línguas

Il s'agit d'entraîner l'apprenant à mobiliser au maximum son potentiel cognitif, en lui fournissant un nombre limité mais très ciblé d'outils permettant le passage aisé d'une langue à l'autre.

Trata-se de preparar o aluno para mobilizar seu potencial cognitivo ao máximo, fornecendo-lhe um número limitado, porém bem direcionado, de ferramentas que facilitem a passagem de uma língua a outra.
LOUISE DABÈNE

1. O comparativismo como precedente da intercompreensão

Todas as ciências têm uma genealogia, isto é, uma filiação que as determina no seu percurso histórico. Ao tratar das representações da linguagem e das línguas no primeiro capítulo, apresentamos a intercompreensão enquanto prática ancestral e buscamos nas teses de Jules Ronjat e de Jean Jaurès as primeiras definições do termo, formuladas há pouco mais de cem anos. No entanto, o potencial didático do contato entre línguas já fora percebido em épocas anteriores.

No século XVII, os gramáticos de Port-Royal — um grupo de intelectuais entre os quais podemos citar Blaise Pascal, Antoine Arnauld e Claude Lancelot — refletiram sobre como abordar o ensino de uma nova língua na introdução da obra *Nouvelle méthode pour apprendre facilement et en peu de temps la langue latine* ("Novo método para aprender facilmente e em pouco tempo a língua latina"):

> Uma vez que o senso comum nos ensina que devemos sempre começar com as coisas mais fáceis, pois o que já sabemos deve servir-nos como uma luz para iluminar o que não sabemos, é claro que devemos usar a nossa língua materna como meio de entrar em línguas estrangeiras e desconhecidas[1] (Lancelot, 1644: 2-3).

Mais tarde, no final do século XVIII, um professor chamado Nicolas Adam preocupava-se, na França revolucionária, com a aquisição da leitura em língua francesa, em latim e em outras línguas modernas. Então, publicou um livro intitulado *La vraie manière d'apprendre une langue quelconque, vivante ou morte, par le moyen de la langue française* ("A verdadeira maneira de aprender qualquer idioma, vivo ou morto, por meio da língua francesa"), onde fazia a seguinte afirmação: "Meu objetivo não é formar gramáticos aprofundados, mas permitir que pessoas estudiosas saibam o suficiente sobre suas línguas para poderem estudar uma outra"[2] (Adam *apud* Reuillon-Blanquet, 1994: 65).

O surgimento da linguística no século XIX parte também da comparação. Desse modo, os irmãos Grimm formularam leis de mudança fonética e reconstruíram os estágios antigos de uma língua ou de um grupo de línguas relacionadas por parentesco, trazendo a imagem das *famílias linguísticas*. No âmbito das línguas românicas, o francês François-Just-Marie Raynouard (1761-1836) publicou, em 1821, a *Grammaire comparée des langues de l'Europe latine* ("Gramática comparada das línguas da Europa latina"). No prefácio à obra, explica-se o objetivo de descrever o conjunto desses idiomas comparando as relações entre os vários membros da família: francês, espanhol, português, italiano, occitano e ainda outras variedades locais. Ele afirmou: "Vocês [falantes de línguas românicas] ficam, sem dúvida, surpresos e encantados com as semelhanças impressionantes, as inúmeras coincidências, as analo-

---

1 *"Puisque le seul sens commun nous apprend qu'il faut toujours commencer par les choses les plus faciles, et que ce que nous savons déjà nous doit servir comme d'une lumière pour éclairer ce que nous ne savons pas, il est visible que nous devons nous servir de notre langue maternelle comme d'un moyen pour entrer dans les langues qui nous sont étrangères et inconnues."*

2 *"Mon but est non pas de former des Grammairiens profonds, mais de mettre les personnes studieuses en état de savoir assez sur leur langue, pour être capables d'en étudier une autre."*

gias inquestionáveis que incessantemente descobrem entre as línguas particulares"[3] (Raynouard, 1821: 10). A ideia de família linguística salta aos olhos, e conhecer uma língua faz mais sentido quando se conhece o sistema linguístico ao qual ela pertence. O gigantesco estudo de François-Just-Marie Raynouard (1838-1844) restaurou o acervo lexical comum das línguas românicas em centenas de páginas e com milhares de exemplos que ele próprio organiza em tabelas como a que reproduzimos abaixo (Raynouard, 1821: 62):

TROVADORES [OCCITANO]	CATALÃO	CASTELHANO [ESPANHOL]	PORTUGUÊS	ITALIANO	FRANCÊS
Lenguatge	Llenguatge	Lenguaje	Linguagem	Linguaggio	Langage
Estudiar	Estudiar	Estudiar	Estudar	Studiare	Étudier
Crit	Crit	Grito	Grito	Grido	Cri
Sabieza	Sabiesa	Sabieza	Sabedoria	Saviezza	Sagesse
Trobar	Trobar	Trovar	Trovar	Trovare	Trouver

Tabela 1

De acordo com Swiggers (2014), o trabalho de comparação sistemática de Raynouard antecedera e preparara o caminho para o surgimento da linguística românica algumas décadas mais tarde com o alemão Friedrich Diez (1794-1876), que publicou na cidade de Bonn os três volumes da sua *Gramatik der Romanischen Sprachen* ("Gramática das línguas românicas"), entre 1836 e 1843, e *Etymologisches Wörterbuch der Romanischen Sprachen* ("Vocabulário etimológico das línguas românicas"), em 1854.

Voltando aos discursos pedagógicos, a proclamação da Terceira República na França (1871-1940) abre pela primeira vez a possibilidade de oferecer a todas as crianças francesas uma educação livre, laica e obrigatória — exceto para os filhos das populações colonizadas nos diferentes territórios controlados pelo Império francês àquela altura. Nesse contexto geral, o pedagogo socialista Ferdinand Buisson (1841-1932),

[3] *"Vous êtes sans doute surpris et charmés des identités frappantes, des nombreux rapports, des analogies incontestables que vous découvrez sans cesse entre vos langages particulières."*

prêmio Nobel da Paz em 1927, coordenou um imenso *Dictionnaire de pédagogie et d'instruction primaire* ("Dicionário de pedagogia e de instrução primária"), publicado entre 1882 e 1887, com o objetivo de auxiliar os professores. Nessa imensa obra, encontramos um verbete intitulado "línguas românicas":

> Ainda nos limitamos a estudar a língua francesa em si ou, no máximo, a compará-la com sua mãe, a língua latina, sem aproximá-la de suas línguas irmãs: italiano, espanhol, provençal [occitano]. No entanto, se estamos convictos (...) de que hoje em dia o ensino não deve ser dogmático, mas experimental, entenderemos que os exemplos das outras línguas românicas podem ser uma ajuda diária nas demonstrações que nós precisamos fazer sobre a língua francesa. (...) O estudo de outras línguas românicas é, portanto, essencial (...) para o conhecimento histórico e racional de nossa própria língua[4] (Buisson, 1888: 1926-1927).

Essa afirmativa traz elementos extremamente pertinentes mesmo em nosso contexto atual. Por um lado, ela reformula as categorias de línguas estrangeiras, clássicas e maternas (no caso de Buisson, o francês) dentro de um mesmo universo de saberes que se retroalimentam. Por outro, são levadas em consideração as línguas literárias e oficiais (como o italiano ou o espanhol), mas também o occitano, uma língua regional que não é percebida como um dialeto ou um patoá irrelevante. Ademais, a aprendizagem canônica da língua — seja ela nacional ou estrangeira — fica subordinada à prática e à experimentação. Uma abordagem que permite aos estudantes observarem, manipularem e compreenderem os elementos comuns e distintos desse grupo linguístico, com o propósito de se apropriarem de seu funcionamento.

O verbete do dicionário de Buisson se aproxima no eixo temporal das teses de Ronjat e de Jaurès. O conjunto dessas reflexões assenta as bases para o desenvolvimento da intercompreensão na família das lín-

---

4 *"On se borne encore à étudier la langue française en elle-même ou tout au moins à la comparer à sa mère, la langue latine, sans la rapprocher de ses langues sœurs : l'italien, l'espagnol, le provençal. Cependant, si nous sommes une fois persuadés (...) que l'enseignement doit de nos jours être non pas dogmatique mais expérimental, nous nous convaincrons que les exemples tirés des autres langues romanes peuvent nous être d'une aide journalière dans les démonstrations que nous avons à faire au sujet de la langue française. (...) L'étude des autres langues romanes est donc indispensable (...) pour la connaissance historique et raisonnée de notre propre langue."*

guas românicas como abordagem pedagógica na última década do século XX. Dedicaremos as próximas seções a explicar detalhadamente o seu funcionamento.

2. Identificação e distanciamento: as duas dinâmicas presentes nos contatos linguísticos

Há duas dinâmicas presentes na comunicação: a primeira tende à identificação — compartilhada por um grupo, nossa língua(gem) comum, em suma, a força do intercurso saussuriana —; a segunda está relacionada ao distanciamento — uma identidade exclusiva ou particular, a língua(gem) que nos identifica e diferencia, isto é, o paroquialismo.

Primeiramente, abordaremos a dinâmica de identificação. A linguagem humana declina-se na diversidade de todas as línguas (não só orais como também de sinais), códigos diferentes que, entretanto, compartilham os chamados *universais linguísticos*, isto é, padrões lógico-semânticos que aparecem sistematicamente em todos os idiomas já descritos e que, em consequência, são considerados pelos linguistas como propriedades válidas para qualquer língua humana. Como explica Moreno Cabrera (2016: 58-59), todas as línguas têm mecanismos para descrever e narrar eventos, recursos para expressar as relações dos falantes com seu entorno; todas permitem a eloquência, conhecem a conotação (ou seja, a associação de significados acessórios ao significado fundamental), entre outras características.

Além dos universais comuns à linguagem humana, as línguas desenvolveram-se historicamente em comunidades que realizavam trocas e tinham contatos com outros grupos humanos vizinhos. Isso faz com que, na prática, seja quase impossível encontrar uma comunidade totalmente isolada de outra. A opacidade absoluta de uma língua é virtualmente inexistente — em outras palavras, nenhuma língua é em si mesma completamente incompreensível para os falantes de outra. Por exemplo, um idioma tão enigmático quanto o basco (*euskera*), definido pelos linguistas como uma das raras línguas pré-indo-europeias ainda faladas na Europa, é poroso ao *continuum* românico através do seu léxico, o qual provém, numa terça parte, do contato com as línguas latina e românicas vizinhas, formadas ao longo de dois milênios (occitano-gascão, espanhol e francês). Outro exemplo seria o do guarani, língua aglutinante falada no Paraguai, na Bolívia, no Brasil e na Argentina, que tomou empréstimos do português e do espanhol e que, por sua vez, emprestou inúmeros vocábulos a essas duas línguas estabelecidas na América do Sul em decorrência do processo colonizador.

Afirmar que todas as línguas humanas compartilham influências mútuas e espaços abertos à interação não significa que a comunicação seja possível de maneira imediata. Evidentemente, um falante contemporâneo de português brasileiro não poderá decifrar um texto escrito em chinês do século XIII sem uma aprendizagem prévia das estruturas linguísticas, do sistema de escrita e dos códigos culturais que caracterizam o texto fonte, mas o mesmo indivíduo encontraria enormes dificuldades para entender um texto científico de neurolinguística escrito em português contemporâneo sem um estudo prévio. Portanto, podemos concluir que a aprendizagem dos códigos sempre é necessária.

Entrando agora na descrição da dinâmica de distanciamento, ela resulta do processo de fragmentação para demarcar um grupo de falantes e contextualizar seus atos de fala. Em seus *Exercícios de estilo*, o escritor francês Raymond Queneau mostra como a mesma frase, formulada na mesma língua, pode ser dita e escrita com variações produzidas por mudanças geográficas, sociais, geracionais etc.: é possível classificar essas diferenças de acordo com a capacidade de modulação do discurso por parte dos falantes em função de suas atividades comunicativas ou de seus interlocutores, conforme o lugar geográfico, as classes sociais, a idade do público-alvo, o gênero ou mesmo o meio de comunicação utilizado. Entretanto, a diferenciação absoluta não pode existir: a língua, por mais fragmentada que seja, continua sendo a realização concreta de uma capacidade linguística comum a nossa espécie.

A língua funciona ativando *conjuntamente* os dois princípios enunciados: a identificação e o distanciamento. Isso permite aos grupos humanos em contato se comunicarem mantendo suas identidades diferenciadas. Um equilíbrio que, necessariamente, deverá ser negociado em cada ato de fala. Nesse panorama epistemológico, a principal inovação que o conceito de intercompreensão propõe é integrar as duas dinâmicas, possibilitando a comunicação entre falantes e grupos, sem obrigá-los a apagar suas diferenças ou particularidades. Muito pelo contrário, as diferenças e o distanciamento entre a língua de um e do outro são o alicerce que sustenta a comunicação, a identificação mútua. Um cenário comunicativo eficiente e igualitário, de acordo com as ideias explicadas no primeiro capítulo.

A partir desses princípios, a didática da intercompreensão infere seus conceitos operacionais: o *continuum* linguístico, a intencionalidade e a informação previsível, graças ao contexto ou à forma. De igual maneira, produz estratégias de aproximação, de transferência e das competências parciais. A apresentação detalhada de todas essas noções permitirá debater de que modo elas são eficazes para motivar os estudantes e desenvolver suas habilidades metalinguísticas.

3. O *continuum* linguístico românico

A ideia do *continuum linguístico* constitui um dos pilares epistemológicos da intercompreensão, já que ela se apoia na afinidade e na proximidade geolinguística. A maioria dos idiomas falados no mundo foram classificados em famílias cujos membros procedem de uma mesma língua falada no passado. Portanto, existe uma relação de parentesco dentro de uma família linguística. Quanto mais numerosa ela for, quanto mais elementos de comparação tivermos à nossa disposição, mais claramente podemos perceber os traços estruturais compartilhados.

Um exemplo significativo de *continuum* linguístico são as variedades do quéchua, hoje em dia faladas na região andina, do sul da Colômbia e do Equador até o norte da Argentina. Todas elas procedem da língua disseminada pelo *Tawantinsuyu* inca, que também serviu como *lengua general del Perú* ("língua geral do Peru") durante a colonização espanhola. Do mesmo modo, na África, as línguas bantas — ramo da macrofamília nigero-congolesa — conformam um *continuum* que vai do Quênia e dos Camarões até a África do Sul.

No caso das línguas românicas, todas derivam do latim vulgar falado pela imensa maioria de cidadãos, mercadores, soldados e camponeses assentados nas províncias ocidentais do império romano durante um período de mais de quatrocentos anos. Voltando às teses levantadas por Jules Ronjat, em 1913, em relação ao occitano, havia nelas uma intuição muito interessante: assim como a comunicação entre falantes de dois dialetos de uma mesma língua acontece graças à *porosidade* recíproca, a comunicação entre falantes de duas línguas de uma mesma família pode acontecer aplicando-se o mesmo princípio. Porém, essa mudança de perspectiva foi inconveniente ao contexto francês daquela época, que valorizava somente o monolinguismo.

A perspectiva da intercompreensão considera os traços que possibilitam ou obstaculizam a comunicação independentemente da hierarquia política das línguas ou do seu prestígio: dentro dessa abordagem, as línguas regionais ou minoritárias têm o mesmo valor das línguas nacionais e hegemônicas. Por sua vez, as línguas nacionais — como o francês, o espanhol, o português, o italiano e o romeno — constituem dialetos, variedades, de uma *língua maior*, de um *continuum* que abrange, não sem algumas lacunas, vastos territórios europeus do litoral do Mar Negro na Romênia às praias do Atlântico em Portugal. Esse espaço onde as línguas românicas são faladas recebe, no âmbito acadêmico, o nome de *România*. E, como nesses territórios do sul da Europa vêm se falando uma variedade — ou várias — de latim vulgar desde a expansão do império romano até a atualidade, os linguistas acrescentaram ao termo a ideia de continuidade, cunhando assim *România Contínua*. O mapa a seguir permite visualizar o espaço ocupado pelas línguas românicas no sul da Europa.

Atualmente, a *România Contínua* não é mais o lugar do planeta onde encontramos o maior número de *romanófonos*, isto é, de falantes de línguas românicas. Como resultado da expansão colonial iniciada pelas elites políticas, econômicas e religiosas de vários países europeus no século XV, três línguas românicas — espanhol, português e francês — foram transplantadas para a América, a África e, em muito menor medida, para a Ásia. Todos aqueles territórios onde foram implantadas as línguas românicas já formadas recebem o nome de *România Nova* (Ilari, 2018: 59-60).

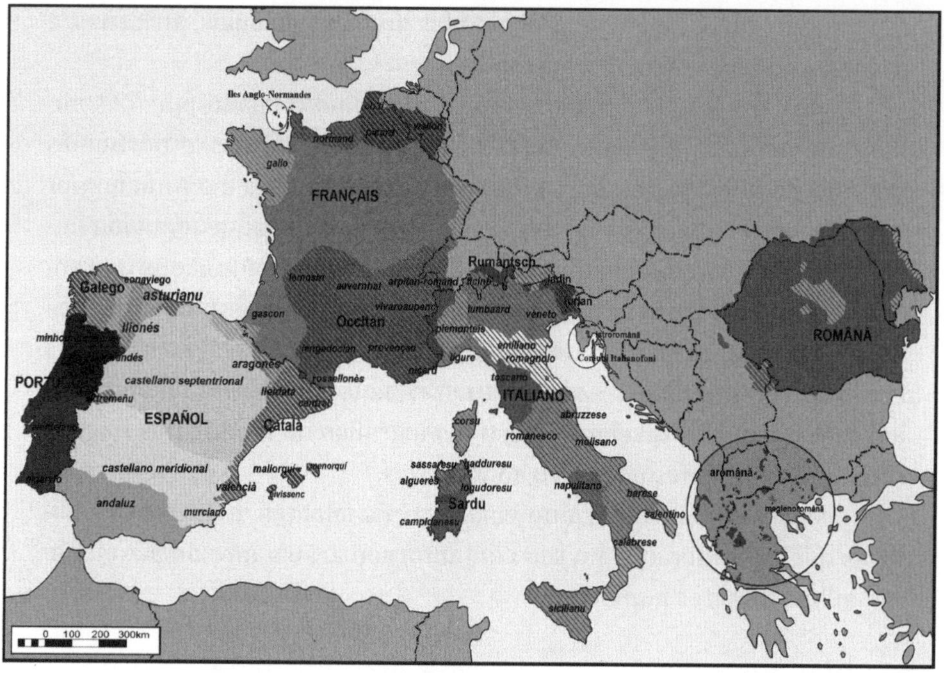

Mapa 1

Assim, hoje existe no espaço americano um *continuum* de falares românicos que vai da Patagônia à Califórnia e do Atlântico ao Pacífico. Nesse espaço latino-americano, o espanhol e o português — línguas hegemônicas e nacionais — convivem, em suas variedades vernáculas, com as línguas autóctones indígenas e as línguas alóctones da migração. O francês também está presente, no Québec e no Canadá, onde é falado por dez milhões de pessoas em situação de bilinguismo e diglossia com o inglês. No Haiti, nas ilhas da Guadalupe e da Martinica (Antilhas francesas) e na Guiana, o francês é língua oficial e convive com suas formas *crioulizadas*, como explicaremos no quarto capítulo. Em suma, a enorme extensão territorial da América representa um espaço de comunicação poroso, aberto ao contato.

Já na África, os idiomas herdados do período colonial — o francês, o português e, de maneira mais local, o espanhol (apenas na Guiné Equatorial) — estão-se tornando línguas maternas na medida em que esses países se urbanizam e adotam as formas de vida do capitalismo ocidental. Isso gera as mais diversas situações de contato, de bilinguismo e também de diglossia entre as chamadas línguas nacionais, africanas, e as línguas oficiais de matriz europeia.

O site Ethnologue considera que o espanhol é falado por 524 milhões de pessoas, o francês por 280 milhões de pessoas, o português por 236 milhões de pessoas, o italiano por 68 milhões e o romeno por 24 milhões. Os números consideram tanto as pessoas que têm uma língua românica como língua materna quanto aquelas outras que a usam como segunda língua (L2). No caso do francês, há uma grande diferença numérica entre os falantes de língua materna (77 milhões) e os falantes como L2 (203 milhões). Cabe relativizar as fontes desses dados; mas, em todo caso, eles revelam o peso demográfico da família das línguas românicas presentes nos cinco continentes.

O seguinte quadro permite visualizar os falantes de línguas românicas que, considerados no seu conjunto, somariam aproximadamente um bilhão de seres humanos.

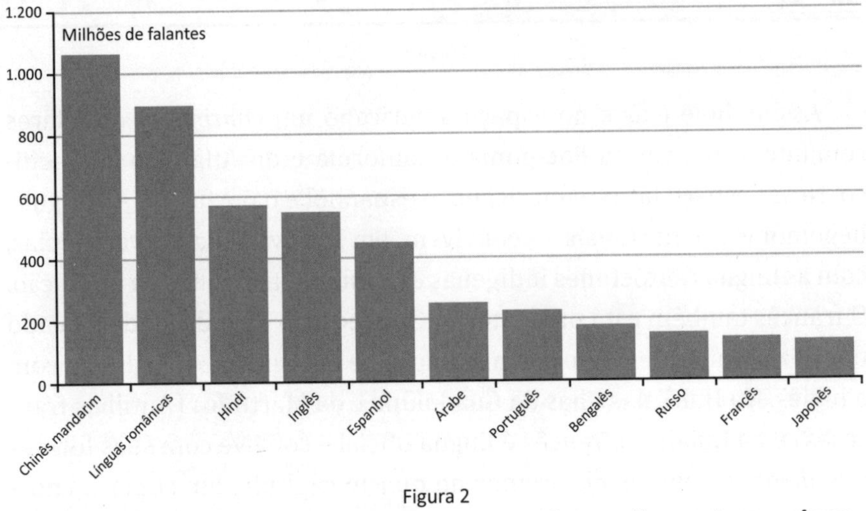

Figura 2
Lista de línguas mais faladas, em milhões, por pessoas que as têm como língua materna, conforme os dados oferecidos pelo site Ethnologue (Disponível em: https://www.portaleducacao.com.br/conteudo/artigos/direito/as-dez-linguas-mais-faladas-no-mundo/48638. Acesso em: 02 nov. 2019)

A comunicação entre essas comunidades tem enorme potencial de trocas culturais, científicas e também comerciais. Nosso segundo mapa permite localizar as comunidades falantes de línguas românicas espalhadas nos vários continentes.

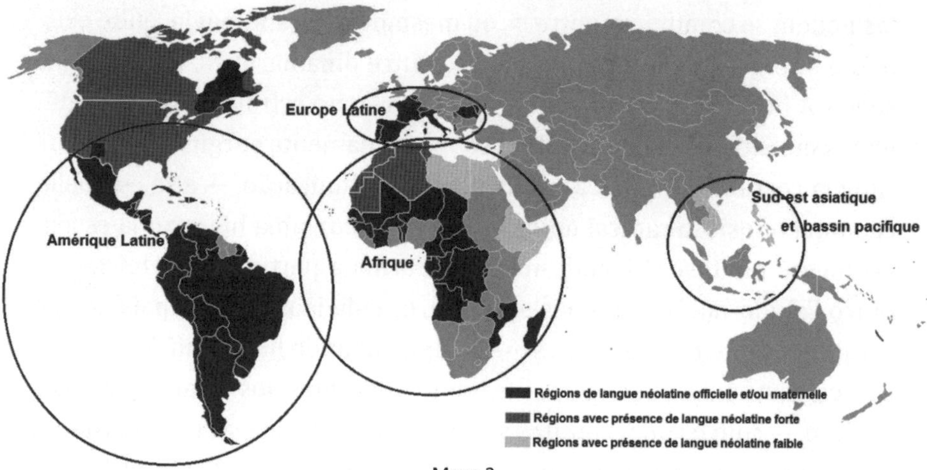

Mapa 2

Voltando ao espaço latino-americano, imaginemos um jovem chileno que parte para fazer uma viagem pelo continente. Ele usará a sua variedade de espanhol para falar com as pessoas que for encontrando pelo caminho: bolivianos, peruanos, colombianos, argentinos etc., convicto de que sua língua é suficientemente porosa para permitir a comunicação com outros hispanofalantes usuários de variedades mais ou menos afastadas. Ao mesmo tempo, ele encontrará inúmeros fenômenos de variação e precisará negociar os significados, reformular determinada frase ou expressão se perceber uma falha ou um mal-entendido na comunicação. Nesse sentido, suas práticas aproximam-se bastante do descrito por Ronjat entre os camponeses do sul da França no início do século XX, falantes de occitano. O nosso mochileiro imaginário empregará os mesmos recursos e estratégias se, em sua viagem, decidir percorrer o Brasil: acreditando que o espanhol permite um grau suficiente de compreensão com interlocutores brasileiros e se esforçando, por sua vez, em entender o português deles. Assim, as pessoas se adaptam aos falares de seus interlocutores, elas se compreendem e, ao mesmo tempo, se reconhecem numa identidade latino-americana compartilhada que não apaga as particularidades locais de cada uma, mas, pelo contrário, emerge de todas elas.

Esse policentrismo linguístico é uma prática recorrente em muitas outras regiões do planeta, como na África, onde falantes de línguas bantas podem se comunicar entre si, ou mesmo na Escandinávia, onde existe um alto grau de intercompreensão entre dinamarquês, norueguês e sueco. A intercompreensão foi empregada como estratégia durante milênios em situações de contato e só modernamente surgiu o dogma da "língua correta" — a única válida para a comunicação — e se estabeleceu uma oposição radical entre *língua* e *dialeto*, uma hierarquia essencialmente política. O Estado-nação se forma a partir da fronteira com outro Estado-nação. Por consequência, os cidadãos de cada país devem ser muito semelhantes entre si — compartilhando língua, símbolos, tradições, costumes, ou religião — e muito diferentes dos cidadãos do país vizinho — com os quais muitas vezes são alimentadas as rivalidades ou a inimizade diretamente declarada. Personagens como Tönle, as identidades da fronteira, não têm mais lugar nesse novo desenho do tabuleiro político. O objetivo das autoridades será estender a língua nacional através da educação, da mídia e dos poderes públicos com o intuito de transformar as fronteiras políticas em verdadeiras fronteiras linguísticas, quebrando o *continuum* preexistente.

Mas até onde vai o *continuum* de uma família linguística? Em princípio, não há um limite preciso. Certamente, alguns pontos dessa malha — chamados de isoglossas — podem concentrar um número de mudanças maior, da mesma forma que, numa paisagem, os acidentes geográficos do território (montanhas, canhões, vales, planícies) não se distribuem de maneira uniforme. Os contatos entre línguas de origens diferentes e a convivência entre seus falantes num mesmo espaço geográfico tendem a criar áreas de influência mútua e de confluências não apenas no léxico (os chamados empréstimos linguísticos), mas também em certas construções morfológicas e sintáticas próprias de uma área geográfica. Por exemplo, o romeno é uma língua românica; todavia, na sua gramática, as sentenças subordinadas com infinitivo (por exemplo: "Corina quer estudar na universidade") são raramente usadas, preferindo-se para isso o presente do subjuntivo (*Corina vrea să studieze la universitate*, literalmente algo como: "Corina quer que ela estude na universidade"). Esse traço afasta o romeno das línguas românicas ocidentais e, ao mesmo tempo, o aproxima das outras línguas faladas na Península dos Bálcãs (búlgaro, albanês e grego), as quais possuem o mesmo tipo de construção. Voltaremos ao perfil do romeno no quarto capítulo. Na área andina, as línguas quéchuas e as línguas aimarás compartilham boa parte do seu vocabulário, mesmo não se podendo reconstruir uma protolíngua comum. Em síntese, os contatos linguísticos ampliam o conceito de *continuum*.

Enfim, a intercompreensão pode ultrapassar a *barreira* de uma família a outra: por exemplo, entre as línguas românicas e as germânicas, ambas inseridas na família maior das línguas indo-europeias. Nesse caso, o francês — a mais germânica das línguas românicas — e o inglês — a mais românica das línguas germânicas — serviriam como línguas ponte. Podemos imaginar esse processo de sucessivos deslocamentos como se se tratasse do *zoom* de uma câmera que se aproxima para captar os detalhes ou se afasta para fotografar o conjunto. Cada uma dessas passagens — de variedade a língua e de língua a família — parte do princípio duplo de identificação e distanciamento que apresentamos anteriormente.

4. A intencionalidade

A tomada de consciência dos contatos linguísticos torna-se central no processo de intercompreensão: tanto nos exemplos dos países hispanofalantes quanto no testemunho de Ronjat, a compreensão parte de um *sentimento de pertencimento compartilhado*. Em outros termos, a intercompreensão se apresenta como uma possibilidade dependente da atitude e das ações dos interlocutores para efetivamente acontecer. Isso é o que nós chamamos de *intencionalidade*. Do ponto de vista dos participantes, essa concepção da interação como forma de ação conjunta suscita a questão dos processos que regulamentam e articulam as trocas recíprocas, aquilo que Grice (1979) chama de *cooperação* e Kerbrat-Orecchioni (2004), de *negociação*.

Assim, um falante que tenha contatos regulares com outros espaços linguísticos (através de viagens, relações pessoais, internet, leituras etc.) aceitará com mais facilidade esse tipo de prática. Se, além disso, tiver consciência da variação presente em sua própria língua, estará *a priori* sensibilizado para entender as línguas dos outros e negociar significados. Em contrapartida, um falante fechado numa concepção de língua normativa e fixa, separada da variação e das demais línguas, mais ou menos próximas, precisará de um tempo maior e de mais prática para se familiarizar com a ideia do *continuum* e ativar estratégias que possibilitem a compreensão. Em outras palavras, a formação plurilíngue exige passar da *contiguidade* linguística para a *continuidade* entre as línguas. Desse fato, podemos extrair três consequências.

A primeira é que as diferenças entre as línguas não são a única barreira para a compreensão. A falta de compreensão e os equívocos acontecem frequentemente, mesmo entre falantes de uma mesma língua — pensemos, por exemplo, nos debates políticos. A comunicação é um ato volitivo: depende da vontade e da predisposição dos interlocutores.

A segunda conclusão é que a produção é fundamental, pois, quando falantes de línguas diferentes falam entre si, cada um deve procurar tanto compreender o outro quanto se fazer compreensível. Assim sendo, há necessidade de clareza na transmissão da mensagem tanto nas atividades didáticas produzidas num ambiente de ensino quanto nas práticas cotidianas: devemos preferir frases simples, manter um ritmo pausado na fala, utilizar um vocabulário evidente, buscar sinônimos para um mesmo termo e testar com nosso interlocutor qual é o mais transparente. Por exemplo, um falante de italiano deverá preferir o termo "comprendere" a "capire" se praticar a intercompreensão com um hispanofalante ou um lusófono, pois o segundo termo resulta mais opaco *a priori*, apesar de ser mais usado em italiano. Entretanto, diversos produtos culturais (como filmes e séries de televisão) popularizaram alguns estereótipos das comunidades italianas — principalmente em países da América — onde os personagens fazem uso de alguns termos para caracterizar sua identidade étnica. Desse modo, "capisci?" ou "capito" costumam aparecer como marcadores fáticos nos discursos desses personagens e, talvez, o verbo "capire" já soe familiar a muitas pessoas, mesmo sem saber italiano. De qualquer maneira, esses elementos têm um impacto no sentido e contribuem para minimizar os ruídos na comunicação e a contornar os obstáculos.

Por fim, cabe ao professor a escolha, a produção e a pilotagem dos métodos e dos materiais didáticos segundo as línguas visadas dentro da abordagem intercompreensiva. Certamente é preferível começar com aquelas mais próximas à língua materna ou à(s) língua(s) de referência dos alunos. Mas, uma vez que eles tenham assimilado a metodologia, nada impede que a intercompreensão possa ser aplicada a membros do *continuum* mais afastados. No fim das contas, os conceitos de proximidade ou de distanciamento dependem do ponto de vista. Numa ocasião, encontramos uma falante de chinês que aprendia francês com uma facilidade desconcertante. Quando questionada pelo professor, ela disse: "É simples, eu já estudei polonês. O polonês e o francês são duas línguas muito próximas!" Vistas desde a perspectiva da China, essas duas línguas têm uma grande proximidade, uma identificação como línguas da família indo-europeia (com preposições, flexão nominal e verbal, uso do alfabeto latino); vistas da França — ou da Polônia — enxergamos sobretudo as diferenças, o distanciamento.

Outro exemplo vem de nossa própria experiência em sala de aula: de forma geral, os alunos brasileiros percebem o espanhol e o italiano como línguas relativamente transparentes, mas quando têm de trabalhar com o francês, encontram mais dificuldades se nunca tiveram contato com esse idioma antes, considerando-o difícil e opaco. A perspectiva muda depois de apresentar o romeno a eles: de maneira geral, o francês passa a ser percebido como uma língua muito mais próxima do português brasileiro e o romeno passa a ocupar o lugar da língua mais afastada, aquela que produz maior estranhamento, dentro do quadro de relações — do *continuum* — que eles vão construindo. Assim, sistematizar as correspondências entre línguas e trabalhar a variação são elementos centrais para uma aprendizagem em intercompreensão.

5. Estratégias para a intercompreensão

Não existe língua completamente opaca ou estrangeira. Essa afirmativa pode ser formulada de uma maneira radicalmente oposta e dizer que o distanciamento e a opacidade estão presentes, antes de qualquer outro lugar, na *minha* própria língua. A simples evidência dissipa o receio produzido pelo estranhamento e nos obriga a procurar os meios que tornem a comunicação o mais transparente possível. Para uma criança de 8 anos, a palavra "octaedro" é tão transparente — ou tão opaca — quanto o seu equivalente em francês "octaèdre". O estranhamento é produzido pelo conceito, pelo referente, pelo próprio objeto desconhecido, e a palavra é apenas um indício dessa opacidade. Aprender através de várias línguas torna transparente o *vidro* da linguagem através do qual nós conhecemos e concebemos o mundo.

Em todo caso, a opacidade das chamadas línguas estrangeiras pode ser transposta desde que se dê a devida atenção a certos aspectos. Relevar tais impasses e pontos de dificuldade nos permite adotar estratégias metodológicas para superá-los.

5.1 O contexto e a forma como guias

Primeiramente, devemos prestar atenção ao contexto. Imaginemos uma turista sentada num restaurante de uma pequena cidade na Turquia. O atendente chega até a mesa onde ela espera e formula uma pergunta — curva prosódica ascendente — em turco. Se nossa hipotética turista responder em bom português: "Um café, por favor", se, inclusive, omitir o "por favor" para eliminar um possível ruído da frase, ela terá muitas chances de que o mesmo garçom volte pouco depois trazendo uma xícara de café simplesmente porque o contexto é unívoco e a palavra "café" — por sinal, de origem turca: *kahve* — faz parte do vocabulário internacional, compartilhado por inúmeras línguas do mundo. Da mesma forma, outra turista imaginária, que passe férias em Portugal e veja pendurado no elevador do hotel um cartaz onde se explica que o "pequeno-almoço" é servido aos hóspedes entre as sete horas e às dez e meia, poderá deduzir com facilidade que essa expressão portuguesa equivale à brasileira "café da manhã". De novo, aqui, o contexto permitiu esclarecer o sentido.

O processo apresentado através desses exemplos pode ser transposto para a compreensão da matéria de um jornal: o texto escrito vai acompanhado de elementos paratextuais (fotografias, desenhos, gráficos etc.), se insere numa seção (esportes, política, economia, cultura etc.) e provavelmente conta com palavras transparentes por serem internacionais (do âmbito das ciências, da tecnologia, da geografia, para não falar nos nomes próprios de organizações internacionais, de firmas, nas cifras etc.). Todos esses elementos servem de base para contextualizar o conteúdo e orientam as hipóteses na leitura. A forma informa! Assim, prestar-lhe atenção é a segunda alavanca para a intercompreensão.

Como veremos no quarto capítulo, dentro da família românica, todas as línguas possuem marcas na morfologia nominal para indicar o número (singular e plural) e o gênero gramatical (masculino e feminino); dêiticos para indicar aquilo que é próximo ou afastado do falante; um paradigma verbal formado por tempos e modos na sua grande maioria análogos; preposições que servem para introduzir elementos na sentença. A partir da comparação, é possível analisar os pontos em comum e as particularidades de cada idioma no interior da família e cotejar os paradigmas usados por outros grupos linguísticos mais ou menos afastados. De maneira mais ampla, o estudo das formas alicerça a noção de universal linguístico: as línguas a serem aprendidas podem se entender como variações da língua materna ou de referência dos estudantes, já que cada uma delas realiza de forma diferente as características da família linguística e os próprios universais linguísticos, *encarnando* a capacidade humana da linguagem.

A questão central do ponto de vista didático é fazer com que a atenção à forma possa ser assimilável, e o estranhamento contribua para criar curiosidade e motivação. Uma abordagem intercompreensiva deve estabelecer pontes entre as línguas, levantar passarelas, provocar o reflexo do previsível; procurar — além das irregularidades, diferenças e codificações específicas — fenômenos de regularidade e sentido.

Nesse contexto, usamos as palavras *pontes* e *alavancas* para marcar fenômenos análogos entre as características (ortográficas, fônicas, morfológicas, sintáticas e pragmáticas) dos idiomas estudados. Os alunos percebem facilmente que o sufixo *-dade* do português (*universidade*), usado para formar substantivos abstratos, corresponde habitualmente a *-tà* em italiano (*università*), *-té* em francês (*université*), *-tad* ou *-dad* em espanhol (*universidad*), *-tat* em catalão e occitano (*universitat*), *-tate* em romeno (*universitate*) ou mesmo *-ty* em inglês (*university*). E que essa correspondência é sistemática: *liberdade, libertà, liberté, libertad, llibertat, libertat, libertate, liberty* (ainda que esse conceito também possa ser expresso em inglês com o vocábulo germânico *freedom*). Todavia, essa mesma sistematicidade pode levar a acreditar que a língua responde a leis estritas, quase mecânicas. Portanto, *igualdade* corresponde a *egalité, igualdad, igualtat, equality*; mas o italiano não tem **ugualtà*, como se poderia esperar, e sim *uguaglianza*. Por outro lado, colocamos os cognatos do inglês como exemplo da quantidade de vocábulos de origem latina que integram o léxico desse idioma germânico e que constituem pontos de aproximação com as línguas românicas. Assim, encontramos paralelismos fora da família românica e distensões dentro dessa, demonstrando que essas ocorrências nem sempre são simétricas.

As mesmas *pontes* ajudam a esclarecer o significado global de um texto para além dos termos específicos; permitem que a leitura não fique bloqueada perante uma diferença ortográfica ou uma estrutura divergente entre a(s) língua(s) de referência da turma e a(s) língua(s) alvo(s), objetos de estudo. Em síntese, as *pontes* oferecem um conhecimento operacional na compreensão. A intercompreensão, enquanto abordagem didática, baseia-se na aprendizagem da regularidade formal, isto é, reconhecemos que existem mais cognatos autênticos entre as línguas românicas do que falsos cognatos, os também chamados *falsos amigos* que tanto pavor causam nos estudantes de línguas estrangeiras.

No plano pedagógico, a metodologia baseada na intercompreensão consiste em aprender e tratar simultaneamente estes dois aspectos: reconhecer os fenômenos lexicais e gramaticais comuns e atentar para a singularidade própria de cada língua. Dentro de tais práticas, uma atividade recorrente consiste em estabelecer relações formais através da leitura de textos redigidos em línguas diferentes do mesmo grupo, levantando as semelhanças evidentes e as diferenças sistemáticas. Quanto maior for o número de línguas trabalhadas, mais pontes surgem de uma língua a outra e o estranhamento se enfraquece. Com essa abordagem, as fronteiras que dividem as línguas no interior do grupo são elásticas. Assim, às vezes, o francês pode estar próximo do grupo ibero-românico — que contém o português e o espanhol —, outras vezes, pode apresentar maiores semelhanças com o italiano. Todas as línguas românicas estão interligadas por uma rede de traços comuns que se estende sobre o *continuum*. As trocas seculares e as influências mútuas ajudam a aproximá-las principalmente no nível lexical. Abordaremos todas essas questões em detalhe no próximo capítulo.

5.2 Estratégia de transferência

A noção de *transfert* — que chamaremos de *transferência* — é central no processo de aptidão para adquirir novas línguas. Ela pode ser definida como o conjunto de processos cognitivos através dos quais a realização de uma atividade numa situação dada será facilitada pelo domínio de uma atividade similar previamente adquirida (Cuq, 2003: 240). Um modelo de aprendizagem em intercompreensão ou plurilinguismo não propõe classificar em compartimentos separados as línguas e culturas, mas integrar as bagagens linguísticas e culturais dos estudantes, aprendidas tanto em contextos de ensino formal (na escola ou em cursos de línguas) quanto de maneira informal (com amigos, em viagens, nas redes sociais e em videojogos).

Na escola, os alunos são alfabetizados em língua materna, que também costuma ser o veículo de ensino das outras matérias. Entretanto, os mecanismos necessários à leitura e à aquisição do letramento podem ser aproveitados para realizar essas mesmas atividades numa outra língua. Ou seja, é possível fazer uma transferência dessas habilidades (intencionalidade, forma, contexto etc.) de uma língua a outra, da língua materna à primeira língua estrangeira e dessa a uma segunda ou uma terceira. Meissner (2008) resume a potencialidade desse conceito quando aponta que a aprendizagem de uma língua nos prepara automaticamente para a aquisição de outra nova. Em diálogo com Meissner, Conti e Grin (2008) afirmam que uma pedagogia que incentiva a transferência e estabelece pontes entre línguas e competências permite que os estudantes experimentem e construam por si mesmos a arquitetura da nova língua. As competências numa língua são, assim, transferidas às outras, e a aprendizagem se constrói pela passagem reflexiva de L1 a L2, de L2 para L1, como também de L3 ou L4 para L1 etc. Dentro dessa lógica, o trabalho com leitura plurilíngue ajuda a sistematizar as estratégias de letramento comuns, a fim de compreender e interagir com os textos.

Todavia, não pode ser negligenciada a consciência de que cada língua possui sua própria lógica e suas especificidades, ou seja, uma nova língua não pode ser reduzida a uma mera transposição dos códigos de outras previamente aprendidas. No que tange a essa questão, experiências no ensino bilíngue com crianças mostraram que elas desenvolvem uma forma diferente de estar e de agir em cada uma das línguas aprendidas, observando os códigos culturais a elas associadas. Consequentemente, a multiplicação combinatória das transferências forma uma rede de idiomas, em que emerge a formulação da linguagem e, ainda, aparecem as diferenças dos códigos intrínsecos a cada uma das línguas envolvidas.

5.3 Estratégia de aproximação

Na década de 1990, ao publicar um dos primeiros manuais de intercompreensão, a professora Claire Blanche-Benveniste, da universidade de Aix-Marseille (na França), reivindicava "o direito da aproximação" (1997: 77, tradução nossa) no processo de aquisição de línguas em contato. Essa estratégia pode ser definida como o conjunto de aproximações sucessivas para inferir o conteúdo e a forma, ou melhor, tende a criar regras gerais e testá-las de forma cada vez mais apurada. A noção de aproximação do sentido, que não deve ser confundida com a ambiguidade, tem um papel central nas ciências cognitivas. A própria Claire Blanche-Benveniste (2007) lembra que aqueles termos que nos parecem vagos ou imprecisos são de fato indispensáveis à comunicação, pois se todos os termos fossem precisos, se todas as informações fossem dadas sob uma forma compacta e rigorosa, participar de uma conversa — ou ler um texto — exigiria esforço e concentração extenuantes. A aproximação a esse ou àquele elemento evita que a comunicação fique bloqueada: longe de ser um freio, ela age como elemento favorável ao andamento do discurso e à atualização dos significados. Uma ajuda eficaz que, conforme os casos, constitui uma etapa em direção a uma compreensão mais precisa do enunciado.

Neste ponto, devemos mencionar a técnica da *palavra vazia*, isto é, substituir um termo opaco por uma palavra *curinga* como "negócio" ou "coisa" para assim continuar até o final da frase e extrair o sentido global do enunciado. Vale dizer que a intercompreensão não funciona pelo acúmulo de palavras, mas sim pela apuração do sentido global do texto graças às inferências de significado e às interações. Retomando a frase do filólogo romântico Humboldt: o léxico procede da língua e a língua precede o léxico.

O direito à imprecisão inscreve-se nos atos de fala da mesma forma que o dever de precisão. Não se trata de *traduzir* perfeitamente um enunciado em língua estrangeira, mas de acompanhar o processo de intercompreensão, aceitando a possibilidade de imprecisões pontuais. Frequentemente, tais imprecisões procedem de palavras que marcam as singularidades de uma língua (por exemplo, o fato de nomear os dias da semana com numerais ordinais seguidos da palavra "feira" pode resultar opaco para os falantes de outras línguas românicas que mantiveram os antigos nomes pagãos: *dies lunae* ou dia da lua, *dies martis* ou dia de marte etc.). Nessa categoria entram as expressões idiomáticas, as frases feitas e as formas invariáveis.

Não obstante, temos de reconhecer que a aproximação ainda é considerada um recurso ilegítimo, apesar das possibilidades operacionais e cognitivas oferecidas por ela. Isso ocorre, sobretudo, no entorno acadêmico — escolar ou universitário — como consequência de uma visão normativa e positivista, que valoriza apenas a exatidão mais rigorosa. Ela é o correlato de métodos de ensino que consideram que o(a) estudante só deve falar quando tiver proficiência e domínio da língua — não só estrangeira, mas inclusive materna —, ou seja, nunca.

6. Uma competência deliberadamente parcial: a intercompreensão através da escrita

O ensino-aprendizagem de línguas no âmbito acadêmico assume o não contato entre as línguas como princípio pedagógico e axioma epistemológico. Assim, por um lado, impõe-se o monolinguismo na sala de aula, isto é, a obrigação do(a) docente e dos(as) discentes usarem só a língua-alvo de ensino; e, por outro lado, espera-se que sejam desenvolvidas de forma simultânea as competências de expressão e compreensão escritas e orais. Nessa lógica, a produção e a interação são percebidas como garantia de autenticidade e eficácia.

Tal concepção, com certeza, responde a certas crenças assentadas na sociedade, mas se revela frequentemente ineficaz, sendo inúmeros os testemunhos de pessoas que não alcançam proficiência na língua estrangeira após vários anos de estudo. A intercompreensão considera o ensino-aprendizagem de línguas de uma forma bastante diferente. Comecemos por observar a sala de aula onde as línguas estrangeiras são trabalhadas: é um ambiente artificial que encena ou ensaia alguns contextos de uso sem produzir uma interação *autêntica* de conversa ou de discussão. A leitura e a produção escrita constituem formas que se aproximam um pouco mais dos usos autênticos dentro desse contexto acadêmico. É por isso que as primeiras equipes que desenvolveram a abordagem intercompreensiva decidiram deliberadamente se concentrar numa atividade de aprendizagem: a recepção escrita de textos, como veremos de forma aprofundada no quinto capítulo. Em suma, a leitura e os letramentos são a porta de entrada para o plurilinguismo.

Essa modesta entrada metodológica suscitou muitas reações negativas. Conti e Grin (2008) relatam que, quando introduziram a ideia de uma aprendizagem parcial, a maioria dos professores ficou horrorizada. Reação até certo ponto lógica, se considerarmos que a aprendizagem parcial se opunha a certos dogmas da linguística aplicada, principalmente à concepção comunicativa desenvolvida a partir dos anos 1960 e à didática tradicional, baseada no estudo da gramática analisada em partes estanques.

Todavia, a intercompreensão justifica a entrada através da compreensão da escrita por três argumentos principais. Em primeiro lugar, não podemos ignorar a presença maciça e crescente da escrita nas nossas vidas. A língua escrita torna-se cada dia mais presente no cotidiano através da internet, das mensagens, das redes sociais, das salas de bate-papo e de todo tipo de hipertexto — consequentemente, a idade de aquisição e do contato com o texto vem se adiantando. A escrita surge como um vetor da oralidade direta, mas também assume nuances frente a uma língua oral que precisa de sincronia e da presença dos participantes no ato da fala para produzir uma situação comunicativa realmente autêntica.

Em segundo lugar, o recurso à escrita se explica pelo fato de que a intercompreensão funciona graças à transferência de competências: é preciso garantir o maior grau de letramento possível na(s) língua(s) de partida dos(as) estudantes antes de entrar no sistema mais complexo de comparações, oposições, contrastes e semelhanças formais com outras línguas, com outros códigos. Nesse sentido, as experiências de ensino em intercompreensão para um público infantil desenvolvidas até o momento começam com crianças de 8 a 11 anos, quando elas já assimilaram as regras básicas do código escrito, da leitura. Seria bastante complicado se servir da escrita para o ensino de línguas antes dessa idade, mas a partir dos 8 anos o suporte escrito constitui um apoio visual que assegura a autoconfiança do aluno.

Por fim, o código escrito de cada língua — a ortografia — é fundamental para a concretização dos traços orais. Partindo da ideia do *continuum*, as abordagens intercompreensivas não buscam dividir as línguas em parcelas artificialmente estanques. Antes, procuram um espaço de contato compartilhado e evidenciam os elementos que as tornam porosas entre si. De certo modo, a língua escrita é uma forma de língua oral *ritualizada*. Vale lembrar as diferenças entre a língua oral, submetida a inúmeras questões pragmáticas presentes nos atos da fala, e a língua escrita; uma forma que surge como durável, a despeito da mudança dos contextos. Assim, lá onde a oralidade dispersa e desnorteia as hipóteses dos alunos, a escrita contribui para produzir certezas e reforçar a autoconfiança dos estudantes.

Recuperamos aqui um relato apresentado por Escudé e Janin (2010: 49) para ilustrar a relação entre língua oral e língua escrita dentro da perspectiva da intercompreensão. Em 1989, o avô de Pierre Escudé, um camponês do departamento de Gers (sudoeste da França), estava sentado vendo televisão, quando passou uma reportagem sobre as revoltas na Romênia. Ele exclamou: "Olha, o Ceaușescu caiu!", logo que viu na tela um cartaz levantado por dois manifestantes com a mensagem: "Dictatorul a căzut" ("O ditador caiu"). Uns 3.000 quilômetros separavam aqueles manifestantes de Bucareste, na Romània Oriental, do espectador que olhava a reportagem na Gasconha, no Sul da França, na Romània Ocidental; porém, bastou o tempo de ler através da tela o cartaz escrito para entender a mensagem, pois a linguagem era transparente: o contexto, o léxico e a sintaxe permitiram construir o significado.

Devemos considerar um paradoxo que a intercompreensão evidencia: dentro de uma língua, os registros orais costumam ser mais transparentes, já que os falantes estão presentes no ato de fala, usam o mesmo registro — a mesma *parole* em termos saussurianos —, enquanto a escrita apresenta maior grau de opacidade, pois os interlocutores estão ausentes e no texto aparecem formas com um grau de afastamento maior a respeito do leitor. Esse deslocamento ocorre no eixo da proximidade e da inteligibilidade, ou seja, é mais fácil compreender uma conversa familiar sobre fatos imediatos do que uma conferência científica. De igual maneira, na escrita, fica mais simples entender as mensagens trocadas numa rede social do que a enunciação de um texto acadêmico, literário ou jurídico. Mas, ao acessarmos uma língua parente de nossa língua materna, esse *continuum* de compreensão inverte tangencialmente a ordem. Primeira diferença: a escrita, mais do que a oralidade, facilita a atenção para a forma e para o sentido, por isso é mais acessível. Segunda diferença: texto (uma matéria de jornal, um trecho literário ou mesmo o cartaz de um manifestante) possui, pelo seu léxico, mais traços comuns de transparência e de contextualização do que uma comunicação coloquial privada. O texto escrito também possibilita voltar a ele sucessivas vezes, a fim de formular hipóteses de compreensão, enquanto a oralidade é imediata. Todos esses elementos nos convidam a repensar o papel do letramento, a leitura plurilíngue e a aquisição de competências parciais na formação linguística.

7. Da escrita à globalidade das competências

A abordagem metodológica da intercompreensão propõe focalizar as competências receptivas com ênfase na leitura. Pode-se considerar tal dinâmica parcial e reduzida, mas justamente essa especificidade permite a progressão. O quadro a seguir serve para visualizar as quatro competências descritas no Quadro Comum Europeu de Referência para Línguas: Aprendizagem, Ensino, Avaliação (QCER), aprovado pelo Conselho da Europa em 2001 e atualizado em 2018, documento que teve grande repercussão internacional no ensino-aprendizagem de línguas estrangeiras.

	COMPREENSÃO	PRODUÇÃO
Oral	Escutar/ouvir	Falar/interagir
Escrita	Ler	Escrever

Tabela 2

Ora, as competências descritas no QCER não são casinhas estanques, separadas umas das outras, pois o processo de ensino-aprendizagem funciona graças à interação entre todas elas. Em outras palavras, a língua é um sistema. Desenvolver uma competência particular repercute, necessariamente, sobre o conjunto das outras competências e atividades. Assim, por exemplo, para avaliar a compreensão escrita, o docente pode pedir que o aluno reformule, de forma oral, o conteúdo de um texto previamente apresentado. Além dessas dinâmicas em sala de aula, que medem as competências de compreensão mediante competências de produção, a transferência de habilidades trabalhadas em determinada competência — no caso, a compreensão escrita, a leitura — incentiva o desenvolvimento das outras, da interação e inclusive da produção (mesmo esta sendo em língua materna em relação à compreensão de um texto em língua estrangeira).

Pelo trabalho com códigos ortográficos diferentes, comparando-os e distinguindo-os, o aluno irá transpondo hipóteses sobre os códigos fônicos. Assim, uma hipótese será que a frase "c'est en faisant n'importe quoi qu'on devient n'importe qui" não pode ser oralizada — lida em voz alta — com o código fonético do português brasileiro. Graças ao monitoramento do professor, o aluno poderá aprender algumas correspondências fonéticas para a ortografía (por exemplo, <oi> em francês deve ser lido como um ditongo /wa/; assim *quoi* /kwa/). Em seguida, ele poderá transferir esse conhecimento para outras palavras e outros textos (*moi* /mwa/).

A equipe dirigida pelo professor Meissner aplicou, no final da década de 1990, o método EuroComRom a estudantes alemães de 14 anos que tinham estudado previamente o francês; eles fizeram um curso de leitura integrada em francês, italiano e espanhol. Após vinte horas de trabalho em intercompreensão nessas três línguas românicas, os estudantes atingiram o mesmo nível de leitura em espanhol, que não conheciam previamente, do que em francês, que tinham estudado por três anos. Dessa forma, a equipe de Meissner chegou à conclusão de que o currículo de ensino de línguas podia ser revisado e a progressão das competências, dissociada.

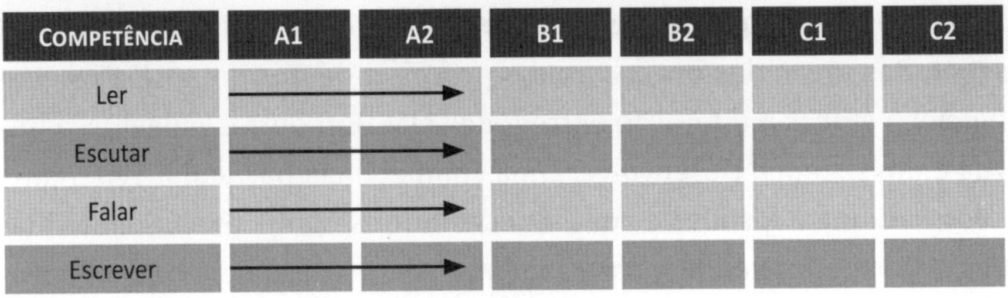

Figura 3

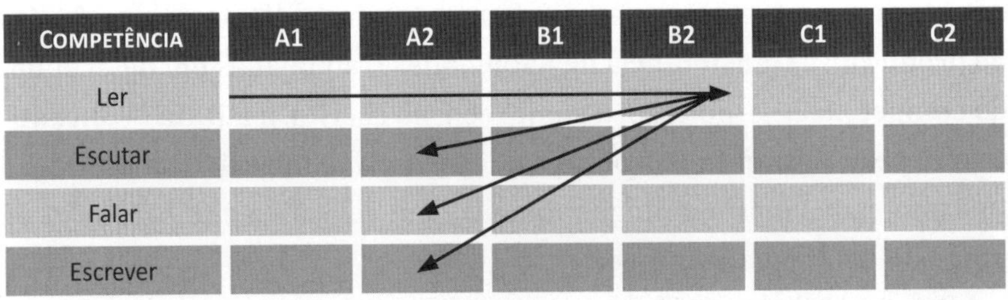

Figura 4

Assim, diante da progressão tradicional, apresentada na figura 3, eles propuseram uma nova progressão, representada pela figura 4; ambas procedem de EuroComRom (Meissner et al., 2004 *apud* Escudé; Janin, 2010: 51). Esses dados mostram que a competência de compreensão escrita, priorizada na aprendizagem em compreensão, teve por efeito desenvolver as outras competências de recepção e as capacidades produtivas.

Em suma, a entrada deliberada através do letramento, da leitura de textos plurilíngues, permite ao estudante logo se sentir confiante e desejar ir além no estudo de outras línguas: uma vez que ele as entende, pode facilmente surgir o desejo, não só de interagir com falantes dessas outras línguas, mas também de produzir, falar e escrever essas *novas* línguas que ele já entende. Existem várias experiências de alunos e alunas que fizeram formações em intercompreensão e depois quiseram mergulhar na aprendizagem formal de uma língua específica. O contrário também pode acontecer: uma pessoa que, por exemplo, tenha o português brasileiro como língua materna e já estudou espanhol, pode-se interessar pela intercompreensão de outras línguas românicas. Dessa forma, a intercompreensão e o ensino de línguas não são em absoluto termos antagônicos, mas atuam de forma complementar, como vasos comunicantes.

8. Mudança de paradigma: o ensino integrado de línguas

Assim como o desenvolvimento do bilinguismo não é a justaposição de dois monolinguismos estanques, a intercompreensão implica considerar as relações entre as línguas: estabelecer pontes, fazer comparações, aplicar estratégias de transferência, reformular na língua de origem, realizar diversos testes com as línguas-alvo. Enquanto a aprendizagem tradicional cria uma oposição frontal entre a língua estrangeira e a de origem dos estudantes — a língua materna, banida da aula de língua estrangeira —, a aprendizagem baseada na intercompreensão funciona de maneira holística, através das brechas e dos espaços e linguagens em integração. Escudé e Janin (2010: 55) explicam na figura 5, aqui reproduzida, as diferenças fundamentais dos dois métodos, assim como suas principais consequências:

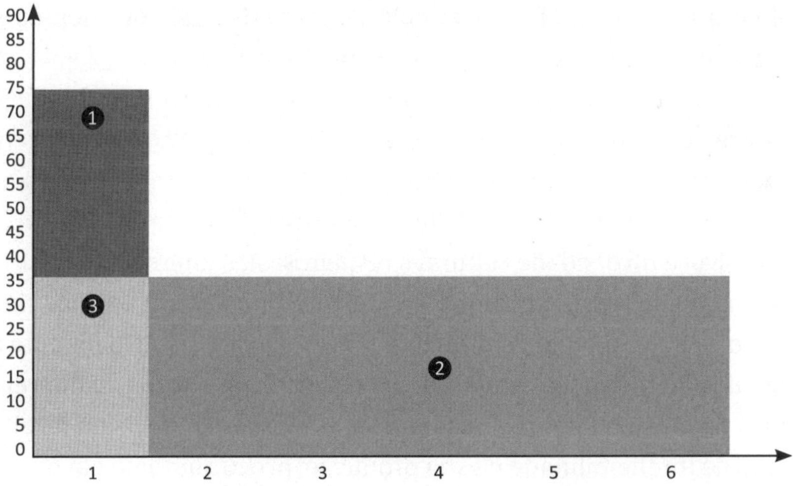

Figura 5

A figura 5 relaciona dois dados: o eixo vertical representa o grau de proficiência, enquanto o eixo horizontal representa o número de línguas em contato na aprendizagem. O objetivo é comparar as *áreas de competência* obtidas, respectivamente, pela aprendizagem tradicional e pela intercompreensão. Por exemplo, pode-se estimar que, com o ensino tradicional, um aluno alcançará uma proficiência de 75% no quesito *compreensão de textos numa língua*, representada pelos retângulos (3 + 1) à esquerda. Essa abordagem focaliza o aumento da proficiência num ponto e por isso, na figura, tem uma forma *tubular*.

Já a aprendizagem integrada consiste em desenvolver habilidades em várias línguas de forma simultânea: os retângulos na parte inferior (3 + 2) representam uma área de competências que abrange um grau de compreensão de 35% em seis idiomas. No total, para a compreensão escrita, a área de competência obtida mediante abordagens tradicionais de ensino-aprendizagem é de 75 x 1, ou seja, 75. Porém, a aprendizagem em intercompreensão cobre uma área de 35 x 6, ou seja, 210, três vezes mais quando comparada à abordagem anterior. Além disso, o olhar cruzado sobre as línguas, o trabalho comparativo, indo e voltando entre a língua de referência e as línguas-alvo constitui uma competência metalinguística em si mesma. Embora trabalhe uma base menor de habilidades, essa abordagem consegue abranger uma área maior de compreensão, alicerça a reflexão metalinguística e estimula a autoconfiança. Considerada por esse prisma, ela democratiza o conhecimento de línguas.

Contudo, não defendemos a substituição definitiva das abordagens anteriores pela intercompreensão. Só afirmamos que combinar os dois métodos, *tubular* e em intercompreensão, sem dúvida, melhoraria a qualidade e os resultados das disciplinas linguísticas e formaria uma população sensível à diversidade cultural e respeitosa das diferenças.

Devemos acrescentar ainda um resultado *colateral* — mas muito positivo — da aprendizagem via intercompreensão, principalmente nas atividades de interação através de fóruns entre locutores de diferentes línguas da mesma família. Estudantes e professores precisam fazer um esforço de inteligibilidade na sua produção, procurar apoio em elementos de coerência e coesão que contribuem para uma maior clareza na escrita, dar prioridade ao léxico transparente, recorrer aos sinônimos, atentar para a forma das palavras, escolher o ritmo — se for uma interação oral. Tudo isso contribui positivamente para o seu conhecimento da língua materna e amplia suas capacidades expressivas. A intercompreensão adota, à luz desses fatos, uma concepção de linguagem que ultrapassa a comunicabilidade imediata e nos conduz ao *ethos* que caracteriza o ser falante. Quanto mais línguas eu aprendo, maior será o meu conhecimento da minha língua de origem; quanto maior for a capacidade de *ser na linguagem*, mais sensível eu me torno à diversidade linguística — e também cultural — da humanidade.

9. O papel do professor e do aluno na abordagem intercompreensiva

A intercompreensão parte da bagagem linguística e cultural dos estudantes, de suas capacidades e habilidades, para desenvolver três estratégias didáticas: a transferência, a aproximação e as competências receptivas. O conjunto dessas estratégias os leva a tomar consciência de suas potencialidades plurilíngues e lhes dá instrumentos para desenvolvê-las de maneira autônoma. Consequentemente, o plurilinguismo, longe de ser uma qualidade erudita de poliglotas, é assumido como um conjunto de repertórios linguísticos não necessariamente homogêneos.

Ademais, uma abordagem ao mesmo tempo parcial — em termos de competências — e aproximativa — em termos de construção de sentido — contesta a crença geral de que as pessoas só devem usar a língua aprendida depois de alcançar um grau elevado de proficiência (similar ao "falante nativo"). Tal condição exime os estudantes da *culpa* de falar mal, pois eles concentram suas energias em elaborar hipóteses — cognitivas, pragmáticas, sociodiscursivas etc. — para entender mensagens cifradas em códigos mais ou menos próximos. Dessa forma, a intercompreensão modifica profundamente a abordagem didática no ensino de línguas: o objetivo não é simplesmente conhecer uma, duas, três línguas — cada uma isolada das outras — com o "professor nativo" como modelo ideal, mas se apropriar de um repertório linguístico no qual as várias capacidades e competências encontram o seu lugar. Igualmente, possuir várias estratégias de aproximação e vários repertórios, decidir objetivos relativos e ter motivações pessoais e pragmáticas são fatores que facilitam a desinibição. As línguas a serem aprendidas não são mais objetos externos, sem relação alguma com a bagagem prévia.

Muito pelo contrário, elas surgem tanto nas habilidades plurilíngues do aluno quanto em suas atividades, em seu desempenho.

Nesse ponto, o papel do docente também muda bastante: ele não é mais quem detém o conhecimento culto e correto da língua-alvo, uma autoridade incontestável na matéria; também não precisa ter competências incomensuráveis, tanto do ponto de vista quantitativo quanto qualitativo, para ensinar e saber avaliar as produções dos estudantes. Longe disso: o professor só precisa atuar de maneira colaborativa, o que significa que ele deve conhecer a metodologia da intercompreensão, mas não a totalidade dos dados linguísticos, gramaticais, fonológicos etc. de todas as línguas em contato. Ele vai monitorar e guiar as hipóteses dos estudantes e posteriormente efetuará as avaliações dessas hipóteses pelo retorno à(s) língua(s) de referência da turma. Desse modo, a aprendizagem deixa de ser a mera imitação do professor por parte dos estudantes para se tornar um processo empírico de tentativa, erro, reformulação, onde a(s) língua(s) materna(s), a(s) língua(s) de referência e a(s) língua(s)-alvo interagem de forma dialógica.

A intercompreensão possibilita esse estranhamento que nos obriga a observar a realidade próxima com outros olhos. Em função de suas competências e dos entraves na aprendizagem, o professor de intercompreensão poderá trabalhar o português com o espanhol e o francês, por exemplo, ou com o italiano e o catalão; e mesmo com o inglês, com as línguas indígenas ou as dos migrantes. Quanto mais línguas forem apresentadas, mais claramente aparecerão os traços da família linguística e com maior clareza cada uma definirá o seu lugar no *continuum* das outras. Mesmo colocando línguas de outros grupos nessa perspectiva, surgirá, de forma mais ampla, a capacidade da linguagem. Quanto menos frontal — por oposição binária entre uma língua conhecida e outra teoricamente opaca — a dinâmica do ensino, os estudantes terão maior capacidade de aplicar as estratégias de passagem da forma e do sentido.

Após termos apresentado os elementos metodológicos da intercompreensão enquanto abordagem pedagógica, explicaremos nos próximos dois capítulos, a partir de exemplos, as bases lexicais e morfológicas que sustentam a intercompreensão na família românica ou neolatina, da qual faz parte o português brasileiro.

Capítulo TRÊS

O acervo lexical das línguas românicas aplicado à intercompreensão

Multa renascentur quae iam cecidere cadentque quae nunc sunt in honore vocabula, si volet usus, quem penes arbitrium est et ius et norma loquendi.

Muitas palavras que já morreram renascerão e outras que agora têm prestígio cairão, se o uso assim quer, pois ele é o legislador e a norma da fala.
HORÁCIO (*ARS POETICA*)

1. O título do *Pequeno Príncipe*: exemplo da diversidade entre as línguas humanas

Ao aprendermos uma *nova* língua — frequentemente chamada de língua estrangeira —, partimos da(s) língua(s) e variedades que já conhecemos — habitualmente chamada(s) de língua(s) materna(s) ou vernácula(s). Assim, a interlíngua que o aluno vai desenvolvendo não é o resultado do erro, mas sim um lugar de passagem, de trânsito de significados e formas, da transição entre a língua de origem e a língua-alvo, de mapeamento da distância entre uma e outra para construir a compreensão do que é comum e diferente. Em outras palavras, o processo de aquisição é uma progressiva tomada de consciência.

Nele, as representações sobre o que consideramos ser uma língua têm um papel fundamental.

No presente capítulo, pretendemos mostrar as áreas de transparência e os obstáculos que podem dificultar a compreensão, mediante a análise pormenorizada de fatos lexicais e ortográficos das línguas românicas; mas antes nos parece pertinente posicionar o português brasileiro dentro do grande mosaico das línguas da humanidade. Para tanto, propomos observar um mesmo título em trinta línguas diferentes. Escolhemos *O Pequeno Príncipe*, a obra mais famosa do escritor francês Antoine de Saint-Exupéry, escrita no ambiente bélico da Segunda Guerra Mundial. O livro narra as aventuras de um aviador perdido no deserto do Saara que encontra um jovem príncipe vindo do Asteroide B-612, uma história que aborda os temas da solidão, da amizade, do amor e da perda. Saint-Exupéry publicou seu livro em abril de 1943 simultaneamente em francês e em inglês, com as aquarelas que ele próprio pintou. O autor faleceu no ano seguinte, sem ter tempo de saber que a sua criação se tornaria um dos livros mais divulgados e traduzidos do século XX. De acordo com os dados do *site* oficial Petit Prince Collection, atualmente a obra conta com 406 versões em línguas e variedades diferentes. De todas elas, escolhemos trinta para representar algumas das principais famílias linguísticas da humanidade.

Nº	LÍNGUA	TÍTULO
1	Francês	Le Petit Prince
2	Inglês	The Little Prince
3	Alemão	Der Kleine Prinz
4	Árabe (padrão moderno)	الأمير الصغير
5	Armênio	Փոքրիկ Իշխանը
6	Basco (Euskara)	Printze Txikia
7	Chinês mandarim	小王子
8	Coreano	어린 왕자

9	Crioulo haitiano	Ti Prens Lan
10	Espanhol	El Principito
11	Finlandês	Pikku Prinssi
12	Grego moderno	Ο μικρός πρίγκηπας
13	Guarani	Mitãmi
14	Hebraico	הַנָּסִיךְ הַקָּטָן
15	Híndi	छोटा राजकुमार
16	Húngaro	A KIS HERCEG
17	Indonésio	PANGERAN KECIL
18	Japonês	星の王子さま
19	Mapuche	Chi Pichi Ülmen
20	Náuatle	In piltlajtoanpili
21	Persa (farsi)	شازده کوچولو
22	Português brasileiro	O Pequeno Príncipe
23	Polonês	Mały Książę
24	Quéchua	AUQUICU
25	Russo	Маленький Принц
26	Suaíli	Bwana mdogo mwerevu
27	Tâmil	குட்டி இளவரசன்
28	Tétum	Liurai-Oan Ki'ik
29	Turco	Küçük Prens
30	Xhosa	Inkosana Encinci

Tabela 3
Disponível em: https://bit.ly/2X7tiQy, acesso em 4 nov. 2019.

A primeira coisa que salta aos olhos do leitor brasileiro é que alguns títulos podem ser lidos — ao menos soletrados — por estarem escritos em alfabeto latino, enquanto outros só podem ser acessados se conhecermos o alfabeto em que foram escritos (como o árabe e o persa, o armênio, o coreano, o grego, o hebraico, o híndi, o russo, o tâmil). O chinês utiliza ideogramas e o japonês, além dos ideogramas, um silabário chamado hiragana. Ou seja, o uso do alfabeto latino ou de algum outro sistema de escrita representa um primeiro elemento de opacidade ou transparência.

Já entre as línguas que adotaram o alfabeto latino, podemos observar que algumas colocam uma, duas ou três palavras: isso depende de suas estruturas morfossintáticas, da presença de determinantes (como em francês, inglês e português) e do uso de diminutivos. Além disso, é notável a permanência da raiz *princ-*, de origem latina, que passou a muitos idiomas não necessariamente aparentados (como o alemão, o basco, o finlandês e o turco), fazendo parte do léxico internacional.

2. Pontes entre as línguas do *continuum* românico

O leque de edições de *O Pequeno Príncipe* serve-nos também para ilustrar o *continuum* das línguas românicas, isto é, uma sequência em que cada elemento difere levemente daquele que o antecede, sendo muito mais notáveis as diferenças acumuladas entre os elementos iniciais e finais[1].

Nº	LÍNGUA	TÍTULO
1	Português brasileiro	*O Pequeno Príncipe*
2	Crioulo cabo-verdiano	*Pispinhu*
3	Português europeu	*O Principezinho*
4	Galego	*O Principiño*
5	Mirandês	*L Princepico*
6	Asturiano	*El Principín*

[1] Os 33 títulos da lista estão disponíveis em: https://bit.ly/2NLaljv (acesso em: 04 nov. 2019).

7	Espanhol peninsular	*El Pricipito*
8	Espanhol mexicano	*El Pequeño Príncipe*
9	Papiamento	*E Prens Chikí*
10	Catalão	*El Petit Príncep*
11	Occitano	*Lo Princilhon*
12	Gascão	*Lo Prinòt*
13	Gallo	*Le Petit Preincz*
14	Francês	*Le Petit Prince*
15	Crioulo haitiano	*Ti Prens Lan*
16	Crioulo da ilha Maurício	*Tiprins*
17	Valão da Bélgica	*Li P'tit Prince*
18	Franco-provençal	*Lè Ptyou Prinso*
19	Piemontês	*Ël Cit Prinsi*
20	Milanês	*El Princip Piscinin*
21	Italiano	*Il Piccolo Principe*
22	Romanesco	*Er Principetto*
23	Corso	*U Principellu*
24	Sardo	*Su Printzipeddu*
25	Siciliano	*U Principinu*
26	Napolitano	*'O Princepe Piccerillo*
27	Vêneto	*El Principe Picinin*
28	Friulano	*Il Piçul Princip*
29	Romanche	*Il Pitschen Prinzi*
30	Romeno	*Micul Prinț*
31	Aromeno	*Njiclu Amirărush*
32	Francês antigo (s. XII)	*Li Juenes Princes*
33	Latim	*Regulus*

Tabela 4

Colocamos o português brasileiro como primeiro elemento dessa viagem imaginária através das línguas, que sobrevoa o Oceano Atlântico, se detém em Cabo Verde, chega a Portugal e vai cruzando a *România* — o espaço das línguas românicas apresentado nos mapas do segundo capítulo — em direção ao leste, até concluir no sul da Península dos Bálcãs, no aromeno (31), língua minoritária falada no norte da Grécia, na Macedônia e na Albânia. Se observarmos o elemento inicial do *continuum*, *O Pequeno Príncipe*, e o elemento final, *Njiclu Amirărush*, comprovamos que os dois são completamente diferentes. Porém, o termo "njiclu" do aromeno e "micul" do romeno padrão correspondem ao adjetivo "njic"/"mic" com o artigo definido posposto "lu"/"ul" (algo assim como "pequeno-o"), "mic" significa precisamente pequeno e dessa raiz procede o português *migalha*, quantidade muito pequena de algo. Vemos, portanto, mesmo entre os elementos mais afastados do *continuum*, a persistência de certas semelhanças, que podem ser desvendadas.

Dentro do *continuum*, a mudança de um elemento, de um elo, para o elemento seguinte é relativamente moderada. Assim, o galego e o asturiano funcionam como pontes entre o português e o espanhol, e os quatro formam o grupo ibero-românico. O grupo ibero-românico e o francês, o catalão e o occitano assumem esse papel de ponte. As leitoras e leitores também podem se surpreender com a semelhança entre o artigo masculino definido do português e seus cognatos em algumas línguas da Península italiana como o corso (23), o siciliano (25) e o napolitano (26), o que demonstra semelhanças descontínuas dentro do grupo. Outra questão interessante da tabela 4 é que as traduções feitas para o português em Portugal (3) e para o espanhol na Espanha (8) preferiram recorrer ao diminutivo: *O Principezinho/El Principito*, enquanto nas traduções latino-americanas, a edição brasileira (1) e mexicana (8), deu-se preferência ao adjetivo: *O Pequeno Príncipe/El Pequeño Príncipe*, ficando mais próximas da formulação do título em francês e em inglês. Isso representa variação e divergências no interior das chamadas *grandes línguas* e um certo agrupamento entre suas variedades latino-americanas, por um lado, e suas variedades da Península Ibérica, por outro.

Ademais, podemos reconhecer a base lexical francesa (*Le Petit Prince*) nos crioulos haitiano (15) e mauriciano (16): o primeiro aglutinou esses elementos (*Tiprins*), enquanto o segundo os mantém separados (*Ti Prens*), acrescentando um determinante no final do grupo nominal (*Lan*), recurso de certa forma paralelo ao artigo posposto do romeno!

As últimas duas versões — em francês antigo (32) e em latim (33) — ilustram o *continuum* no eixo temporal como formas que deram origem ao francês atual, língua utilizada por Saint-Exupéry em sua produção literária. A tradução para o latim usou o diminutivo de *rex* (rei), *regulus*, já que, na cultura republicana e imperial romana, o termo *príncipe* era apenas usado para definir um cargo político e militar e só na Idade Média a palavra adquiriu valor dinástico e hereditário. O latim não tinha artigos, determinados ou indeterminados, em contraste com as atuais línguas românicas, por isso o título é formado por uma palavra só. Na versão em francês antigo, podemos ver que já tinha surgido o artigo (*li*), traço que o aproxima do francês atual e o afasta do latim, mas a terminação em *-s* indica que essa língua ainda conservava o caso nominativo e outros restos da declinação nominal, traço que o aproxima do latim, confirmando a sua posição de ponte no eixo cronológico. Por fim, no adjetivo *juenes*, é possível reconhecer o atual *jeune*, cognato do português *jovem*.

3. Observação, manipulação e habilidades metalinguísticas

Dando continuidade à argumentação dos capítulos precedentes, as abordagens intercompreensivas propõem estratégias de transferência e contribuem para desenvolver capacidades metalinguísticas na compreensão global do sistema, da linguagem, mediante suas formas particulares — as línguas. Ao mesmo tempo, a prática da intercompreensão facilita a aproximação a um sistema linguístico de forma holística, revelando progressivamente as identidades de cada um dos seus membros, mapeando suas semelhanças e diferenças. Desse modo, supera-se a rigidez da aprendizagem monolíngue e se evita a oposição frontal entre língua materna e estrangeira, entendidas como duas realidades estanques. Essa concepção dialoga com o pensamento expresso pelo pedagogo Lev Vygotsky, um dos principais teóricos da psicologia do desenvolvimento:

> Quando a criança assimila uma língua estrangeira, já tem na sua língua materna um sistema de significados que ela transfere para a outra língua. Inversamente, a assimilação de uma língua estrangeira abre caminho para o domínio das formas superiores da língua materna. Isso permite que a criança perceba sua língua materna como um caso especial do sistema linguístico e, portanto, lhe oferece a possibilidade de generalizar os fenômenos próprios da sua língua materna, isso também significa torná-la consciente de suas próprias operações verbais e dominá-las. Assim como a álgebra é uma generalização e, portanto, uma conscientização das operações aritméticas e do seu controle, o desenvolvimento de uma língua estrangeira com base na língua materna significa uma generalização dos fenômenos linguísticos e uma conscientização das operações verbais, isto é, sua tradução no plano superior de uma linguagem consciente e voluntária (Vygotsky, 1934: 374-375).

Existe uma relação direta entre a citação e a estratégia de transferência apresentadas no segundo capítulo. Nosso objetivo é observar o funcionamento desses princípios a partir de exemplos. Para tanto, passamos do exame plurilíngue do título de um livro à observação de um trecho de extensão maior: o primeiro artigo da Declaração Universal dos Direitos Humanos (1948). Na versão em português, ele diz[2]:

> Todos os seres humanos nascem livres e iguais em dignidade e em direitos. Dotados de razão e de consciência, devem agir uns para com os outros em espírito de fraternidade.

Se apresentarmos o texto apenas na língua nacional e oficial do Brasil usada no ensino, a linguagem como veículo da mensagem fica apagada, torna-se invisível e a única coisa que conta para o(a) leitor(a) é o conteúdo, a mensagem da Declaração Universal dos Direitos Humanos expressa através desse idioma. Uma segunda opção é apresentá-lo na oposição entre língua materna — isto é, a nacional, a *nossa* língua — e língua estrangeira — ou seja, a língua do outro, a língua que não me pertence ou à qual eu não pertenço —, gerando uma oposição binária:

[2] É possível comparar o texto da Declaração Universal dos Direitos Humanos em quinhentas línguas diferentes (Disponível em: www.un.org/fr/universal-declaration-human-rights/index.html. Acesso em: 30 out. 2019).

Todos os seres humanos nascem livres e iguais em dignidade e em direitos. Dotados de razão e de consciência, devem agir uns para com os outros em espírito de fraternidade.

All human beings are born free and equal in dignity and rights. They are endowed with reason and conscience and should act towards one another in a spirit of brotherhood.

Essa nova apresentação permite comparar as duas declarações de maneira frontal, mas sem chegar a conclusões sólidas em termos do sistema da linguagem, da conscientização proposta por Vygotsky. Note-se que o mesmo aconteceria se tivéssemos apresentado os pares português-espanhol, francês-italiano ou apenas as línguas hegemônicas: português-espanhol-francês-italiano. É necessário apresentar a mensagem expressa num número representativo de idiomas do *continuum* para conseguir observar a circulação da forma e do significado. Quanto mais elementos acrescentarmos, mais tênue será a passagem de um a outro. A seguir, colocamos uma amostra dos membros da família românica seguindo o *continuum* do oeste para o leste: cabo-verdiano, português, galego, espanhol, catalão, occitano, francês, crioulo haitiano, italiano, romanche, friulano e romeno.

Tudo ser humano na ês mundo nacê libri e igual na sê dignidade e na sês drêto. Na sês razon e na sês concénça, tudo arguem debê porcêdê pa co tudo guenti na sprito di fraternidadi.

Todos os seres humanos nascem livres e iguais em dignidade e em direitos. Dotados de razão e de consciência, devem agir uns para com os outros em espírito de fraternidade.

Tódolos seres humanos nacen libres e iguais en dignidade e dereitos e, dotados como están de razón e conciencia, débense comportar fraternalmente uns cos outros.

Todos los seres humanos nacen libres e iguales en dignidad y derechos y, dotados como están de razón y conciencia, deben comportarse fraternalmente los unos con los otros.

Tots els éssers humans neixen lliures i iguals en dignitat i en drets. Són dotats de raó i de consciència, i han de comportar-se fraternalment els uns amb els altres.

Tots los èssers umans naisson liures e egals en dignitat e en dreits. Son dotats de razon e de consciéncia e debon agir los unes per los autres dins un esperit de fraternitat.

Tous les êtres humains naissent libres et égaux en dignité et en droits. Ils sont doués de raison et de conscience et doivent agir les uns envers les autres dans un esprit de fraternité.

Tout moun fèt lib, egal ego pou diyite kou wè dwa. Nou gen la rezon ak la konsyans epi nou fèt pou nou aji youn ak lot ak yon lespri fwatènite.

Tutti gli esseri umani nascono liberi ed eguali in dignità e diritti. Essi sono dotati di ragione e di coscienza e devono agire gli uni verso gli altri in spirito di fratellanza.

Tut ils umans naschan libers ed eguals en dignitad ed en dretgs. Els èn dotads cun raschun e conscienza e duain agir in vers l'auter en spiert da fraternitad.

Ducj i oms a nassin libars e compagns come dignitât e derits. A an sintiment e cussience e bisugne che si tratin un culaltri come fradis.

Toate fiinţele umane se nasc libere şi egale în demnitate şi în drepturi. Ele înzestraţe cu raţiune şi conştiinţă şi trebuie să se comporte unii faţă de altele în spiritul fraternităţii.

Examinar esses doze textos simultaneamente permite realizar dois tipos de atividade: a leitura horizontal, para acessar o conteúdo e a mensagem do primeiro artigo da declaração; e uma leitura vertical, para dar relevo aos elementos de variação e às semelhanças do *continuum* geolinguístico — uma comparação global da organização sintática das sentenças, a transparência de boa parte do vocabulário, o funcionamento simétrico da morfologia — elementos que traçam um panorama holístico dos idiomas cognatos do português.

A partir daí, é possível formular hipóteses sobre o funcionamento de cada uma das línguas envolvidas. Em seguida, apresentamos uma tabela com a primeira frase escrita em sete dessas doze línguas românicas e acrescentamos numa coluna o inglês (a mais românica das línguas germânicas, devido ao elevado número de palavras de origem latina que integra seu acervo lexical).

Uma rápida olhada na tabela revela os paralelismos lexicais e morfossintáticos. De fato, já falamos sobre os cognatos das palavras *liberdade* e *igualdade* na seção 5.1 do segundo capítulo. Em suma, se a contiguidade linguística é evidente, faz-se necessário articular a continuidade que facilite a passagem entre os vários códigos.

	PORTUGUÊS	ESPANHOL	CATALÃO	OCCITANO	FRANCÊS	ITALIANO	ROMENO	INGLÊS
1	Todos	Todos	Tots	Totes	Tous	Tutti	Toate	*All*
2	os	los	els	los	les	gli	fiinţele	*being*
3	seres	seres	essers	èssers	êtres	esseri		
4	humanos	humanos	humans	umans	humains	umani	umane	*humans*
5	nascem	nacen	neixen	naisson	naissent	nascono	se nasc	*are born*
6	livres	libres	lliures	liures	libres	liberi	libere	*free*
7	e	e	i	e	et	ed	şi	*and*
8	iguais	iguales	iguals	egals	égaux	eguali	egale	*equal*
9	em	en	en	en	en	in	în	*in*
10	dignidade	dignidad	dignitat	dignitat	dignité	dignità	demnitate	*dignity*
11	direitos	derechos	drets	dreits	droits	diritti	drepturi	*rights*

Tabela 5

4. Da contiguidade à continuidade: conexões produtivas

O título de *O Pequeno Príncipe* e o primeiro artigo da Declaração Universal dos Direitos Humanos mostraram a rede que os membros de uma família linguística tecem mediante um duplo princípio de unidade e variação, de identificação e distanciamento, de força do intercurso e paroquialismo. Semelhanças e diferenças entre as línguas do *continuum* são recorrentes, estabelecendo conexões entre elas, ou seja, as inúmeras correspondências morfossintáticas e lexicais tornam a leitura transparente, enquanto a repetição frequente de diferenças e contrastes contribui para prever as correspondências. Convém sublinhar que falamos em conexões, mas não em regras sistemáticas porque também há exceções dentro dos paradigmas. Tais conexões fornecem um conhecimento operacional nas atividades de compreensão, tanto escrita quanto oral, e na interação exolíngue. Quanto mais línguas de uma mesma família forem trabalhadas em sala de aula, mais conexões encontraremos em todos os sentidos, e os pontos que unem e separam essas línguas se tornam menos arbitrários, mais transparentes. No entanto, integrar a diversidade linguística requer uma organização pedagógica coerente, como discutiremos no quinto capítulo, ao apresentar manuais e métodos.

Rebecca Posner (1998: 105) interrogava-se a respeito do que são as línguas românicas ou, dito de outra forma, o que faz com que os linguistas classifiquem dentro da família românica determinada língua ou variedade. Duas respostas possíveis seriam:

(1) manter o acervo lexical procedente do latim vulgar, pelo menos no seu núcleo (substantivos, adjetivos, verbos e advérbios mais comuns, determinantes, numerais e preposições);

(2) usar certas regras morfossintáticas para combinar o acervo lexical que respondem ao *tipo românico* (marcas de flexão nominal, conjugações verbais, ordem SVO, uso de preposições para marcar relações sintáticas).

A partir dessas duas afirmações, podemos formular uma nova questão: quais são os elementos que tornam cada membro da família singular e diferente dos outros? Ora, a identidade de cada língua e suas especificidades se entendem principalmente pelos contatos de cada comunidade ao longo do percurso histórico dos seus falantes. No caso do português, poderíamos enumerar, já na Gallaecia, as populações pré-romanas, falantes muito provavelmente de línguas celtas; a influência das línguas germânicas e do árabe durante a Idade Média; o contato no Brasil com o tupi e as línguas africanas — como o quimbundo — durante o processo colonizador e mais recentemente a presença maciça do inglês.

Dedicamos as próximas seções do presente capítulo ao exame das várias camadas que compõem o léxico das línguas românicas e às correspondências ortográficas; já no quarto capítulo, analisaremos algumas estruturas morfológicas que servem como alavancas ou pontes para a intercompreensão, assim como as particularidades de algumas línguas representantes do *continuum*.

Nas tabelas, trabalhamos simultaneamente com sete línguas (português, espanhol, catalão, occitano, francês, italiano e romeno) para mostrar a continuidade de maneira plural; nelas também registramos habitualmente o étimo latino (ou grego), escrito em caixa alta. Estamos cientes de que poderíamos ter acrescentado outros idiomas do grupo (como o cabo-verdiano, o haitiano, o sardo, o corso, o galego, o romanche), mas a quantidade de dados tornaria a leitura confusa. Os exemplos dessas sete línguas permitem ativar habilidades metalinguísticas que, no futuro, poderiam ser transferidas para outros membros da família neolatina.

5. O acervo lexical da família românica

Como explica Bassetto (2010), o léxico constitui um inventário aberto, em parte mutável, que engloba o conjunto das palavras — o tesouro vocabular — pertencentes de alguma maneira a um idioma. Essa definição pressupõe que nem todos os usuários de uma língua conhecem todas as unidades lexicais que a integram. O acervo lexical das línguas românicas é composto principalmente por palavras procedentes do latim, mas, como estudaremos em seguida, é possível distinguir várias camadas ou estratos em função de quando entraram os vocábulos e por quais vias.

5.1 Palavras populares, eruditas e semieruditas

No exame do acervo lexical, encontramos em todas as línguas românicas uma primeira camada de vocábulos herdados diretamente do latim vulgar, um núcleo de termos transmitidos de geração em geração por via oral, através da fala corrente, *de boca em boca*. Essas palavras populares sofreram profundas mudanças fonéticas e semânticas em cada língua. Por exemplo, em latim clássico, o termo EQUUS significava *cavalo*, mas foi substituído por "caballus" em latim vulgar — que, na origem, significava "cavalo de carga". Apenas a forma feminina foi herdada por alguns idiomas: EQUA> *égua* (português), *yegua* (espanhol), *egua* (catalão) *èga* (occitano), *iapă* (romeno). Esses vocábulos constituem o léxico inicial de cada língua românica e também são quantitativamente os mais utilizados.

Em segundo lugar, temos uma camada formada por palavras que entraram por via erudita em diferentes épocas, já que o latim continuou presente durante muitos séculos como veículo da cultura letrada na liturgia, na administração, no direito e nas universidades. Ou seja, as línguas românicas, cuja base lexical é o latim vulgar, passaram em diferentes épocas de sua história por um intenso processo de relatinização, recorrendo ao latim clássico — e também ao grego — para nomear novos conceitos ou objetos. Esses vocábulos eruditos foram transportados diretamente das fontes escritas e consequentemente sofreram escassas adaptações fonéticas e semânticas (Bassetto, 2010: 128).

Todavia, algumas palavras eruditas, incorporadas nos séculos da Idade Média, seguiram as regras de mudança fonética vigentes e sofreram deslocamentos em seus valores semânticos. Por isso elas recebem a denominação de vocábulos semieruditos, uma camada intermédia entre as palavras populares, transmitidas por via oral, e as eruditas, introduzidas pela escrita. Por exemplo, o étimo latino SAECULUS gerou, em português e em italiano, o vocábulo erudito *século*; mas em espanhol produziu "siglo" e em francês "siècle". Observamos que nestas duas línguas a palavra sofreu várias mudanças provenientes das tendências da fala popular (ditongação de /ɛ/, síncope de /u/) e o vocábulo resultante é classificado como semierudito.

Voltando a nosso exemplo de EQUUS, lembramos que ele não foi transmitido por via popular, mas hoje há termos como *equestre, equino, equitação,* palavras eruditas tomadas das fontes latinas que, inclusive, convivem com *hipismo, hípica, hipódromo,* igualmente eruditos, mas procedentes do grego clássico HIPPOS (*cavalo*).

O acervo lexical das línguas românicas pode ser classificado em sucessivas camadas porque elas se sobrepõem e assim, muitas vezes, um mesmo étimo latino deu origem a um termo popular e a outro, erudito. De forma geral, as palavras eruditas fazem referência a conceitos abstratos e termos técnicos e científicos (*equino, auscultar, íntegro, óculos*), enquanto as palavras populares expressam a cultura material e simbólica mais imediata (*cavalo, escutar, inteiro, olho*). Vejamos alguns exemplos desses pares:

PORTUGUÊS	ESPANHOL	CATALÃO	OCCITANO	FRANCÊS	ITALIANO	ROMENO	LATIM
escutar auscultar	escuchar auscultar	escoltar auscultar	escoltar auscultar	écouter ausculter	ascoltare auscultare	a asculta a ausculta	AUSCULTARE
inteiro íntegro	entero íntegro	enter íntegre	entièr integre	entier intègre	intero integro	întreg integru	INTEGRUS

Tabela 6

Muitos desses vocábulos eruditos também foram adotados por outros idiomas europeus — como o inglês, o alemão e o polonês —, sob a influência do grego e do latim como línguas de cultura. Esse fato aproxima o léxico deles do acervo das línguas românicas. Ademais, no caso do inglês, a conquista da Inglaterra pelo duque normando Guilherme I, em 1066, tornou o francês — especificamente o dialeto anglo-normando — a língua de prestígio na corte de Londres durante quase quatrocentos anos ao lado do latim (Glessnen, 2008: 334). Essa prolongada situação de diglossia transformou o acervo lexical do inglês, o qual apresenta na atualidade inúmeros pares de palavras mistos, uma de origem germânica e outra de origem românica, como: *anger/rage, answer/response, blossom/flower, bug/insect, wood/forest, town/city,* entre muitos outros.

Ao mesmo tempo que as palavras eruditas aproximam o inglês das línguas românicas, o romeno se afasta das outras línguas da família por ter-se formado longe do âmbito erudito do latim medieval. Assim, quando seus falantes precisaram de novos termos técnicos ou científicos, recorreram a vocábulos de outras línguas de prestígio como o eslavo, o húngaro e o turco.

O somatório das palavras herdadas por via popular, semieruditas e eruditas constitui a parte mais numerosa do acervo lexical de todas as línguas românicas. Obviamente, os falantes contemporâneos não distinguem quando estão usando uma palavra popular ou erudita, mas provavelmente podem perceber de maneira intuitiva uma relação entre raízes populares e eruditas: por exemplo *noite/noturno, tudo/total, vida/vital.* Além disso, a tendência de recorrer ao grego e ao latim para criar novos vocábulos continua vigente até hoje. Assim, o verbo português *deletar*, com o sentido de suprimir um texto ou um arquivo eletrônico, procede do inglês *to delete*, criado sobre o particípio passado (*deletus*) do verbo latino *delere,* que significava *destruir, apagar, erradicar*. Por outro lado, o étimo latino tinha produzido em português o verbo *delir*, pouco usado, e os adjetivos derivados desse verbo: *indelével* e *delével.*

5.2 Empréstimos intrarromânicos na construção de uma latinidade plural

As três camadas do léxico descritas na seção precedente correspondem à origem comum das línguas românicas, o latim vulgar, e à convivência delas com o latim clássico até a atualidade. Mas, além disso, as comunidades falantes dessas línguas se desenvolveram num contexto de contiguidade geográfica, de trocas com os seus vizinhos e influências constantes. Autoras como Walter (1988: 119) e Huchon (2002: 145) explicam: o italiano e o espanhol são as línguas que mais palavras emprestaram ao francês e, ao mesmo tempo, tomaram inúmeros vocábulos franceses. Também o português recebeu influências das outras línguas da família ao longo dos séculos, muitas vezes como consequência de movimentos culturais ou por causas políticas. Na Baixa Idade Média, nos séculos XIII e XIV, o trovadorismo introduziu vocábulos do occitano e do francês, além das grafias <nh> e <lh> (como veremos na seção 6.2). Mais tarde, nos séculos XV e XVI, o Renascimento trouxe um número importante de palavras do italiano. A união dinástica de Portugal e Espanha, entre 1580 e 1640, aumentou a quantidade de vocábulos procedentes do espanhol e, durante os séculos XVIII e XIX, houve uma forte influência da cultura e da língua francesa que, naquela época, gozavam de grande prestígio internacional. O processo de adoção passou também pela adaptação de tais vocábulos às regras fonéticas e ortográficas do português, podendo sofrer também mudanças na sua carga semântica. A tabela a seguir apresenta essas camadas de empréstimos lexicais intrarromânicos que nenhum falante atual reconheceria como palavras estrangeiras.

Procedentes do occitano e catalão	viagem, paisagem, personagem, coragem, relógio, estojo, faina
Procedentes do italiano	afresco, espaguete, orçamento, orégano, ópera, pedágio, piano
Procedentes do espanhol	castelhano, duende, frente, hediondo, neblina, sapatilha, trecho
Procedentes do francês	abajur, ateliê, batom, bujão, chapéu, guichê, oboé, sutiã, turismo

Tabela 7

As trocas entre grupos funcionam em ambos os sentidos, e, consequentemente, o português emprestou termos a muitos outros idiomas: palavras do espanhol como *mejillón, ostra, chuvasco, macho* procedem do português. Um caso curioso é a palavra *fetiche,* termo internacional transmitido através do francês "fétiche" em cuja etimologia encontramos a palavra portuguesa *feitiço*. Algumas vezes, as palavras acabam retornando transformadas às suas línguas de origem, depois de longas viagens. Por outro lado, o português — e o espanhol — serviram de veículo introdutor de inúmeros vocábulos da África, América e Ásia em outras línguas europeias nos séculos XV e XVI. Por exemplo, a palavra *banana,* procedente provavelmente do uólofe, língua principal do Senegal, foi levada junto com a fruta pelos comerciantes portugueses aos portos da América e da Europa e hoje está presente em espanhol, italiano, francês, inglês, holandês, alemão, sueco, polonês, romeno etc. Mais uma palavra internacional.

As línguas românicas são depositárias de uma latinidade plural sedimentada ao longo dos séculos e construída a partir de contatos e influências recíprocas. Um mesmo étimo pode ter sido retomado de diferentes fontes e com diversos significados em várias épocas. Por exemplo, o étimo MACULA produziu *mancha* como palavra popular, *mágoa* como palavra semierudita, *mácula* como palavra erudita e *malha* como empréstimo do francês (>*maille*), cujos significados são evidentemente distintos. Ademais, dentro de uma mesma língua, palavras que primeiramente só eram empregadas numa região ou por um grupo social podem entrar na língua comum e conviver com os seus cognatos. Assim, *cretino* é um empréstimo do francês "crétin", onde — antes de se tornar um insulto — era simplesmente uma pronúncia dialetal da palavra "chrétien" ("cristão", no sentido de qualquer pessoa ou indivíduo). Também em francês o termo "fileur", pessoa cujo ofício é fazer fios têxteis, convive com "filou", hoje em dia "falcatrua", mas que na origem só representava a forma dialetal (meridional) de "fileur". Em espanhol, a pronúncia dialetal "jondo" da palavra "hondo" ("fundo") serve hoje em dia para classificar o *cante jondo*, um gênero dentro do flamenco. Ou seja, variedades de uma mesma língua podem gerar termos diferentes que, depois, especializam o próprio significado e passam à linguagem comum. Em português brasileiro, o termo *saravá*, usado como saudação nos cultos de matriz africana, procede do verbo *salvar*; da mesma maneira, a forma de tratamento, muitas vezes carinhosa, *nego/a* procede de *negro/a*.

Não é nosso objetivo acompanhar a história dos diferentes vocábulos, pois isso seria o objetivo de um estudo em si. Apenas quisemos ilustrar que os empréstimos linguísticos aproximam o vocabulário das línguas vizinhas e o tornam mais transparente.

5.3 Empréstimos procedentes de outras línguas: fonte de diversificação e de unificação do léxico românico

As comunidades falantes de línguas românicas não sofreram só a influência de outros idiomas do *continuum*, mas também entraram em contato com outros grupos linguísticos. Dentro da lexicografia e da linguística, usa-se o termo *substrato* ("a camada que ficou embaixo") para definir as marcas — fonéticas, morfológicas e lexicais — que uma língua deixou depois de ter sido substituída por outra. No caso aqui estudado, o latim se expandiu à custa de muitas línguas faladas pelas populações submetidas por legiões romanas. No norte da Itália, na Gália e na Península Ibérica, o processo de aculturação levou à extinção de línguas célticas continentais — estreitamente aparentadas com o próprio latim — como o gaulês, o lepôntico e o celtibero. Todavia, as línguas célticas deixaram um importante substrato nas atuais línguas românicas ocidentais, como explica Bagno (2012: 134-39). Alguns vocábulos celtas entraram no latim vulgar e hoje estão presentes em (quase) todas as línguas românicas, como CARRUS, que deu origem a "carro" em português, espanhol, catalão e italiano; "car" em romeno, occitano e normando (dele passando posteriormente para o inglês) e "char" em francês.

As línguas ibero-românicas — português, espanhol e catalão — compartilham um substrato ibero e basco que as aproxima entre si e as diferencia dos outros membros da família.

PORTUGUÊS	ESPANHOL	CATALÃO	OCCITANO	FRANCÊS	ITALIANO	ROMENO
cabaça	calabaça	carbassa	cogorla	courge	zucca	dovleac
esquerda	izquierda	esquerra	esquèrra	gauche	sinistra	stângă

Tabela 8

Com o passar dos séculos, o latim acabou se impondo e substituindo a maioria das línguas autóctones das províncias conquistadas; contudo, nem sempre o povo conquistador consegue impor a sua língua ao povo vencido. Quando os povos germânicos se deslocaram para o sul e criaram vários reinos sobre as cinzas do Império Romano, nos séculos IV e V da Era Comum, eles acabaram sendo assimilados no plano linguístico e cultural pelas populações submetidas, falantes de latim vulgar. Podemos apontar, entre os fatores que condicionaram esse resultado, a relação numérica — os conquistadores formavam uma elite reduzida em comparação com a população geral — e o prestígio do latim enquanto veículo da administração, da cultura e da religião. No caso da província da Britânia, a atual Inglaterra, ocorreu uma substituição linguística, provavelmente porque o número de falantes de latim era mais reduzido naquele lugar. Os povos germânicos ali instalados — anglos, saxões e jutos — deram origem ao inglês, que, em sua base, é uma língua germânica.

As marcas que as línguas dos vencedores deixaram sobre as línguas dos vencidos antes de serem assimilados recebem o nome de *superestrato* ("a camada que se sobrepõe"). Muitos dos empréstimos lexicais do superestrato germânico são comuns a todas as línguas românicas, com exceção do romeno, que teve como superestrato o antigo eslavo. Vejamos alguns exemplos:

PORTUGUÊS	ESPANHOL	CATALÃO	OCCITANO	FRANCÊS	ITALIANO	ROMENO
branco/a	blanco/a	blanc/a	blanc/a	blanc/che	bianco/a	alb/ă
guerra	guerra	guerra	guerra	guerre	guerra	război
rico/a	rico/a	ric/a	ric/a	rich/e	ricco/a	bogat/ă
ganhar	ganar	guanyar	ganhar	gagner	guadagnare	a câștiga
roubar	robar	robar	raubar	dérober	rubare	a fura

Tabela 9

Essa camada do vocabulário aproxima a família românica das línguas germânicas, como o inglês (com cognatos *blank, war, rich, to gain, to rob*) e o alemão. Porém, ao mesmo tempo, afasta do latim clássico e do romeno, que conserva o étimo latino "alb/ă" (cognato do português *alvo*), "a fura" (cognato do português *furto*) e tomou termos do eslavo:

"războí", "bogat/ă". Ou seja, a ação de identificação e distanciamento permeia a rede de relações tecida entre nossas línguas.

Por último, uma língua em situação de contiguidade e contato com outra pode emprestar termos sem que ocorra necessariamente a substituição de um idioma por outro: esse tipo de influxo recebe o nome de *adstrato* ("aquilo que está ao lado"). As línguas ibero-românicas — como o português e o espanhol — estiveram em contato direto com o árabe durante toda a Idade Média. Esse idioma da família semítica deixou importantes marcas e emprestou muitos vocábulos às línguas europeias; apresentamos alguns deles:

PORTUGUÊS	ESPANHOL	CATALÃO	OCCITANO	FRANCÊS	ITALIANO	ROMENO
açúcar	azúcar	sucre	sucre	sucre	zucchero	zahăr
algodão	algodón	cotó	coton	coton	cotone	*bumbac*
armazém	almacén	magatzem	magasin	magasin	magazzino	magazie
arroz	arroz	arròs	ris	riz	riso	orez
azul	azul	atzul	asur	azur	azzurro	azur/ă
zero	cero	zerò	zero	zéro	zero	zero

Tabela 10

Os dados da tabela mostram que o português e o espanhol habitualmente aglutinaram o artigo do árabe *al,* enquanto o catalão, o occitano, o francês e o italiano integraram os vocábulos sem artigo. Por esse motivo, muitas palavras de origem árabe começam por *a* nessas duas línguas. Já o romeno também tomou de empréstimo várias palavras do árabe, mas por outras vias: por exemplo, "orez" foi mediada pelo búlgaro; "zahăr" e "magazie", pelo grego, e "azur/ă" foi tomada diretamente do francês, sendo "albastru/ă" o termo mais comum para referir a cor azul. A influência árabe contribuiu para o desenvolvimento das matemáticas e da álgebra — palavra também procedente dessa língua. De fato, os sábios árabes criaram o conceito do zero, a quantidade nula, a ser adotado pela ciência moderna junto com o vocábulo, que se tornou assim uma palavra internacional.

Hoje, o inglês atua como superestrato e influencia todas as línguas da humanidade devido ao peso econômico, tecnológico, demográfico, político e cultural dos países anglófonos. Palavras como *email, feedback, futebol, lanche, outlet, shopping* e muitas mais já fazem parte da língua cotidiana dos brasileiros. Em resposta, as autoridades acadêmicas lançam várias ações e discursos que pretendem explorar o acervo lexical vernáculo, rejeitando empréstimos considerados desnecessários. O Quebec — onde habitam nove milhões de francófonos rodeados por mais de 360 milhões de anglófonos da América do Norte — é um bom exemplo dessa resistência linguística. Em todo caso, esses anglicismos recentes contribuem de maneira geral para aproximar o léxico das línguas românicas.

5.4 Prefixos de origem greco-latina

Os prefixos e os sufixos servem para formar novos vocábulos. A grande maioria dos prefixos é de origem grega ou latina, e eles são usados de forma similar tanto nas línguas românicas quanto em outras línguas indo-europeias como o inglês ou o alemão. A seguinte tabela apresenta alguns exemplos de prefixos de origem latina:

	PORTUGUÊS	ESPANHOL	CATALÃO	OCCITANO	FRANCÊS	ITALIANO	ROMENO
bi-	bicéfalo	bicéfalo	bicèfal	bicefal	bicéphale	bicefalo	bicefal
in-	inanimado	inanimado	inanimat	inanimat	inanimé	inanimato	inanimat
inter-	internacional	internacional	internacional	internacional	international	internazionale	internațional
re-	reanimado	reanimado	reanimat	reanimat	réanimé	reanimato	reanimat

Tabela 11

Todavia, em certos casos, existe divergência na escolha do prefixo. Por exemplo, a partir do adjetivo *conhecido/a*, forma-se o seu antônimo *desconhecido/a* (em português). O espanhol (*desconocido/a*), o italiano (*sconosciuto/a*) e o occitano (*desconegut/da*) preferem o prefixo *des-/s-*, enquanto o francês (*inconnu/e*) e o romeno (*necunoscut/ă*) usam *in-/ne-*. Já o catalão aceita os dois (*desconegut/da*) e (*inconegut/da*). Mais uma vez, comprovamos: as correspondências dentro do *continuum* não respondem a lógicas matemáticas, mas servem como indícios. As línguas românicas também utilizam prefixos de origem grega para formar novos vocábulos. A tabela a seguir apresenta alguns exemplos:

	PORTUGUÊS	ESPANHOL	CATALÃO	OCCITANO	FRANCÊS	ITALIANO	ROMENO
anti-	antipático	antipático	antipàtic	antipatic	antipathique	antipatico	antipatic
para-	paralisia	parálisis	paràlisi	paralisia	paralysie	paralisi	paralizie
peri-	periódico	periódico	periòdic	periodic	périodique	periodico	periodic

Tabela 12

5.5 Sufixos apreciativos e derivativos

Os sufixos são pospostos à base lexical e podem ser apreciativos ou derivativos. Dentro da primeira categoria, encontramos os diminutivos formados pela adição de certos sufixos a substantivos, adjetivos e, eventualmente, advérbios. Além do valor diminutivo comum a todos, frequentemente, eles contêm um valor secundário, depreciativo ou afetivo, dependendo do contexto e do sufixo escolhido. Em todas as línguas românicas, existem diminutivos formados com sufixos cognatos. Em português, o mais produtivo é *-nho/a* (*livrinho, casinha*), embora também exista *-ito/a* (*coisita, cabrito, senhorita*). Em espanhol, o mais usado é *-ito/a* (*librito, casita*), mas, na época de Cervantes e de outros autores clássicos, preferia-se *-illo/a*, ainda hoje de uso comum na região da Andaluzia. Além disso, nas variedades do Caribe, da América Central e de alguns países andinos, o sufixo *-ico/a* substitui *-ito/a* quando a palavra derivada termina em /t/: *poquito* frente a *ratico*. Em catalão, os mais usados são *-et/a* (*llibret/ caseta*) e *-ó/-ona* (*petitó/na*); mas a linguagem clássica e as variedades geográficas dessa língua apresentam outros como *-ell/a, -í/-ina, -ic/a* e *-ol/a.* O francês atualmente forma os diminutivos com o adjetivo *petit* (*petit prince, petite minute*); mas, historicamente, usou vários sufixos e alguns deles foram lexicalizados: *-ette* (*caminette*) e *-ule* (*homoncule*). O italiano padrão usa principalmente dois sufixos *-ino/a* (*casina*) e *-etto/a* (*libretto*), mas nas variedades regionais encontramos muitos outros como *-ello/a, -otto/a, -uccio/a,*

-*uzzo/a*, -*iddo/a*. O romeno tem um grande número de sufixos diminutivos como -*el* (*băiețel*), -*ic* (*tătic*), -*uleț* (*ursuleț*), -*uț* (*pătuț*) e -*uș* (*cățeluș*). No título de *O Pequeno Príncipe*, apresentado na segunda seção do capítulo, encontramos muitos desses sufixos.

Já a segunda categoria de sufixos serve para derivar palavras, isto é, a partir de um substantivo (*amigo, óleo*) criar um adjetivo (*amistoso, oleoso*), por exemplo. Apresentamos alguns dos sufixos denominais, usados para formar novos substantivos ou nomes, na seguinte tabela:

SUF. LATINO	PORTUGUÊS	ESPANHOL	CATALÃO	OCCITANO	FRANCÊS	ITALIANO	ROMENO
-ITIA	riqueza	riqueza	riquesa	riquesa	richesse	ricchezza	*sărăcie*
-ISTA	feminista	feminista	feminista	feminista	feministe	feminista	feministă
-TIONEM	nação	nación	nació	nacion	nation	nazione	națiune
-OR	ator	actor	actor	actor	acteur	attore	actor

Tabela 13

Os sufixos deadjetivais servem para formar adjetivos:

SUF. LATINO	PORTUGUÊS	ESPANHOL	CATALÃO	OCCITANO	FRANCÊS	ITALIANO	ROMENO
-ALIS	total	total	total	total/a	total/e	totale	total/ă
-BILIS	sensível	sensible	sensible	sensible	sensible	sensibile	sensibil
-OSUS/A	nervoso/a	nervioso/a	nerviós/a	nerviós/a	nerveux/-sa	nervoso/a	nevos/oasă

Tabela 14

E os sufixos deverbais servem para criar novos verbos:

SUF. LATINO	PORTUGUÊS	ESPANHOL	CATALÃO	OCCITANO	FRANCÊS	ITALIANO	ROMENO
-IFICARE	mortificar	mortificar	mortificar	mortificar	mortifier	mortificare	a mortifica
-ITIARE	realizar	realizar	realitzar	realizar	réaliser	realizzare	a realiza

Tabela 15

Ademais, as línguas românicas — com exceção do romeno — compartilham um sufixo *-ment(e)* para formar advérbios de modo a partir de adjetivos:

Suf. latino	Português	Espanhol	Catalão	Occitano	Francês	Italiano	Romeno
-MENTE	realmente	realmente	realment	realment	réellement	realmente	-

Tabela 16

Nosso objetivo não é disponibilizar uma lista exaustiva, mas simplesmente mostrar os paralelismos e as regularidades. A observação cuidadosa dessas tabelas, construída de maneira pedagógica, permite ultrapassar as fronteiras entre as línguas, reconhecer as particularidades de cada uma delas e desenvolver uma reflexão metalinguística.

5.6 Elementos de dispersão no léxico e falsos amigos

Se até aqui estudamos os elementos compartilhados pelo acervo lexical da família românica, entendidos como alavancas que permitem uma aproximação inicial à leitura, agora dedicamos està seção à análise de tudo aquilo que dificulta a compreensão. Em primeiro lugar, as transformações fonéticas no processo de formação histórica de cada língua podem ter resultado em formas pouco transparentes. No próximo capítulo, abordaremos essas questões ao tratar das características particulares de cada uma das principais línguas do *continuum*. Em segundo lugar, as diferenças ortográficas também podem trazer opacidade e dificultar a leitura, como estudaremos na seção 6. Em terceiro lugar, as mudanças semânticas (o deslocamento do significado de um vocábulo) podem fazer com que palavras de uso comum numa língua tenham uso restrito noutra e, inclusive, gerarem os chamados *falsos amigos*, que tanto receio causam nas aulas de língua estrangeira.

Os falsos amigos ou falsos cognatos ocultam, atrás da semelhança formal, a divergência semântica. Para ilustrarmos essa questão, traçamos a história dos cognatos do verbo SALIRE que em latim inicialmente significava "pular". A partir dessa carga semântica primitiva, o verbo assumiu o valor de "ir para fora, sair" nas línguas da Península Ibérica — português, espanhol e alguns dialetos do catalão —, enquanto em italiano ganhou o significado de "subir". Com o valor de "sair", o italiano — junto ao romeno e aos dialetos valencianos do catalão — manteve o étimo *EX-IRE, "ir fora". Por outro lado, em italiano e em francês, o verbo formado pelo composto *SUB-IRE, isto é, "vir de baixo", assumiu o valor de "sofrer", enquanto em espanhol e em português passou a significar "ir em direção ascendente, subir". Por fim, formou-se um novo verbo, *sortir*, sobre o particípio de SURGERE, "surgir", que na sequência assumiu o valor de "sair" e foi difundido nas línguas galo-românicas: o francês, o occitano e também o catalão padrão. Em francês, existe o verbo *salir*, homófono e homógrafo do espanhol, mas que significa "sujar" e procede de uma etimologia completamente diferente: deriva do adjetivo *sale*, "sujo", um empréstimo germânico. Ainda em francês, sobre o substantivo *monte* formou-se o verbo *monter*, "ir ladeira acima", cujo cognato *montar* tem, em português e espanhol, outros valores. Os verbos do catalão e do occitano *pujar* (<PODIARE, derivado do substantivo *pódio*) e do romeno *a urca* (<ORICARE) continuam outros étimos latinos. Tentamos recapitular todas essas informações numa tabela.

PORTUGUÊS	ESPANHOL	CATALÃO	OCCITANO	FRANCÊS	ITALIANO	ROMENO
sair	salir	sortir, sallir, eixir	sortir	sortir	uscire	a ieși
subir	subir	pujar, muntar	montar, pujar	monter	salire	a urca
sofrer	sufrir	sofrir	subir	subir, souffrir	subire, soffrire	a suferi

Tabela 17

A questão central nos elementos de dispersão é cada língua ser continuadora de variedades diferentes das mesmas fontes, revelando sua personalidade e suas particularidades. Ou seja, o acervo lexical de cada membro do *continuum* contém elementos comuns e outros específicos. Nesse sentido, as línguas ibero-românicas — o português e o espanhol — guardam maior proximidade entre si.

Avançando em nossa exposição, tomamos o par *abrir/fechar* para ilustrar a relação entre identificação e distanciamento.

PORTUGUÊS	ESPANHOL	CATALÃO	OCCITANO	FRANCÊS	ITALIANO	ROMENO	LATIM
abrir	abrir	obrir	dobrir	ouvrir	aprire	a deschide	APERIRE
fechar	cerrar clausurar	tancar cloure	barrar clastrar	fermer clore	chiudere	a închide	CLAUDERE

Tabela 18

Curiosamente, o primeiro elemento do par — os cognatos procedentes do étimo APERIRE — se manteve em todas as línguas, à exceção do romeno. Em contraste, o segundo elemento — CLAUDERE — foi substituído progressivamente por novos verbos: *fechar, cerrar, tancar, barrar, fermer*. Algumas línguas, como o catalão e o francês, ainda mantêm o antigo verbo restrito a determinados usos e registros. Essa mesma raiz reaparece em palavras eruditas como *incluir, concluir, recluir, clausurar, enclaustrar, claustro* etc. Em contrapartida, esse verbo foi tomado pelo inglês do anglo-normando, provavelmente do particípio passado, dando origem ao atual *to close* e criando mais uma vez uma ponte com o léxico latino.

Resulta igualmente curioso que o romeno não só conservou o étimo CLAUDERE, como também usou essa raiz para reformular o par de antônimos: "a deschide"/"a închide". Uma leitora ou um leitor com formação na área de letras pode considerar muito interessantes esses percursos etimológicos, mas para o público geral os elementos de dispersão mencionados geram insegurança e obstaculizam a compreensão. Cabe ao professor acompanhar o aluno na formulação de hipóteses para inferir o sentido, estando consciente da incompletude da regularidade e das correspondências interlinguísticas.

6. A roupagem da língua: algumas especificidades ortográficas e suas correspondências fonéticas

No processo de padronização das variedades vernáculas, os agentes culturais — escrivães, funcionários das chancelarias e dos cartórios, entre outros — foram criando normas, regras e convenções ortográficas destinadas a orientar a maneira correta de escrever as palavras e de usar os sinais de acentuação e pontuação. O estabelecimento da ortografia não respondia apenas às necessidades técnicas, mas também aos projetos das elites políticas e culturais. Como explicam Faraco e Zilles (2018: 136), a invenção da imprensa de tipos móveis no século XV e sua progressiva difusão na Europa e, depois, na América, trouxeram uma revolução na circulação dos textos e na fixação da ortografia no momento em que várias línguas europeias estabeleciam uma norma-padrão.

Em 1583, foi fundada a Accademia della Crusca em Florença, centro político e cultural da Toscana. O termo italiano *crusca* significa a casca ou farelo do grão, principalmente do trigo. Dentro dessa metáfora agrária, o objetivo dos acadêmicos era *peneirar a língua* para separar a mais fina flor e, não por acaso, escolheram como lema um verso do poeta Francesco Petrarca: *il più bel fior ne coglie* ("colhe daí a mais bela flor"). Inspirado no projeto toscano, o cardeal Richelieu fundou em Paris a Académie Française em 1634, outorgando a seus quarenta membros o título de *imortais*. E quando a casa Bourbon, que já governava na França, ocupou o trono da Espanha, em 1710, importou instituições políticas, culturais e econômicas. Assim, a Real Academia Española foi fundada em Madri em 1730, assumindo um lema fortemente prescritivo: *limpia, fija y da explendor*.

Ao longo do século XIX, os países latino-americanos e hispanofalantes, já independentes, fundaram instituições acadêmicas do mesmo cunho. Em 1871, foi criada a Academia Colombiana de la Lengua por um grupo de intelectuais encabeçados por Miguel Antonio Caro, Rufino José Cuervo e Marco Fidel Suárez. Em seguida, o México (1875), o Equador (1875), El Salvador (1880), a Venezuela (1881), o Chile (1886), o Peru (1887) e a Guatemala (1888) fundaram suas academias. Já no século XX, mais países seguiram a mesma trilha e apareceram novas academias; a da Bolívia (1920), a da Costa Rica (1923), a das Filipinas (1924), a de Cuba (1926), a do Panamá (1926), a da República Dominicana (1927), a do Paraguai (1927) e a de Honduras (1948). No rio da Prata, fundou-se a Academia Argentina de Letras (1931) e, no Uruguai, a Academia Nacional de Letras (1943). Todas elas — e ainda outras que surgirão na segunda metade do século XX, como a de Porto Rico e a dos EUA — uniram-se na Asociación de Academias de la Lengua Española (ASALE) em 1951.

No contexto da língua portuguesa, os círculos intelectuais do Rio de Janeiro fundaram a Academia Brasileira de Letras em 1897, imitando o modelo francês. Em Lisboa, já existia desde 1779 a Academia de Ciências, que conta entre suas atribuições estimular o estudo da língua e da literatura portuguesas. Essas academias habitualmente responderam aos interesses das elites e promoveram modelos linguísticos conservadores fortemente prescritivos, rejeitando ou condenando a variação e a diversidade linguísticas. Elas também foram responsáveis por promover muitas das representações sobre as línguas discutidas no primeiro capítulo.

No que tange especificamente à ortografia, entre os séculos XVI e XVIII, imperou um pensamento etimológico, que pretendia aproximar a forma escrita das palavras das origens gregas e latinas. Assim, por exemplo, até a implementação da ortografia simplificada de 1931, escrevia-se em português *pharmacia, theatro, cysne, rhetorica, affamado* etc. (Faraco e Zilles, 2018: 142). O francês até hoje mantém uma ortografia arcaizante, etimologista e, em certa medida, incongruente. Isso pode constituir um obstáculo para a leitura, pois os outros idiomas da família não usam mais esse modelo etimológico, mas também pode ser visto como uma vantagem, já que a língua escrita representa consoantes finais não produzidas na fala. No outro extremo, o italiano e o romeno mantêm uma relação estreita entre grafemas e fonemas.

Como a intercompreensão trabalha com a atividade da leitura, os elementos gráficos são importantes porque podem causar opacidade e impedir a compreensão. Em seguida, analisamos algumas particularidades e paralelismos entre as normas ortográficas das línguas do *continuum* neolatino.

6.1 Palatalização de /k/ e /g/ e as grafias <qu>, <gu>, <ch>, <gh>

Como explica Glessgen (2008: 157), a palatalização dos sons /k/ e /g/ diante das vogais /e/ e /i/ foi uma das grandes mudanças fonéticas na passagem do latim para as línguas românicas. Assim CAELUM, pronunciada ['kajlum] em latim clássico, passou em latim vulgar a ser pronunciada ['tʃɛlu]; GEMMA, pronunciada ['gemma] em latim clássico, também se palatalizou ['ʤɛmma]. Na seguinte tabela, podemos observar a evolução dos étimos com sua transcrição fonética atual em cada língua.

PORTUGUÊS	ESPANHOL	CATALÃO	OCCITANO	FRANCÊS	ITALIANO	ROMENO	LATIM
céu [sɛw]	cielo [sielo][θielo]	cel [sɛl]	cèl [sɛl]	ciel [sjɛl]	cielo [tʃɛlo]	cer [tʃer]	CAELUM
gema [ʒemɐ] [ʒẽmɐ]	gema/yema [xema][ʝema] [hema][ʒema]	gemma [ʒɛmmə] [ʤɛmma]	gema [ʤemɔ]	gemme [ʒɛm]	gemma [ʤɛmma]	gemă [ʤemə]	GEMMA

Tabela 19

Se os grafemas <c> e <g> representavam em latim as oclusivas velares /k/ e /g/ com independência da vogal seguinte, quando se começou a escrever em línguas românicas, a palatalização já ocorrerra. Cada comunidade buscou uma solução para o impasse. As línguas românicas ocidentais — francês, occitano, catalão, espanhol e português — começaram a usar os dígrafos <qu> e <gu>, enquanto as línguas orientais — o italiano e o romeno — adotaram <ch>, <gh>. Isso faz com que termos homófonos, de pronúncia igual, como o pronome relativo [kE], apresentem dispersão na ortografia: pt. es. cat. oc. fr. <que> frente a it. <che>. Por sua vez, palavras homógrafas, iguais na escrita, têm pronúncias diferentes: pt. *guerra* ['gɛʀɐ] frente ao it. *guerra* ['gwɛrra]; fr. *bronchite* [bʀɔ̃'ʃit] frente ao it. *bronchite* [bron'kite], em português *bronquite.*

6.2 As grafias <nh> e <lh>

Além de causar a mudança da pronúncia de <ce>, <ci>, <ge>, <gi> e os consequentes ajustes ortográficos, a palatalização também introduziu fonemas inexistentes em latim clássico. Referimo-nos à consoante nasal palatal /ɲ/ e à consoante aproximante lateral palatal /ʎ/. Cada comunidade linguística adotou grafemas diferentes, como podemos observar na tabela a seguir:

PORTUGUÊS	ESPANHOL	CATALÃO	OCCITANO	FRANCÊS	ITALIANO	ROMENO	LATIM
castanha	castaña	castanya	castanha	châtaigne	castagna	castană	CASTANEA
banho	baño	bany	banh	bain	bagno	baie	BALNEUM
linha	línea	línia	linha	ligne	linea	linie	LINEA
batalha	batalla	batalla	batalha	bataille	battaglia	—	BATTUALIA
canalha	canalla	canalla	canalha	canaille	canaglia	—	—

Tabela 20

Os leitores e leitoras devem notar as correspondências gráficas: <nh> e <lh> do português, <ñ> e <ll> em espanhol (e também em galego), <ny> e <ll> em catalão, <gn> e <ill> em francês e <gn> e <gl> em italiano. Isso poderia provocar estranhamento na grafia, apesar da proximidade oral entre as formas. Igualmente, chama a atenção a coincidência gráfica entre o português e o occitano; na verdade as grafias <nh> e <lh> tiveram origem no domínio occitano, no atual sul da França, e foram introduzidas em Portugal no século XII, durante o trovadorismo. Vemos também que nem sempre um étimo produziu o mesmo resultado fonético ou gráfico. As formas do espanhol *línea*, catalão *línia*, italiano *linea* e romeno *linie* explicam-se como termos eruditos em tais línguas. Por último, o romeno atual perdeu esses dois sons palatais. Quanto à etimologia, *canalha* e seus cognatos procedem do italiano "canaglia", onde originalmente significava "grupo de cães", "matilha".

6.3 Os grupos iniciais latinos *pl-*, *fl-*, *cl-* e os grupos internos *-ct-* e *-lt-*

Mais um fenômeno de mudança fonética na formação histórica das línguas românicas que interferiu na representação gráfica são os grupos consonantais latinos *pl-*, *fl-* e *cl-*. Eles seguiram evoluções divergentes, como podemos ver na tabela a seguir:

PORTUGUÊS	ESPANHOL	CATALÃO	OCCITANO	FRANCÊS	ITALIANO	ROMENO	LATIM
cheio	lleno	ple	plen	plein	pieno	plin	PLENUS
chover	llover	ploure	plòure	pleuvoir	piovere	a ploua	*PLOVERE
chama	llama	flama	flamba	flamme	fiamma	flacără	FLAMMA
chave	llave	clau	clau	clé/clef	chiave	cheie	CLAVEM

Tabela 21

Destacamos o étimo reconstruído **plŏvĕre* do latim vulgar, precursor das formas românicas contemporâneas e correspondente ao verbo latino clássico PLUERE. As línguas setentrionais — francês, occitano, catalão e romeno — mantiveram o grupo consonantal. Nas línguas meridionais — português, espanhol e italiano —, houve diferentes mudanças causadas pela pronúncia palatal do *l* [ʎ]. Esses grupos consonantais reaparecem em palavras eruditas, como em português *deplorar, implorar* frente a *chorar* (>PLORARE), ou *pleno, plenário* frente a *cheio.*

Além disso, outros fenômenos de palatalização afetaram grupos consonantais internos, produzindo divergências nas formas atuais. Novamente, as palavras eruditas — como *fato, laticínio, noturno, octaedro, multidão* — apresentam maior proximidade fonética com os respectivos étimos e consequentemente com as formas de outras línguas mais conservadoras nesse aspecto (como o italiano):

PORTUGUÊS	ESPANHOL	CATALÃO	OCCITANO	FRANCÊS	ITALIANO	ROMENO	LATIM
feito	hecho	fet	fait/fach	fait	fatto	fapt	FACTUM
leite	leche	llet	lait/lach	lait	latte	lapt	LACTEM
noite	noche	nit	nuèch/nuèit	nuit	notte	noapte	NOCTEM
oito	ocho	vuit	uèch/uèit	huit	otto	opt	OCTO
muito	mucho	molt	*mant*	moult	molto	mult	MULTUM

Tabela 22

Não era nosso objetivo sermos exaustivos na exploração das correspondências fonéticas e ortográficas entre as línguas românicas. Apenas tentamos ilustrar fenômenos que permeiam os membros da família linguística, a fim de revelar seus paralelismos e regularidades. Induzir correspondências ortográficas facilita a compreensão escrita, a leitura e também a percepção oral.

Por fim, esperamos que essa breve exposição tenha contribuído para entender que a norma ortográfica não é mera questão técnica, mas constitui um elemento central no processo de padronização de uma língua: normas ortográficas próprias marcam a identidade de uma comunidade linguística em contraste com seus vizinhos. Os dissensos normativos, derivados dessas questões identitárias, podem inclusive causar conflitos acadêmicos e políticos. Por consequência, a reflexão sobre a ortografia e a norma também deve ser didatizada de acordo com uma proposta de formação linguística crítica que discuta a identificação e o distanciamento entre indivíduos, comunidades e povos.

7. Conclusões pedagógicas sobre o léxico românico: opacidade e transparência

Para concluir este capítulo, retomamos a afirmação de Bassetto, que definia o léxico como um inventário aberto, e acrescentamos a percepção do acervo lexical das línguas românicas como o somatório de camadas de origens diversas estratificadas. É possível observar, por um lado, pontos de continuidade e convergência e, por outro, particularidades e elementos de dispersão, não sendo os primeiros mais que a contraparte dos segundos. De acordo com Reinheimer e Tasmowski (1997: 83), os vocábulos populares, diretamente herdados do latim, não superam os 20% do acervo das línguas românicas atuais. Consequentemente, elas são depositárias de uma latinidade em renovação e transformação contínuas. As autoras resumem os vários componentes lexicais numa figura que adaptamos e reproduzimos:

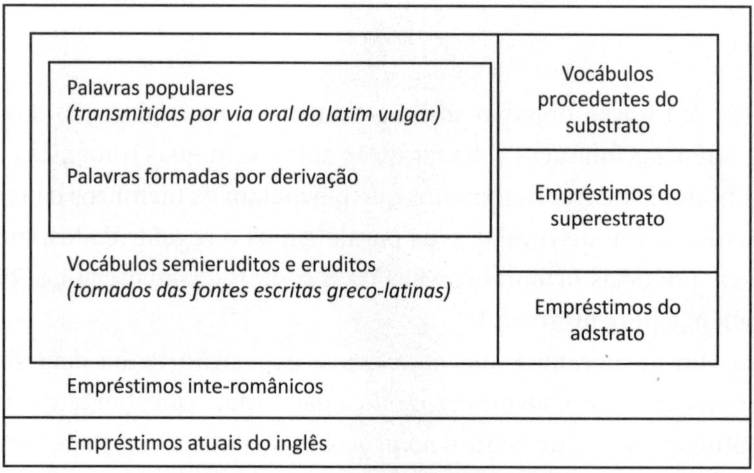

Figura 6: Reinheimer e Tasmowski (1997: 83)

Nossa intenção, ao longo do capítulo, foi descrever as bases que possibilitam a leitura multilíngue e a intercompreensão. Nessa perspectiva, os conceitos de transparência e opacidade são especialmente relevantes. Como explicam Caddéo e Jamet (2013: 72-73), uma palavra é transparente quando a conseguimos identificar com o seu respectivo cognato na nossa língua de referência. Ou seja, reconhecemos as palavras transparentes tanto pela forma quanto pelo conteúdo: por exemplo, pt. es. cat. *política*, oc. it. *politica*, fr. *politique*, ro. *politică*. Já ela é opaca se seu significado fica inacessível fora do contexto: por exemplo, o fr. *aucun/e* significa *nenhum/a,* mas é cognato do português *algum/a*, seu contrário do ponto de vista semântico. Nosso objetivo didático como formadores em intercompreensão será desenvolver a capacidade dos estudantes de reconhecerem, sob as formas gráficas e fonéticas de uma língua nova, as palavras conhecidas em suas língua(s) de referência. Muitos dos métodos que examinaremos no quinto capítulo propõem esse tipo de atividades de reflexão.

Neste ponto, a ocorrência de falsos cognatos — os falsos amigos anteriormente mencionados — pode despistar os alunos, conduzidos a formular hipóteses equivocadas. Por ora, convém lembrar que os falsos amigos se registram dentro de cada língua, como no exemplo de *rapariga,* falso amigo entre as variedades brasileira e portuguesa. Da mesma forma, os indícios do contexto ajudam a ultrapassar os obstáculos causados por eles. Contudo, se, apesar de todas essas estratégias, acabarmos caindo num falso amigo, entendendo ou produzindo algo que cause estranhamento no nosso interlocutor, logo perceberemos a falha na compreensão — provavelmente acompanhada de uma mudança na sua expressão —, o que nos levará a reformular nossas hipóteses. Talvez os falsos amigos acabem produzindo alguma situação engraçada. Nada melhor, então, para desdramatizar e formar um laço de simpatia entre os falantes. Em todo caso, eles são a exceção diante das palavras transparentes e do léxico comum, um risco menor que não deve invalidar o conjunto de todas as transferências positivas, infinitamente mais numerosas.

Por último, Caddéo e Jamet (2013) abordam o papel das palavras cujo significado é próximo, sendo de uso comum numa língua enquanto numa outra têm valores restritos a certos registros ou variedades diatópicas. Por exemplo, o cat. it. *finestra*, o fr. *fenêtre* e o ro. *fereastră* podem resultar *a priori* pouco transparentes para um leitor brasileiro, mas existe em português (e em espanhol) o verbo *defenestrar* no sentido literal de "atirar (algo ou alguém) pela janela" ou, no sentido metafórico, de "acabar verbalmente com alguém ou destituí-lo de suas funções". O mesmo étimo produziu em português a palavra *fresta*, aquela abertura estreita numa parede por onde entram luz e ar. Em síntese, mediante a passagem entre palavras que compartilham alguns traços, os alunos conseguem alcançar a verdadeira correspondência, no caso do exemplo *janela = finestra*. Uma prática de experimentação linguística e de aproximações sucessivas para tornar transparente, acessível e familiar o que antes era desconhecido.

Dessa maneira, o estudo das outras línguas da família românica permite nos aproximarmos do português de um modo diferente, observar a sua evolução a partir das semelhanças e das diferenças, enxergando as formas que algumas comunidades de falantes rejeitaram e outras promoveram, como se os membros do *continuum* também fossem fragmentos do passado e do futuro de nossa própria língua. Parafraseando, nesse exercício de mudança constante, de renovação do acervo lexical, aqueles famosos versos de Horácio com os quais abrimos o capítulo: "*Multa renascentur quae iam cecidere cadentque quae nunc sunt in honore vocabula, si volet usus, quem penes arbitrium est et ius et norma loquendi*", enunciados na sua *Arte poética* dois mil anos atrás.

Capítulo QUATRO

Pontes e alavancas morfológicas no desenvolvimento de competências metalinguísticas

Wer fremde Sprachen nicht kennt, weiß nichts von seiner eigenen.

Aquele que não conhece outras línguas não sabe nada sobre a sua própria.
GOETHE (*MÁXIMAS E REFLEXÕES*)

1. Analogias e contrastes do tipo linguístico românico para uma formação em intercompreensão

Começamos o capítulo com uma frase do escritor alemão Johann Wolfgang von Goethe (1749-1832), que dialoga com a exposição feita ao longo dos capítulos precedentes: o conhecimento de outras línguas nos ajuda a enxergar nossa língua materna desde uma nova perspectiva, revelando uma dimensão dela até então oculta. Ao estudarmos as relações lexicais entre as línguas românicas, observamos a existência de inúmeros cognatos e correspondências que tornam os textos transparentes, mesmo nos casos em que os estudantes não conseguem inferir imediatamente o significado de determinado vocábulo. A abordagem em intercompreensão também possibilita a leitura tanto de forma vertical, para acessar o conteúdo, quanto horizontal, examinando e comparando as formas como a mensagem é expressa em cada idioma. Ou seja, as associações entre os vários membros de uma mesma família linguística — ou inclusive com idiomas de outras famílias — permite um trabalho simultâneo e integrado, uma reflexão sobre o funcionamento da linguagem. Nesse sentido, as línguas são espaços de construção de saberes, em trânsito constante entre a experimentação e a teoria.

Todavia, o tipo linguístico românico é formado não só pelo acervo lexical comum, mas também pelas regras morfossintáticas, que permitem a combinação desse material lexical na construção das sentenças. Em outras palavras, o léxico procede da língua e a língua precede ao léxico, retomando o pensamento de Wilhelm von Humboldt. Vale a pena lembrar também as teses de Ronjat estudadas no primeiro capítulo, que definem a língua como um fluxo formado pela morfologia — as peças — organizado segundo as regras sintáticas — a arquitetura — para a construção de significados.

Caddéo e Jamet (2013: 75) explicam: mesmo nas formações em intercompreensão, a dimensão gramatical não costuma ser abordada de maneira autônoma, nem se faz um trabalho específico sobre o funcionamento de cada língua. Trata-se, antes, de um trabalho indutivo guiado por ajudas pontuais no momento em que as dificuldades se manifestam, visando sempre ao desenvolvimento das habilidades metalinguísticas. Por exemplo, na família das línguas românicas, diversas preposições se aglutinam com os artigos definidos, criando combinações ortográficas que podem despistar a atenção. Nesse ponto, os materiais que trabalham com leitura plurilíngue podem oferecer às(aos) estudantes alguma tabela recapitulativa como a que reproduzimos a seguir:

	PORTUGUÊS	ESPANHOL	CATALÃO	OCCITANO	FRANCÊS	ITALIANO	ROMENO
de+ art. def.	de+o= do	de+el= del	de+el= del	de+lo= del	de+le= du	de+il= del	—
a+ art. def.	a+o= ao	a+el= al	a+el= al	a+lo= al	à+le= au	a+il= al	—

Tabela 23

Assim, as formas específicas de cada língua podem ser entendidas como manifestações particulares de um fenômeno comum a todas elas. Por outro lado, o romeno representa aqui a exceção, pois, nessa língua, o artigo definido é posposto ao nome, impossibitando o contato com uma preposição.

Dedicamos as próximas seções do capítulo à apresentação dos fenômenos que servem como pontes e caminhos de passagem entre as línguas do *continuum*. Por conseguinte, não pretendemos examinar em detalhe a morfologia das línguas românicas — para esse fim não teríamos espaço suficiente —, mas comentar as semelhanças e os contrastes de uma série de fenômenos compartilhados — alavancas facilitadoras da intercompreensão. Além disso, o interesse pelas particularidades se integra na descrição dos elementos comuns, revelando assim o perfil tipológico das línguas românicas.

2. A flexão nominal: comum e diversa

O sintagma nominal é formado por todos os elementos que acompanham e determinam o nome. Por exemplo, são sintagmas nominais *O pequeno príncipe* e *todos os seres humanos*. Assim, um substantivo e os elementos que o acompanham assumem uma série de desinências segundo o gênero gramatical (*O pequeno príncipe, A pequena princesa*) e número (*O pequeno príncipe, Os pequenos príncipes*): isto é o que chamamos de *flexão*. Vale a pena salientar que a flexão nominal não é um universal linguístico. Línguas como o inglês e o japonês não distinguem o gênero nos substantivos, enquanto outras, como a família das línguas algonquinas — faladas na América do Norte —, fazem a distinção entre substantivos animados e inanimados. As línguas africanas da família banto têm até 22 gêneros diferentes, também conhecidos como classes nominais. Isso também se aplica ao número: além do singular (um elemento) e do plural (mais de um), é possível marcar o dual (dois elementos) e o paucal (alguns elementos, uns poucos).

Assim, as flexões de gênero, masculino e feminino, e de número, singular e plural — como prescreve a gramática tradicional — são um traço distintivo do tipo linguístico românico. Devemos acrescentar que as chamadas línguas crioulas não compartilham tal característica, expressando gênero e número mediante outros recursos, como explicaremos na seção 6.7 deste capítulo.

2.1 As marcas de gênero gramatical: feminino e masculino como herança compartilhada

Segundo Posner (1996: 86), as línguas românicas classificam os elementos do sintagma nominal segundo o gênero gramatical em duas classes: feminino (f.) e masculino (m.). O gênero gramatical é marcado de forma sistemática em todos os membros do sintagma nominal — substantivos, adjetivos, determinantes e pronomes — mediante a concordância. Assim, decodificar essas informações pode servir como indício de intercompreensão.

Nesse ponto, faz-se necessário pesquisar as origens das marcas de gênero gramatical comparando a situação atual das línguas românicas com o latim. Naquela língua, não existiam só o masculino e o feminino, mas também o neutro (n.). Porém, nenhuma língua neolatina conservou marcas morfológicas específicas para esse terceiro gênero, embora haja formas próximas do neutro em romeno, em asturiano e nos dialetos do sul da Itália. Além disso, o latim classificava os nomes em cinco paradigmas diferentes chamados de declinações, de acordo com a vogal temática. As três primeiras declinações (temas em A, em Ŭ breve e em consoante ou I) eram muito produtivas e reuniam substantivos e adjetivos. Já a quarta (temas em Ū longo) e a quinta (tema em E) continham uns poucos substantivos e logo foram absorvidas pelas outras — de fato, os próprios falantes de latim tinham dúvidas, às vezes, sobre se um nome (como *exercitus*) devia se declinar com as desinências da quarta ou da segunda.

Os nomes da primeira declinação, em A, eram majoritariamente de gênero feminino, e os da segunda declinação, em Ŭ breve, masculinos ou neutros. Na passagem para as línguas românicas, essas duas declinações seriam reanalisadas, originando as atuais marcas de gênero gramatical. A seguir, podemos observar as formas que elas apresentam em cada língua:

PORTUGUÊS	ESPANHOL	CATALÃO	OCCITANO	FRANCÊS	ITALIANO	ROMENO	LATIM
loba	loba	lloba	loba	louve	lupa	lupoaică	LUPA (f.)
lobo	lobo	llop	lop	loup	lupo	lup	LUPUS (m.)
boa	buena	bona	bona	bonne	buona	bună	BONA (f.)
bom	bueno	bo	bon	bon	buono	bun	BONUM (m.)

Tabela 24

As línguas que mantiveram as vogais finais <a> e <o> — português, espanhol e italiano — fazem a distinção de gênero mediante alternância entre as duas vogais: *loba~lobo* etc. Já nas línguas que perderam /o/ átono final — catalão, occitano e romeno —, a distinção é marcada pela ausência de vogal final (masculino), presença da vogal /a/ feminino: *llop~lloba* — falaremos mais a esse respeito na seção 7.3. Já o francês atual, que eliminou a pronúncia de todas as vogais átonas finais, mantém na escrita a distinção masculino-feminino pela presença de *-e* (procedente de A). Na fala, esse *-e* final obriga a pronunciar a última consoante. Assim, os masculinos costumam terminar em vogal — ou seja, sílaba aberta, como *loup* [lu], *bon* [bõ] —, enquanto os femininos costumam terminar em consoante — sílaba fechada, como *louve* [luv], *bonne* [bɔn].

Alguns substantivos usam determinados sufixos para formar o feminino (por exemplo, o romeno *lup/lupoaică*). Todavia, esses sufixos não costumam ser produtivos e se aplicam a um número reduzido de nomes. Colocamos alguns outros exemplos na tabela a seguir.

PORTUGUÊS	ESPANHOL	CATALÃO	OCCITANO	FRANCÊS	ITALIANO	ROMENO
vendedora vendedor	vendedora vendedor	venedora venedor	vendedora vendedor	vendeuse vendeur	venditrice venditore	vânzătoare vânzător
atriz ator	actriz actor	actriu actor	actritz actor	actrice acteur	attrice attore	actriță actor
heroína herói	heroína héroe	heroïna heroi	eroïna eròi	héroïne héros	eroina eroe	eroină erou
princesa príncipe	princesa príncipe	princesa príncep	princessa princi	princesse prince	principessa principe	prințesă prinț

Tabela 25

Mas se até aqui estudamos a classificação em gênero feminino e masculino como resultados da primeira e da segunda declinações latinas, o que aconteceu com a terceira declinação, que continha um número importante de substantivos e adjetivos? Bem, foi necessário classificar os itens lexicais procedentes dessa declinação nalgum dos dois gêneros existentes. E cada comunidade de falantes fez isso de uma forma um pouco diferente, criando correlações *a priori* aleatórias. Apresentamos alguns desses substantivos acompanhados de artigo definido. Colocamos as formas de gênero feminino em itálico para facilitar a leitura:

PORTUGUÊS	ESPANHOL	CATALÃO	OCCITANO	FRANCÊS	ITALIANO	ROMENO	LATIM
a cor	el color	*la* (el) *color*	*la color*	*la couleur*	il colore	*coloarea*	COLOREM
o dente	el diente	*la dent*	*la dent*	*la dent*	il dente	dintele	DENTEM
a flor	*la flor*	*la flor*	*la flor*	*la fleur*	il fiore	*floarea*	FLOREM
o mar	el (*la*) mar	*la*(el) *mar*	*la mar*	*la mer*	il mare	*marea*	MAREM
o mel	*la miel*	*la mel*	lo (*la*) mèl	le miel	il miele	*mierea*	MELEM
o pão	el pan	el pa	lo pan	le pain	il pane	*pâinea*	PANEM
o planeta	el planeta	el planeta	*la planèta*	*la planète*	il pianeta	*planeta*	PLANETA
a ponte	el puente	el pont	lo pont	le pont	il ponte	podul	PONTEM
o sangue	*la sangre*	*la sang*	lo sang	le sang	il sangue	sângele	SANGUIS
a viagem	el viaje	el viatge	lo viatge	le voyage	il viaggio	*călătoria*	VIATICUM

Tabela 26

Mesmo sem ser exaustiva, a lista mostra a distribuição aleatória do gênero. Vale dizer que, no próprio latim, existiam hesitações de gênero em palavras como *dies* (dia), originalmente feminino. De igual modo, nos textos galego-portugueses da Idade Média, encontramos *o viagem,* enquanto em espanhol ainda hoje *mar* pode ser masculino (forma mais habitual) ou feminino (usado na linguagem poética). Em romeno, algumas palavras têm marcas de gênero masculino no singular (*podul, sângele*) e de feminino no plural (*podurile, sângiurile*). Elas recebem o nome de neutro na tradição gramatical dessa língua, mas são apenas a combinação das marcas morfológicas do masculino e do feminino. Algo bastante parecido acontece com um número muito limitado de substantivos em italiano como *il braccio* (o braço), *l'uovo* (o ovo), *l'orecchio* (a orelha), masculinos no singular, mas femininos no plural: *le braccia* (os braços), *le uova* (os ovos), *le orecchie* (as orelhas). Certamente, memorizar aquelas palavras com gênero diferente na língua-alvo leva tempo e esforço, mas, do ponto de vista da compreensão, essa questão não representa grande dificuldade.

2.2 As marcas de número: a formação do plural como fator de distanciamento no *continuum*

Todas as línguas românicas flexionam elementos do sintagma nominal de acordo com o número (singular ou plural). Reinheimer e Tasmowski (1997: 174) retomam a teoria clássica da linguística românica, segundo a qual as línguas românicas ocidentais formaram o seu acervo lexical a partir do caso acusativo — cuja desinência no plural era -AS, -OS, -ES — enquanto as línguas orientais tomaram, como caso lexificador, o nominativo — cuja desinência no plural era -AE, -I, absorvendo por analogia a desinência -ES da terceira declinação. A tabela a seguir permite visualizar como as línguas românicas ocidentais formam o plural acrescentando *-s* à forma do singular, enquanto as línguas românicas orientais recorrem a alternâncias vocálicas.

LÍNGUAS ROMÂNICAS OCIDENTAIS					LÍNGUAS ROMÂNICAS ORIENTAIS	
PORTUGUÊS	ESPANHOL	CATALÃO	OCCITANO	FRANCÊS	ITALIANO	ROMENO
amigo-s	amigo-s	amic-s	amic-s	ami-s	amico/i	prieten-i
mês/meses	mes-es	mes-os	mes	mois	mese/i	lună/i
peixe-s	pez/peces	peix-os	peis	poisson-s	pesce/i	pește/i
animal/ais	animal-es	animal-s	animal-s	animal/-aux	animale/i	animal-e
pão/pães	pan-es	pa-ns	pan-s	pain-s	pane/i	pâine/i
amiga-s	amiga-s	amiga/gues	amiga-s	amie-s	amica/che	prietenă/e
porta-s	puerta-s	porta/es	pòrta-s	porte-s	porta/e	poartă/porți

Tabela 27

No caso das línguas românicas ocidentais, os substantivos terminados em /s/ ou outro fonema sibilante podem precisar colocar uma vogal para evitar a fusão entre ambos os sons ou fazer algum outro tipo de ajustes. No francês, o *-s* final deixou de ser pronunciado no século XII. Hoje, na forma oral, é impossível diferenciar o singular do plural, foneticamente marcado graças ao artigo *le poisson* [ləpwa'sɔ̃] ~*les poissons* [lepwa'sɔ̃], *l'ami* [la'mi] ~*les amis* [leza'mi], *la porte* [la'pɔʀt] ~*les portes* [le'pɔʀt].

Salvo poucas exceções, o italiano forma o plural dos nomes acabados em /o/ e em /e/ — em sua grande maioria masculinos — trocando essa vogal por /i/, e o plural dos nomes acabados em /a/ — em sua grande maioria femininos — trocando essa vogal por /e/. A morfologia nominal do romeno é muito variada, toda ela baseada no mesmo jogo de alternâncias vocálicas do italiano, que ademais podem provocar mudança de timbre na vogal do radical — por metafonia — ou a palatalização das consoantes em contato.

Por fim, é curioso notar que aquilo que numa língua constitui uma exceção ou algo irregular faz parte da regra e da regularidade numa outra ou mesmo em várias outras línguas do grupo. Por exemplo, palavras que em português terminam em *-ão* podem formar o plural em *-ães, -ões, -ãos*, assim: *pão/pães, leão/leões, mão/mãos*. Isso se deve à etimologia da palavra, conforme proceda das formas de acusativo -ANEM, -ONEM, -ANUM. Como veremos na seção 7.1, a queda do /n/ intervocálico — característica do galego-português dentro da família românica — deu origem às formas de plural regulares *-ães, -ões, -ãos*, enquanto as formas de singular eram pronunciadas *pam, leom* e *mã-o* (dissílabo). A partir do século XV, essas três formas coincidiram nas falas portuguesas meridionais, originando um novo ditongo nasal: *-ão*. Isso explica a situação atual e a dificuldade que um falante de português pode ter na hora de decidir qual das três desinências de plural corresponde a uma palavra terminada nesse ditongo. O espanhol — que no seu processo de formação não acompanhou essa mudança — apresenta, nesse ponto da gramática, regularidade unívoca: *león* e *pan* formam o plural acrescentando *-es*, como todas as palavras terminadas em consoante; *mano* faz o plural acrescentando *-s*, como todas as palavras terminadas em vogal. Assim, numa aula de português para hispanofalantes, por exemplo, recorrer ao espanhol — língua de referência dos estudantes — ajuda a explicar a *irregularidade*: para formar o plural desses substantivos em português basta lembrar o seu plural em espanhol e transformar o -n- intervocálico num til: *pane> paNes> pães; leones> leoNes> leões; manos> maNos> mãos*. Na sequência, é importante lembrá-los de que em português *pães, leões, mãos* devem se pronunciar como monossílabos. Certamente, essa regra seria pouco pertinente para estudantes alemães ou coreanos, demonstrando assim que o processo de aprendizagem de novas línguas envolve a bagagem linguística das(os) estudantes.

3. Os mostrativos nas línguas românicas: semelhanças e diferenças

Na seção precedente, apresentamos as marcas de gênero e número como elementos que permeiam as classes dos substantivos e dos adjetivos no sintagma nominal. Agora, analisaremos algumas particularidades dos artigos e dos demonstrativos que, junto ao pronome de terceira pessoa *ele(a)*, são uma das mais importantes inovações na formação das línguas românicas a respeito do latim. Castilho (1993) classifica todas elas sob o rótulo de *mostrativos*, termo que nós também adotamos. Colocaremos o foco de nossa exposição nos elementos facilitadores da passagem de uma língua a outra, para além das diferenças.

3.1 Artigos definidos e indefinidos

A existência de artigos não é universal nas línguas da humanidade: o russo, o japonês, o guarani — e o próprio latim! — não têm essa classe de palavras na sua morfologia e usam outro tipo de recurso para determinar os substantivos. Já outras, como o árabe, o irlandês, o albanês e o *euskara* têm apenas artigos definidos. No caso da família das línguas românicas, encontramos duas séries: uma de artigos definidos (formados a partir do pronome ILLE/A) e uma de artigos indefinidos (formados a partir do pronome UNUS/A). Eles são um indício importante na leitura, pois, sabendo reconhecê-los, conseguimos interpretar informações sobre o gênero e o número dos nomes que eles determinam. Por exemplo, em substantivos como *a pianista/o pianista, a estudante/o estudante,* só o artigo permite reconhecer o gênero. Também vimos que o francês oral usa a realização fonética do artigo para marcar se o substantivo está no singular ou no plural.

Os artigos sempre precedem os substantivos que determinam, com a exceção do artigo definido em romeno: ele vai posposto e aglutinado ao substantivo. Nessa língua, o artigo não só concorda em gênero e número com o substantivo, mas também em caso, indicando assim o nominativo/acusativo (formas *-a, -ua, -ul, -le, -i, -le*) ou o genitivo/dativo (formas *-i, -(u)lui, -lor*). Assim, por exemplo, o substantivo *drac* ("dragão") articula-se formando *dracul* ("o dragão") no singular e *draci* ("dragões"), *dracii* ("os dragões") no plural. Em genitivo dativo, as formas serão *dracului* ("ao/do dragão") no singular e *dracilor* ("aos/dos dragões") no plural. Precisamente Dracul ("o dragão") era o apelido de Vlad, um nobre da região de Valáquia do século XV renomado pela sua crueldade, o qual deu a origem à lenda do Conde Drácula. Cabe lembrar que, na mitologia cristã, o dragão é uma criatura vinculada ao mal e ao demônio.

Retomando o fio de nossa exposição, a tabela a seguir reúne os artigos definidos das línguas do *continuum*.

ARTIGO DEFINIDO	PORTUGUÊS	ESPANHOL	CATALÃO	OCCITANO	FRANCÊS	ITALIANO	ROMENO
Sing. Fem. Masc.	a o	la el	la, l' el, l'	la, l' lo, l'	la, l' le, l'	la, l' il, lo, l'	-a, -ua/-i -ul, -le/ -(u)lui
Plur. Fem. Masc.	as os	las los	les els	las los, (leis)	les	le i, gli	-le/ -lor -i/ -lor

Tabela 28

Vale a pena salientar que, na maioria das línguas, o artigo definido sofre algumas mudanças na sua realização fonética segundo o som inicial do substantivo que acompanha. Isso se deve à atonicidade da palavra, que forma um único grupo fônico com o substantivo por ele determinado. Por exemplo, em espanhol, a forma feminina *la* é substituída por *el* quando o nome começa por /a/ tônico, sem que seu gênero gramatical seja modificado: *el agua limpia, el águila dorada.* Em catalão, occitano, francês e italiano, o artigo definido singular se apostrofa na forma *l'* quando o nome começa por vogal. Em romeno, a forma do artigo definido masculino singular *-ul* (*lupul*, "o lobo") é substituída pela forma *-le* quando os substantivos terminam em -e (*câinele*, "o cão"). Nesse panorama, o perfil do português brasileiro se destaca por manter sempre as formas básicas dos artigos. Por outro lado, os artigos definidos contraem-se com várias preposições como *a, de, em, por*, e o número de contrações possíveis varia de uma língua a outra.

Passando agora à série de artigos indefinidos, eles precedem o substantivo que determinam em todas as línguas românicas, inclusive em romeno.

ARTIGO INDEFINIDO	PORTUGUÊS	ESPANHOL	CATALÃO	OCCITANO	FRANCÊS	ITALIANO	ROMENO
Sing. Fem. Masc.	uma um	una un	una un	una (ua) un	une un	una, un' un, uno	o/ unei un/ unui
Plur. Fem. Masc.	umas uns	unas unos	unes uns	de (uas) de (unes)	des	delle dei, degli	nişte/ unor

Tabela 29

Observamos na tabela que as formas de singular e de plural não procedem da mesma raiz em francês, italiano e occitano. Em português e em espanhol, a noção de "alguns/uns", às vezes, também se exprime pela simples ausência do artigo: *tenho amigas na Colômbia, ele vende livros antigos*. Em francês e em italiano, é obrigatório usar o artigo indefinido (pois ele contém a informação de gênero e número): *j'ai des amies en Colombie / ho delle amiche in Colombia; il vend des livres anciens / vende dei libri vecchi*. Além disso, os artigos indefinidos podem se contrair com algumas preposições em português (*em+um/a=num/a*), em catalão, occitano e francês (*de+un=d'un*) e em romeno (*în+un/o=într-un/o, din+un/o=dintr-un/o, prin+un/o+printr-un/o*).

Em suma, o artigo é uma classe comum às línguas românicas que serve como alavanca na leitura. Se conseguimos identificar o artigo, sabemos automaticamente que a palavra seguinte — ou anterior, no caso do romeno — deverá ser um substantivo ou, pelo menos, estar substantivada. Todavia, existem usos particulares de algumas línguas como o artigo partitivo do francês (*je veux du vin*, literalmente: "Quero do vinho"), o denominado artigo neutro do espanhol (*lo importante es ser feliz*, algo assim como "aquilo importante / que importa é ser feliz") e os artigos do romeno possessivos (*caiet al colegului*, "o caderno do colega") e adjetivais (*trandafirul cel roşu*, algo como "a rosa aquela vermelha", ou seja: "a rosa vermelha").

3.2 A série dos demonstrativos

Os demonstrativos têm uma função dêitica relacionada com as pessoas verbais, sendo a primeira pessoa o falante (*eu, nós, a gente*), a segunda o ouvinte (*você, tu, o/a senhor/a, vocês, vós, os/as senhores/as*), a terceira a *não pessoa*, isto é, um referente ausente do ato de fala (*ele/s, ela/s*). Desse modo, a gramática tradicional explica que os demonstrativos podem expressar proximidade espaçotemporal com a primeira pessoa, com a segunda ou afastamento de ambas.

<table>
<tr><th></th><th>PORTUGUÊS</th><th>ESPANHOL</th><th>CATALÃO</th><th>OCCITANO</th><th>FRANCÊS</th><th>ITALIANO</th><th>ROMENO</th></tr>
<tr><td>1ª</td><td>(este/a)</td><td>este/a</td><td>aquest/a</td><td>aiceste/a</td><td rowspan="2">ce/cette SUBS-ci</td><td>questo/a</td><td rowspan="2">acest/ această</td></tr>
<tr><td>2ª</td><td>esse/a</td><td>ese/a</td><td>(aqueix/a)</td><td>aqueste/a</td><td>(codesto/a)</td></tr>
<tr><td>3ª</td><td>aquele/a</td><td>aquel/la</td><td>aquell/a</td><td>aquel</td><td>ce SUBS-là</td><td>quello/a</td><td>acel/ă</td></tr>
</table>

Tabela 30

Algumas línguas, como o espanhol e o português falado em Portugal, mantêm um sistema com esses três demonstrativos correspondentes aos três graus de proximidade e afastamento. Porém, muitas outras tendem a estabelecer um sistema de apenas dois demonstrativos: um para indicar proximidade e outro para indicar distanciamento (como o romeno). Em textos catalães e italianos dos séculos XIV, XV e XVI, encontramos respectivamente os demonstrativos *aqueix/a* e *codesto/a* como índices de proximidade com o interlocutor. Mas, hoje, são formas regionais ou reduzidas a certos gêneros escritos. A língua padrão faz apenas um uso produtivo de *aquest/a~aquell/a, questo/a~quello/a*. O português brasileiro reformulou os seus demonstrativos de maneira análoga ao catalão e ao italiano: *este/a* hoje aparecem só em registros escritos ou em variedades regionais (como o manezinho de Santa Catarina).

Ademais, os demonstrativos podem ser átonos e funcionar como adjetivos determinantes dos substantivos: *essa blusa vermelha*. Ou podem assumir a função de pronomes como formas tônicas: *de todas as blusas, prefiro essa*. Em português, a forma escrita não muda se o demonstrativo for tônico ou átono, embora mude a entoação prosódica. Nesse ponto, o francês difere bastante das outras línguas da família por ter uma única forma demonstrativa: *ce/cet/cette/ces,* cujo significado dêitico se completa com a posposição de um advérbio: *-ci, -là*. Assim, *ce jour-là*, "aquele dia", ce *jour-ci*, "esse dia". Para os pronomes demonstrativos, há formas específicas: *celle* (f. sing.), *celui* (m. sing.), *celles* (f. plu.), *ceux* (m. plu.), podendo receber o reforço dos advérbios *-ci, -là*: *celle-ci/celle-là etc.* Convém acrescentar que o português brasileiro também usa os advérbios de lugar para designar o que está perto da 1ª pessoa e perto da 2ª pessoa: "Qual blusa você prefere, essa aqui [perto de mim] ou essa aí [que está na sua mão]?". Para completar o quadro, também usamos "aquele lá".

Além dos adjetivos e pronomes, existem nas línguas românicas advérbios demonstrativos para marcar a localização a respeito do falante. Na tabela a seguir, apresentamos alguns dos mais comuns:

<table>
<tr><th>PORTUGUÊS</th><th>ESPANHOL</th><th>CATALÃO</th><th>OCCITANO</th><th>FRANCÊS</th><th>ITALIANO</th><th>ROMENO</th></tr>
<tr><td>aqui, cá</td><td>aquí, acá</td><td rowspan="2">aquí, ací</td><td>aicí</td><td>ici</td><td>qui, qua</td><td rowspan="2">aici</td></tr>
<tr><td>aí</td><td>ahí</td><td>aquí</td><td rowspan="2">là
là-bas</td><td>(costì, costà)</td></tr>
<tr><td>ali, lá
acolá</td><td>allí, allá</td><td>allí, allà</td><td>ailà</td><td>lì, là</td><td>acolo</td></tr>
</table>

Tabela 31

Em síntese, a série dos demonstrativos funciona como alavanca dentro da abordagem intercompreensiva, pois traz informações que nos permitem situar os objetos e os fatos dentro de um relato. Os paralelismos formais e as divergências — algumas línguas têm três demonstrativos e outras dois — mostram também como cada comunidade linguística organiza e interpreta os elementos morfológicos a sua disposição para narrar o mundo.

4. O verbo

Como explicado por Ilari (2018: 100-108), o verbo em latim — como na maioria das línguas indo-europeias — era uma palavra particularmente produtiva, dotada de desinências número-pessoais, sufixos modo-temporais, formas nominais (nomes e adjetivos verbais) e uma voz passiva sintética (formada por desinências próprias que constituíam uma espécie de conjugação paralela). No processo de formação das línguas românicas, várias formas verbais foram abandonadas (como a voz passiva sintética), outras foram reinterpretadas (como as formas derivadas do tema de perfeito que assumiram um valor temporal de pretérito) e ainda foram criados novos tempos a partir de perífrases (como o futuro, o condicional, o pretérito perfeito composto e a voz passiva analítica). A maioria dessas mudanças são comuns a todos os membros da família e, por consequência, estruturam o tipo linguístico românico.

Abordar os paradigmas verbais das línguas atuais de forma contrastiva ocuparia um espaço do qual não dispomos. Por isso convidamos à leitura da *Gramática comparativa Houaiss de quatro línguas românicas* (Brito *et alii*, 2011)[1] e do segundo volume do livro *Elementos de filologia românica*, de Bruno Fregni Bassetto (2010). Aqui, gostaríamos de apresentar um fenômeno que permeia esses paradigmas e se manifesta em todas as línguas da família: a apofonia vocálica ou variação do timbre de um fonema vocálico. Também estudaremos as formas nominais do verbo: infinitivo, particípio e gerúndio como indícios de transparência que auxiliam a compreensão.

4.1 A apofonia vocálica na conjugação verbal

A apofonia ou variação de um fonema vocálico está presente em todas as línguas indo-europeias e serve para construir paradigmas, ou seja, conjuntos de formas flexionadas. Em latim, verbos como DARE (dar), FACĔRE (fazer) ou CADĔRE (cair) apresentavam no tema de presente a vogal /a/ no radical: DAT (ele dá), FACIT (ele faz), CADŌ (eu caio). Mas, no tema do perfeito, essa vogal se tornava /e/ ou /i/ por apofonia, assim DEDĪT (ele deu), FĒCĪT (ele fez), CECIDĪ (eu caí). Outro exemplo da produtividade da apofonia na grande família linguística indo-europeia seriam as formas do verbo *cantar* em inglês: *sing, sang, sung*, que constroem um paradigma junto com o substantivo *song* (música, canção) mediante a mudança do timbre da vogal.

---

1 Essa obra faz parte de um projeto internacional, que deu origem a publicações semelhantes na França, *Comprendre les langues romanes* (Teyssier, 2012) e na Espanha, *De una a cuatro lenguas. Del español al portugués, al italiano y al francés* (Schmidely *et alii*, 2016).

O português manteve a apofonia na construção dos seus paradigmas verbais, como por exemplo: *faz~fez, dá~deu, quer~quis, venho~vim*. Ela também é muito produtiva para formar pares entre substantivos (com vogal fechada) e verbos (com vogal aberta). Colocamos alguns exemplos marcando a abertura da vogal com acento gráfico: *o gôsto ~ eu gósto, com gêlo ~ [eu] congélo, a fôrça ~ ele fórça*. Nas formas verbais, as vogais abertas ocorrem quando a sílaba tônica cai na raiz do verbo (formas rizotônicas): *eu gosto* (com /ɔ/ aberto) ~ *nós gostamos* (com /o/ fechado, pois a vogal tônica normalmente é /a/). A tabela a seguir apresenta o verbo *poder* conjugado no presente do indicativo.

	PORTUGUÊS	ESPANHOL	CATALÃO	OCCITANO	FRANCÊS	ITALIANO	ROMENO
1ª p. sing.	posso [ɔ]	puedo	puc	pòdi [ɔ]	peux (puis)	posso	pot (poci)
2ª p. sing.	podes [ɔ]	puedes/podé s	pots [ɔ]	pòdes [ɔ]	peux	puoi	poți
3ª p. sing.	pode [ɔ]	puede	pot [ɔ]	pòt [ɔ]	peut	può	poate
1ª p. plu.	podemos	podemos	podem	podèm	pouvons	possiamo	putem
2ª p. plu.	(podeis)	podéis	podeu	podètz	pouvez	potete	puteți
3ª p. plu.	podem [ɔ]	pueden	poden [ɔ]	pòdon [ɔ]	peuvent	possono	pot

Tabela 32

As formas do português, do catalão e do occitano mostram uma alternância paradigmática entre vogais abertas — que ocorrem quando a vogal tônica fica na raiz verbal — e vogais fechadas — quando a vogal tônica fica na desinência verbal. É evidente a relação desse fenômeno com a alternância, em espanhol, de formas com ditongo /we/ e formas com monotongo /o/ e, em francês, entre formas tônicas com <eu> [ø] e formas átonas com <ou> [u]. As formas tônicas com ditongo também estão presentes em italiano e romeno — principalmente na terceira pessoa do singular —, mas nessas línguas outros fenômenos atuaram, tornando menos evidente essa alternância.

Dabène (1994: 20) explica: ao aprender espanhol, os estudantes francófonos tropeçam no problema da ditongação, sendo que eles usam um mecanismo perfeitamente similar na conjugação em francês: isso se deve ao fato de que a aquisição da língua materna — o francês no caso

— ocorre de forma não consciente. A intercompreensão contribui para desenvolver uma consciência metalinguística que permite organizar elementos antes genericamente chamados de *irregularidades*.

4.2 As formas nominais do verbo: infinitivos, particípios e gerúndios

Além das formas flexionadas nos diferentes tempos e modos, os verbos possuem em todas as línguas românicas três formas nominais: infinitivo, particípio e gerúndio. Convém lembrar que as funções sintáticas do infinitivo o aproximam da classe dos substantivos (por exemplo: *lutar contra o preconceito é necessário*), as funções do particípio o aproximam do adjetivo (*era um dia levantado e principal*) e as funções do gerúndio são próximas do advérbio (*as mulheres iam caminhando e cantando*). As formas nominais servem também para formar perífrases verbais de infinitivo (*vai falar*), de particípio (*foi falado*) e de gerúndio (*está falando*). Esses traços comuns — não apenas na família das línguas românicas, mas inclusive com outras línguas da macrofamília indo-europeia — servem como alavancas para a leitura plurilíngue. Mesmo não entendendo o significado de um verbo, podemos identificar se ele está no infinitivo, no particípio ou no gerúndio e, a partir dessa informação, entender sua função dentro da sentença. Ao mesmo tempo, existem usos e formas exclusivas de cada língua — como o infinitivo conjugado do português ou o uso do infinito no imperativo negativo de segunda pessoa do italiano (*Non dormire!*, "não durma!").

Comecemos examinando os fatos do infinitivo. Como explica Ilari (2018: 101), o latim classificava os verbos em quatro conjugações diferentes segundo a vogal temática. A primeira em -ARE (*laudare*, "louvar"), a segunda em *e* longo -ĒRE (*delēre*, "apagar", "exterminar"), a terceira formada por verbos proparoxítonos com *e* breve -ĔRE (*facĕre*, "fazer") e a quarta, por verbos terminados em -IRE (*audire*, "ouvir"). Dessas quatro conjugações, apenas a primeira é produtiva em todas as línguas românicas atuais: isso quer dizer que os novos verbos formados são incorporados a essa conjugação e não às outras. Por exemplo, *deletar*, tomado emprestado do inglês e adaptado aos padrões morfológicos do português, é um verbo da primeira conjugação. Outros verbos, como *coser* e *cozer* — da segunda conjugação —, foram abandonados em favor de *costurar* e *cozinhar* — ambos da primeira, com a vantagem de não serem homófonos.

Nesse sentido, convém termos ciência de que as formas regulares habitualmente correspondem a inovações em qualquer língua. Apesar disso, alguns dos verbos mais comuns nas línguas românicas pertencem à segunda conjugação (*dever, morrer, nascer, poder, querer, ser, viver* etc.) e à terceira (*abrir, cair, dormir, ir, ouvir, sair* etc.).

O português e o espanhol — assim como o gascão, uma das principais variedades do occitano — apresentam um traço que os distingue das outras línguas do grupo: eliminaram a terceira conjugação, cujos verbos foram remanejados para a segunda ou quarta. Por conseguinte, a quarta conjugação do latim passou a ser chamada de "terceira conjugação" nesses idiomas. Isso explica, até certo ponto, por que alguns verbos que em espanhol terminam em *-ir* (*decir, sufrir, vivir, morir, recibir* etc.), em português terminam em *-er* (*dizer, sofrer, viver, morrer, receber* etc.) ou vice-versa (espanhol *caer*, português *cair*). Ademais, oscilações desse tipo existem em todas as línguas da família: em francês, *répéter* faz parte da primeira conjugação, enquanto seus cognatos do espanhol e do português, *repetir*, fazem parte da terceira.

Já o romeno perdeu as desinências de infinitivo, sendo marcado na língua atual pela preposição *a*. As formas plenas, com desinência, usam-se só como substantivos de gênero feminino: *cântare* (canção), *putere* (poder, capacidade), *cunoaștere* (conhecimento), *zicere* (ditado), *dormire* (estado de sono, dormida). Precisamente a forma menos usada em romeno é a mais semelhante às das outras línguas da família. A seguinte tabela reúne os infinitivos cognatos nas línguas do *continuum*:

PORTUGUÊS	ESPANHOL	CATALÃO	OCCITANO	FRANCÊS	ITALIANO	ROMENO	LATIM
cantar	cantar	cantar	cantar	chanter	cantare	a cânta	CANTARE
poder	poder	poder	poder	pouvoir	potere	a putea	*POTERE
conhecer	conocer	conèixer	conéisser	connaître	conoscere	a cunoaște	*CONŌSCĔRE
dizer	decir	dir	dir	dire	dire	a zice	DĪCĔRE
dormir	dormir	dormir	dormir	dormir	dormire	a dormi	DORMIRE

Tabela 33

Passamos então a observar o particípio dos verbos anteriores através dos exemplos da tabela a seguir. Com exceção dos verbos modais (*poder*), as formas do particípio apresentam flexão de gênero e número como consequência de suas funções adjetivais.

PORTUGUÊS	ESPANHOL	CATALÃO	OCCITANO	FRANCÊS	ITALIANO	ROMENO	LATIM
cantado/a	cantado/a	cantat/da	cantat/da	chanté/e	cantato/a	cântat/ă	CANTATUM/A
podido	podido	pogut	pogut	pu	potuto	putut	*POTUTUM
conhecido/a	conocido/a	conegut/da	conegut/da	connu/e	conosciuto/a	cunoscut/ă	*CONŌSCUTUM /A
dormido/a	dormido/a	dormit/a	dormit/a	endormi/e	dormito/a	dormit/ă	DORMITUM/A

Tabela 34

Atualmente o português e o espanhol têm duas terminações de particípio *-ado/a* (para os verbos da primeira conjugação) e *-ido/a* (para os da segunda e da terceira). Esse traço os aproxima entre si e os diferencia das outras línguas que mantêm a vogal *u* dos verbos da segunda e da terceira conjugações latinas. Na época medieval, o particípio dessas conjugações ainda era formado com *-udo/a* em galego-português, o atual substantivo *conteúdo* (>CONTENUTUM) é uma espécie de fóssil daquele estágio da língua. O mesmo sufixo hoje é bastante produtivo para formar adjetivos como: *barbudo, cascudo, pançudo, graúdo* etc.

Além disso, em todas as línguas do diassistema, existem particípios passados irregulares, como *abrir/aberto* e não **abrido*. Muitos deles têm paralelismos com os das outras línguas, pois procedem da fase comum protorromânica, como pode se observar nas formas reconstruídas do latim vulgar apresentadas na próxima tabela. Isso permite *prever* formas que, para os falantes de línguas afastadas, são completamente aleatórias.

PORTUGUÊS	ESPANHOL	CATALÃO	OCCITANO	FRANCÊS	ITALIANO	ROMENO	LATIM
aberto/a	abierto/a	obert/a	dubèrt/a	ouvert/e	aperto/a	*deschis*	*APERITUM/A
dito/a	dicho/a	dit/a	dich/a	dit/e	detto/a	*zis/ă*	DICTUM/A
feito/a	hecho/a	fet/a	fach/a	fait/e	fatto/a	*făcut*	FACTUM/A
morto/a	muerto/a	mort/a	mort/a	mort/e	morto/a	*murit*	*MORTUM/A

Tabela 35

Vale igualmente lembrar que um número importante de verbos em português tem dois particípios: *entregue/entregado, gasto/gastado, morto/morrido*.

Finalmente, o gerúndio deriva, em todas as línguas românicas, da forma ablativa do gerúndio latino, um particípio presente passivo de obrigação. Como curiosidade, podemos dizer que a palavra *agenda* (comum a muitas línguas europeias) era, na sua origem, uma forma gerundiva, significava algo assim como "aquilo que deve ser feito". Do ponto de vista formal, o português e o catalão mantiveram a distinção das três vogais temáticas (*a, e, i*), enquanto o espanhol e o italiano só distinguem a primeira conjugação (*a*) das outras. A forma de gerúndio em francês procede da primeira conjugação e se estendeu a todas as demais. O caso do romeno também apresenta uma configuração particular. De igual maneira, os usos do gerúndio variam de uma língua a outra. Em todo caso, a presença de *-nd-/-nt* ao final de uma raiz verbal indica se tratar de um gerúndio. A tabela a seguir reúne todos esses dados:

PORTUGUÊS	ESPANHOL	CATALÃO	OCCITANO	FRANCÊS	ITALIANO	ROMENO
cantando	cantando	cantant	cantant	chantant	cantando	cântând
fazendo	haciendo	fent	fasent	faisant	facendo	făcând
dormindo	durmiendo	dormint	dormissent	dormant	dormendo	dormind

Tabela 36

5. A negação

Todas as línguas românicas conservaram o advérbio negativo NON. Quando é usado para fazer a negação oracional, ele costuma aparecer em posição pré-verbal, como ocorria em latim. Todavia, o francês acrescenta obrigatoriamente um advérbio ou um substantivo para formar a negação de acordo com o seguinte esquema:

ne + verbo+ plus / jamais / que / personne / pas / rien / point / mot / mie / goutte.

Nas variedades faladas dessa língua, o primeiro elemento tende a ser omitido. Assim, uma frase como: *Je ne comprends pas* (eu não compreendo), fica: *Je comprends pas*. Talvez por influência do francês, as variedades atuais de occitano fazem a negação apenas com um advérbio negativo posposto ao verbo: *compreni pas*. Curiosamente, algumas variedades de português brasileiro, sobretudo a nível coloquial, também recorrem à dupla negação: "Não compreendi não", ou deixam o advérbio posposto ao verbo: "compreendi não".

Por sua vez, Caddéo e Jamet (2013: 54-55) explicam: alguns falantes de línguas românicas, ao trabalharem com o português, poderiam considerar, de forma errada, que a contração *no* — resultante de *em+o* — é um advérbio de negação. Mas o contexto pode resolver esse impasse. Por exemplo, a frase "Um teste realizado no laboratório da Universidade de Tóquio", deveria ser interpretada por um leitor francófono como *dans le laboratoire* e por um hispanofalante *en el laboratorio*.

Na tabela a seguir, agrupamos os elementos mais comuns — advérbios, pronomes e conjunções — usados para expressar a negação em cada uma das línguas do *continuum*.

PORTUGUÊS	ESPANHOL	CATALÃO	OCCITANO	FRANCÊS	ITALIANO	ROMENO
não	no	no	non	non, ne	no, non	nu
nunca, jamais	nunca, jamás	mai, jamai	jamai	jamais	mai giamai	niciodată
não mais, já não	no más, ya no	ja no	pasmai	non plus	non più	nu mai
nem	ni	ni	ni	ni	né	nici
ninguém	nadie	ningú	degun	personne	nessuno	nimeni
nenhum/a	ningún/a	ningú/a, cap	pascap	aucun/a	nessuno/a	niciun/o
nada	nada	res/gens	res/ges/nat	rien	niente	nimic

Tabela 37

Chamam a atenção as ocorrências do fonema /n/ na lista: isso se justifica porque a maioria desses elementos se formaram com prefixos negativos (Posner, 1996: 366). Por exemplo, o romeno *niciodată* pode ser dividido nos elementos *nici o dată*, literalmente *nem uma data*, ou seja: nunca. Em todo caso, a presença de algum deles é um indício do significado negativo de um enunciado, fator crucial para evitar mal-entendidos. Assim, identificar essas palavras-chave num texto e conhecer seus significados é uma ótima alavanca para a intercompreensão, sobretudo com aquelas menos transparentes em relação ao português (como *res, gens, personne, rien, niente, nimic*).

6. Pequenas, mas notáveis: as preposições

As preposições podem parecer elementos de pouca importância devido à pequena carga fônica que costumam ter, já que são habitualmente monossílabos átonos. Porém, são muito relevantes, pois determinam as relações entre os sintagmas. Por esse motivo, Marcos Bagno as chama de "pequenas notáveis" na sua *Gramática pedagógica do português brasileiro* (2012: 853), expressão que parafraseamos no título da presente seção.

Para além da sua importância, as preposições — e os advérbios — costumam ser elementos altamente idiomáticos, próprios de cada língua. Por exemplo, o advérbio *embora* do português resulta opaco e dificilmente traduzível para outros idiomas, ainda que apresente alguns paralelismos com o italiano *via* (*ir embora, andare via*). O espanhol, por sua vez, dispõe da preposição *hacia,* que significa "em direção a", diferente portanto de *para* e de *hasta* (até): *el camino conducía hacia un lugar desconocido*. Em francês, existe a preposição *chez*, que etimologicamente procede de "em casa de" e hoje pode ter valores próximos a *en, entre, de*: *je vais chez le médecin,* "vou ao médico"; *j'écris de chez les moches,* "escrevo desde a feiura". Nosso atual objetivo não é entrar na análise detalhada dos valores dessa classe de palavras, mas chamar a atenção para a sua importância como elementos opacos que podem dificultar a compreensão de um texto.

No entanto, também encontramos paralelismos na frequência de uso das preposições mais comuns. Para ilustrar essa questão, reproduzimos a tabela de Teyssier (2004: 279) referida aos percentuais de frequência sobre um *corpus* textual das cinco línguas mais faladas do *continuum*.

PORTUGUÊS	ESPANHOL	FRANCÊS	ITALIANO	ROMENO
de (34%)	de (46%)	de (43%)	di (38%), da (8%)	de (36%), din (8%)
a (30%)	a (19%)	à (22%)	a(d) (23%)	la (13%)
em (15%)	en (17%)	en (10%), dans (8%)	in (16%)	în (23%)
para (9%), por (6%)	para (4%), por (7%)	pour (9%), par (4%)	per (10%)	pentru (4%), pe (10%)
com (6%)	con (7%)	avec (4%)	con (5%)	cu (2%)

Tabela 38

Esses dados mostram que as três preposições mais frequentes são as mesmas em todas as línguas examinadas, dotadas de semelhança formal evidente. Todavia, os usos não são automaticamente transferíveis. Por exemplo, o português e o espanhol usam *em/en* para indicar a localização numa cidade: *Adriana mora em Curitiba, Lúcio está em Córdoba*; já o catalão, o francês, o italiano e o romeno preferem *a* (e seus cognatos): *Adriana habite à Curitiba, Lúcio est à Córdoba.*

7. Perfis das línguas românicas: o que as diferencia entre si?

Ao longo das seções anteriores, demos prioridade às semelhanças entre os membros da família românica. Mas, aplicando os princípios da intercompreensão, podemos traçar algumas diferenças que caracterizam cada idioma no mosaico do *continuum* para assim responder às seguintes perguntas: o que diferencia cada uma dessas línguas em relação àquela usada pelos seus vizinhos? Quais mudanças determinaram seus perfis? Nossa exposição tem uma dupla finalidade: por um lado, fornecer ferramentas para facilitar o reconhecimento e a compreensão de fenômenos irregulares no *continuum* e, por outro, habituar os nossos leitores a pesquisar estratégias para contornar obstáculos ou pontos de opacidade.

7.1 O galego-português no extremo ocidental do *continuum* românico

Começamos pela língua situada no extremo ocidental do *continuum* românico: o português, que junto ao galego constitui um bloco linguístico "derivado do contato do chamado latim vulgar com as línguas (provavelmente célticas) faladas na região que configurou a província romana da *Gallaecia* (Galécia) e que agiram como substrato" (Bagno, 2017: 143). A partir da área inicial — a *Gallaecia* romana, que hoje em dia corresponde ao norte de Portugal e à Galiza, Comunidade Autônoma da Espanha —, o português seria difundido para o sul, até o Algarve, como resultado de campanhas militares. Desde o século XV, processos colonizadores levaram os falantes dessa língua aos arquipélagos do oceano Atlântico (Açores, Madeira, Cabo Verde, Ilha de Ano-Bom, São Tomé e Príncipe), ao Brasil, à África (Guiné-Bissau, Angola e Moçambique) e inclusive a alguns enclaves do sudeste asiático (Timor Leste, Macau, na China, e Goa, na Índia). Hoje em dia aproximadamente 250 milhões de pessoas falam alguma variedade do diassistema português, quer como língua materna, quer como segunda língua.

A linguística românica considera que o traço mais marcante do galego-português dentro do grupo é a queda das consoantes /n/ e /l/ em posição intervocálica.

PORTUGUÊS	ESPANHOL	CATALÃO	OCCITANO	FRANCÊS	ITALIANO	ROMENO	LATIM
voar	volar	volar	volar	voler	volare	a zbura	VOLARE
dor	dolor	dolor	dolor	douleur	dolore	durere	DOLOREM
boa	buena	bona	bona	bonne	buona	bună	BONA
mão	mano	mà	man	main	mano	mâna	MANO
cheio	lleno	ple	plen	plein	pieno	plin	PLENUM

Tabela 39

No caso de /n/, os textos medievais confirmam: primeiro ocorreu a nasalização da vogal precedente. Mais tarde, houve a perda total da nasalidade em certos contextos: como em *boa*<BONA, *lua*<LUNA. E introduziu-se o som de /j/ para reforçar o hiato em palavras como

cheio<*cheo*<PLENUM, *areia*<*area*<ARENA. Ainda em outros contextos, manteve-se a nasalidade, gerando um novo ditongo nasal: como em *mão*<MANUM, *chão*<PLANUM, *pão*<PANEM. Fora do domínio galego-português, o /n/ intervocálico também se perdeu em gascão, variedade do occitano, assim: *ua*<UNA, *lua*<LUNA.

Além disso, na passagem do latim vulgar para as línguas românicas, ocorreu uma série de fenômenos de ditongação espontânea das vogais semiabertas /ɛ/ e /ɔ/ — muito provavelmente causados pela metafonia vocálica e pelo colapso das distinções entre as vogais breves e as vogais longas do latim clássico. Esse fenômeno se verifica em todas as línguas atuais da família com diferentes graus de extensão, mas está completamente ausente em galego-português.

PORTUGUÊS	ESPANHOL	CATALÃO	OCCITANO	FRANCÊS	ITALIANO	ROMENO	LATIM
vem	viene	ve	ven	(il) vient	viene	vine	VENIT
sete	siete	set	sèt	sept	sette	șapte	SEPTEM
roda	rueda	roda	ròda	roue	ruota	roată	RODA
força	fuerza	força	fòrça	force	forza	forță	*FORTIA
folha	hoja	fulla	fuèlha	feuille	foglia	frunză	*FORLIA

Tabela 40

Já no nível morfológico, o galego-português se caracteriza por possuir um infinitivo flexionado (*amar, amares, amar, amarmos, amardes, amarem*) e por formar tempos compostos com os auxiliares *ter/haver*. Quanto às particularidades e traços distintivos do português brasileiro no *continuum* das línguas românicas, essas podem ser consultadas detalhadamente na *Gramática pedagógica do português brasileiro* (Bagno, 2012).

7.2 O espanhol: tipologia de uma língua ibero-românica

O espanhol também pode ser chamado de castelhano por ter se originado na região de Castela, na metade norte do altiplano central da Península Ibérica. A partir dessa área primitiva, ele teve uma grande expansão em consequência de conquistas militares e acabou se tornando a língua oficial da Espanha. No processo de formação histórica dessa língua, foram importantes o bilinguismo e o contato com o *euskera*, língua não indo-europeia falada até a atualidade em *Euskal Herria*, o País Basco. A partir do século XV, o espanhol foi levado para novos territórios como resultado da colonização e hoje é falado na América, num *continuum* que abrange da Terra do Fogo, no extremo sul da América do Sul, aos estados da Califórnia e do Novo México, nos EUA. Também é um dos idiomas mais falados do mundo, com aproximadamente 500 milhões de falantes de alguma de suas numerosas variedades.

Uma característica marcante do espanhol dentro do *continuum* é o fonema /f/ ter sido substituído por uma aspiração /h/ que se tornou muda no século XVI, embora a ortografia mantenha essa letra etimológica, <h>, na escrita. Podemos consultar alguns exemplos.

PORTUGUÊS	ESPANHOL	CATALÃO	OCCITANO	FRANCÊS	ITALIANO	ROMENO	LATIM
filho	hijo	fill	filh/ hilh	fils	figlio	fiu	FILIUM
farinha	harina	farina	farina/ haria	farine	farina	făină	FARINA
fazer	hacer	fer	far/ har	faire	fare	a face	FACERE

Tabela 41

Essa regra geral poderia nos levar a crer que não existe /f/ em espanhol, mas o fonema foi mantido em alguns contextos, principalmente em grupos consonantais — como *flor*, *frío* — e diante de um ditongo, como: *fiesta*, *fuerza*. E, a partir do século XV, foi reintroduzido em palavras de origem erudita — como *familia*, *afiliación* e *fenómeno*. A aspiração de /f/ ainda se registra em falares rurais (na Andaluzia e no Peru, por exemplo) e em registros populares; aliás, algumas palavras com esse som, grafado <j>, entraram na língua comum: *jondo* por *hondo* ("fundo").

Além do domínio linguístico do espanhol, a aspiração de /f/ ocorre em gascão (*hilh, haria, har*) — dialeto ocidental do occitano na fronteira com o norte da Espanha já mencionada nos casos da queda de /n/ em galego-português e da reformulação dos verbos da terceira conjugação latina. O gascão ocupa uma posição de ponte linguística entre o occitano e as línguas da Península Ibérica. Curiosamente, o francês moderno adotou a forma *hors* ("fora"), que originalmente procedia do domínio gascão, substituindo o antigo *fors* (>FORIS).

Outros fenômenos fonéticos particulares do espanhol são: o betacismo, ou seja, a indistinção entre os fonemas /b/ e /v/ (palavras como *votar* e *botar* são homófonas, ainda que a ortografia use grafemas diferentes); a ditongação em sílaba aberta e travada de /ɛ/ e /ɔ/ (*siete, fiesta, rueda, fuerza*) e um sistema vocálico relativamente simples formado por cinco elementos: /a/, /e/, /i/, /o/, /u/.

No nível morfológico, o espanhol criou tempos compostos com o verbo *haber* como único auxiliar: *he comido, he venido*. Ademais, usa a preposição *a* antes de complementos diretos específicos ou animados: *he visto a Lorenzo, no encuentro a mi gato, busco a alguien como tú*.

7.3 O catalão e o occitano: duas línguas gêmeas no centro do *continuum* românico

Continuando nosso percurso pelo domínio linguístico da *România*, chegamos ao grupo do occitano e do catalão. Observemos que essas duas línguas ocupam a parte central das tabelas apresentada- s e, de fato, têm uma posição *intermediária* dentro do diassistema, o que as faz compartilhar fenômenos ora com as variedades do oeste (galego-português e espanhol), ora com as variedades do norte (francês), ora com as variedades do leste (italiano, dialetos da Itália e romeno). Ambas as línguas abrangem o arco do mar Mediterrâneo, desde os Alpes até os Pireneus (aconselhamos consultar o mapa 1 do segundo capítulo). Tradicionalmente se diz que, se todas as línguas românicas são irmãs, o catalão e o occitano são irmãs-gêmeas. E, de fato, Jules Ronjat cunhou o termo *intercompreensão* para descrever as práticas comunicativas entre falantes de occitano e de catalão.

O par occitano-catalão foi a língua da primeira literatura medieval em língua românica. No século XII, os trovadores usaram essas variedades para cantar o amor — verdadeira tecnologia social, que permitia gerir as relações de poder na sociedade feudal. Hoje em dia, o occitano se encontra num processo avançado de minorização e substituição linguística pelo francês, ainda que existam focos de resistência e ativismo. Já o catalão está numa situação melhor: falado por mais de dez milhões de pessoas em Andorra — país onde é a única língua oficial —, na Catalunha Norte (administrativamente em território francês), na Catalunha, no País Valenciano (onde habitualmente é chamado de *valencià*), nas Ilhas Baleares, em Aragão (todos eles em território espanhol) e na cidade italiana de Alguer, na ilha da Sardenha (Itália).

Entre os fenômenos especificamente linguísticos, salientamos que o occitano-catalão perdeu as vogais átonas finais /e/ e /o/, como o francês. Em contraste, o galego-português e o espanhol conservaram /o/, mas perderam /e/ depois de consoantes nasais, vibrantes e laterais. Já o romeno manteve /e/ final, porém perdeu /o/. O italiano conservou os dois fonemas /e/ e /o/.

PORTUGUÊS	ESPANHOL	CATALÃO	OCCITANO	FRANCÊS	ITALIANO	ROMENO	LATIM
lobo	lobo	llop	lop	loup	lupo	lup	LUPUM
ovo	huevo	ou	uòu	oeuf	uovo	ou	OVUM
cão (<cam)	can	ca	can	chien	cane	câine	CANEM
chave	llave	clau	clau	clé/clef	chiave	cheie	CLAVEM
mel	miel	mel	mèl	miel	miele	miere	MELEM
dormir	dormir	dormir	dormir	dormir	dormire	dormire	DORMIRE

Tabela 42

Para além de divergências no vocabulário e na ortografia, há algumas diferenças fonéticas entre o occitano e o catalão. Assim, <u> em occitano pronuncia-se /y/, com o mesmo som do *u* francês, enquanto em catalão é pronunciado /u/, com o mesmo som do espanhol, do português e do italiano. Um traço marcante do catalão dentro do *continuum* românico é a palatalização do /l/ inicial latino em /ʎ/, parecido ao som de <lh> em português. Lembramos que, em catalão, é grafado <ll>.

PORTUGUÊS	ESPANHOL	CATALÃO	OCCITANO	FRANCÊS	ITALIANO	ROMENO	LATIM
lebre	liebre	llebre	lèbre	lièvre	lepre	iepure	LEPOREM
língua	lengua	llengua	lenga	langue	lingua	limbă	LINGUA
livre	libre	lliure	libre	libre	libero	liber	LIBERUM
ler	leer	llegir	legir	lire	leggere	*a citi*	LEGERE

Tabela 43

Todavia, as palavras de origem erudita não seguem essa regra, por exemplo: *lògica* e *literatura*. Talvez alguns leitores tenham observado um fenômeno paralelo em romeno: "llebre"/"iepure". Nessa língua, também ocorreu palatalização do /l/, grafado atualmente como <i>, mas ela foi causada pela ditongação (LEPORE>ljepure>ʎjepure> iepure).

Entre os fatos morfológicos, o catalão atual usa só o verbo *haver* como único auxiliar para a formação dos tempos compostos: *he menjat, he vingut*. O occitano usa o verbo *aver* para formar tempos compostos dos verbos transitivos: *ai manjat*, e o verbo *èstre* (ser) para formar tempos compostos dos verbos intransitivos: *soi vengut*. As duas línguas têm pronomes adverbiais: *hi* em catalão e *i* em occitano substituem, de forma geral, complementos introduzidos pela preposição *a* (*encara hi penso*, "ainda penso nisso"); enquanto *en/ne/n'/'n* em catalão e *ne* em occitano substituem, de forma geral, complementos introduzidos pela preposição *de* e partitivos (*de pomes, en tenia de verdes i de vermelles*, "maças, tinha verdes e vermelhas").

Por último, dentro do paradigma verbal, a norma-padrão do catalão usa atualmente um pretérito perifrástico formado pelo auxiliar *vaig, vas, va, vàrem, vàreu, van* + infinitivo que, numa primeira leitura, poderia sugerir a ideia — errada — do futuro para falantes de outras línguas românicas. Por exemplo: *Ahir, la Joana va anar al cinema*, significando: "Ontem, Joana foi ao cinema".

7.4 O francês no *continuum* românico: perfil de uma língua inovadora

Nossa viagem imaginária pelas línguas do *continuum* atravessou a Península Ibérica do oeste ao leste e entrou no sul da França seguindo o arco do litoral Mediterrâneo. Agora, podemos avançar em duas direções: se cruzarmos os Alpes, entraremos na Península Itálica — berço do latim —; se formos rumo ao norte, chegaremos no domínio linguístico do francês. Este último é o rumo de nossa exposição na seção presente.

A denominação "occitano" provém da expressão *lenga d'òc*. No começo do século XIV, Dante Alighieri comparou o advérbio afirmativo para classificar as línguas românicas no seu tratado intitulado *De vulgari eloquentia*, que podemos traduzir livremente como "Sobre a eloquência vernácula". Ele disse que o italiano era a língua do *sì*, as variedades do sul da

França eram a língua d'*òc* — *lenga d'òc* — e as variedades faladas ao norte do Vale do Loire eram a língua *d'oïl*. O advérbio *oïl* da língua medieval — o francês antigo — evoluiu para a forma atual *oui*, que significa "sim".

Durante o período medieval, o norte da França formava um *continuum* de variedades vernáculas, com o normando, o picardo e o valão ao norte, o borgonhês e o champanhês ao leste e o galo e o poitevin-santongês ao sudoeste. Entre todas elas, a língua de Paris — capital do reino e importante foco cultural — começou a se impor como língua literária frente ao latim e às outras línguas vernáculas da França. A *ordonnance* de Villers-Cotterêt, espécie de decreto, assinada pelo rei Francisco I em agosto de 1539, promulgava, em seus artigos 110 e 111, a obrigatoriedade do uso da língua francesa para redigir qualquer documento público. Esses dois artigos ainda hoje estão em vigor na República Francesa. A partir do século XVI, o francês é transportado para o Quebec e as Antilhas em consequência do processo colonizador. Mais tarde, no século XIX, os interesses expansionistas se dirigem à África onde, atualmente, o francês convive com as línguas nacionais em 31 países do continente.

Dentro da família românica, o francês apresenta um perfil bastante particular que *a priori* o afasta dos olhos, na leitura, e dos ouvidos dos falantes de outras línguas românicas. Em primeiro lugar, o francês tem um sistema vocálico bastante complexo, com vogais anteriores /i/, /e/, /ɛ/; posteriores /u/, /o/, /ɔ/; uma série que podemos chamar de *central,* formada por anteriores arredondadas /y/, /ø/, /œ/; uma vogal central aberta /a/ e um som neutro não acentuado /ə/, também conhecido como *schwa*. Além disso, tem três vogais nasais: /ɛ̃/, /ɑ̃/, /ɔ̃/ (Detey e Lyche, 2016). Contando todos eles, chegamos a um total de 14 fonemas vocálicos. Porém, alguns francófonos distinguem /ɛ̃/ e /œ̃/, assim: *brin* (pitada) ~ *brun* (marrom), e entre /a/ e /ɑ/: *patte* (pata de um animal) ~ *pâte* (pasta, massa). Dessa forma, podemos alcançar um sistema de 16 fonemas vocálicos diferentes ou, inclusive, 17 se considerarmos a diferença de duração entre /ɛ/ ~ /ɛ:/: *mètre* (metro) e *maître* (mestre) —distinção marcada sobretudo pelos francófonos da Bélgica e do Canadá. A riqueza do sistema vocálico e a divergência entre grafias e fonemas podem representar um obstáculo para os falantes de outras línguas românicas, isolando o francês no *continuum*. A modo de exemplo, o fonema /o/ pode equivaler aos grafemas <o>, <ô>, <au>, <eau>, <aou> e <aul>. Em francês, o acento tônico é fixo, cai sempre na última sílaba da palavra ou do grupo fônico. Em contrapartida, o acento gráfico não tem valor fonológico; ou seja, não serve para distinguir palavras.

Do ponto de vista gráfico, ao lermos um texto em francês logo reparamos que as vogais podem levar acento circunflexo. Esse serve para marcar, na maioria das ocasiões, a perda de um /s/ etimológico, conservado nas outras línguas da família.

PORTUGUÊS	ESPANHOL	CATALÃO	OCCITANO	FRANCÊS	ITALIANO	ROMENO	LATIM
gosto	gusto	gust	gost	goût	gusto	gust	GUSTUM
mestra	maestra	mestressa	mestressa	maîtresse	maestra	măiastră	MAGISTRA
castanha	castaña	castanya	castanha	châtaigne	castagna	castană	CASTANEA
pescador	pescador	pescador/ pescaire	pescaire	pêcheur	pescatore	pescar	PISCATOR

Tabela 44

Passando para o sistema consonantal, em francês, o som /k/ do latim foi palatalizado diante de /a/:

PORTUGUÊS	ESPANHOL	CATALÃO	OCCITANO	FRANCÊS	ITALIANO	ROMENO	LATIM
cavalo	caballo	cavall	caval	cheval	cavallo	cal	CABALLUM
coisa/cousa	cosa	cosa	causa	chose	cosa	*lucru*	CAUSA
castelo	castillo	castell	castèl	château	castello	castel	CASTELLUM
camisa	camisa	camisa	camisa	chemise	camicia	cămașă	CAMISIA

Tabela 45

Entre os fatos morfológicos, o francês usa o verbo *avoir* (haver) como auxiliar para a formação dos tempos compostos dos verbos transitivos: *j'ai mangé*, e o verbo *être* (ser) para formar tempos compostos com verbos intransitivos: *je suis venu*. A partir desses dois exemplos, pode-se reparar que o pronome pessoal de sujeito não pode ser omitido; sentenças como **suis venu* não seriam possíveis. O francês tem pronomes adverbiais cognatos do catalão e do occitano: *y* para substituir complementos introduzidos pela preposição *à* (*je pense à ça > j'y pense*, "penso nisso") e *en* para substituir complementos introduzidos pela preposição *de* e partitivos (*des pommes, elle en veux trois*, "maçãs, ela quer três"). Finalmente, o francês usa a dupla negação de forma obrigatória, como já explicamos na quinta seção do capítulo.

7.5 O italiano e as línguas da Itália: o espaço onde surgiu o *continuum* românico

Depois de termos visto brevemente alguns fatos do francês, como língua enormemente inovadora, podemos nos encaminhar para o sul e, atravessando os Alpes, entrar na Itália. Como é bem sabido, o latim — procedência de todas as línguas românicas — pertence ao ramo das línguas itálicas da família indo-europeia. Chegou até nós documentação de outras línguas desse ramo na Itália antiga, principalmente de duas: o umbro — documentado numa coleção de sete tabuinhas com textos sacros do século III antes da Era Comum, encontradas na cidade de Gubbio — e o osco — ainda falado pelos habitantes de Pompeia quando a cidade foi sepultada pelas cinzas do Vesúvio no século I. Porém, a expansão do latim acabou absorvendo-as e, mais tarde, ele próprio se fragmentou, dando origem à atual paisagem linguística da Itália. É importante saber que a Península Italiana apresenta uma quantidade muito vasta de dialetos e fenômenos linguísticos. Considerando a afinidade entre eles, o território pode ser dividido, *grosso modo*, em três faixas.

Primeiramente, encontramos os dialetos galo-itálicos ao norte da linha imaginária que une, de oeste a leste, as cidades de La Spezia (na região da Ligúria) e Rimini (na região da Emília-Romanha). O linguista italiano Lorenzo Renzi (1985) coloca essa linha um pouco mais ao sul: da cidade de Massa (na região da Toscana) até Senigallia (nas Marcas). De qualquer forma, esse feixe de isoglossas não marca somente a separação entre os dialetos galo-itálicos e o toscano, como também a separação entre as línguas românicas ocidentais (galego-português, espanhol, catalão, occitano, francês e dialetos galo-itálicos) e as línguas românicas orientais (italiano, corso e romeno). Dentro dos dialetos galo-itálicos, contamos o piemontês, o lígure, o milanês e o emiliano-romanholo. O vêneto possui algumas características diferentes dos outros dialetos do norte da Itália, por esse motivo algumas classificações não o incluem no grupo galo-itálico. Além disso, o vêneto é a base do talian, língua trazida para o sul do Brasil pelos imigrantes no século XIX e XX.

Em segundo lugar, há uma região central ocupada pelo toscano que se estende em direção ao sul e abrange também as áreas contíguas do Lácio, a Úmbria, as Marcas, a ilha da Córsega (administrativamente pertencente à França) e o norte da ilha da Sardenha. Dante Alighieri escolheu o *volgare fiorentino* — ou seja, a variedade vernacular da cidade de Florença, capital da Toscana — como língua literária e, nos séculos posteriores, muitos outros escritores e escritoras da Itália firmaram o seu prestígio ao compor suas obras nessa mesma variedade. Assim, ao se unificar o Reino da Itália em 1861, a velha *questione della lingua* — uma disputa de natureza social e política sobre o modelo linguístico mais conveniente a ser adotado — foi resolvida com a oficialização do toscano — chamado daí em adiante de italiano — em detrimento de todas as outras línguas da Península Itálica. Criou-se uma dicotomia entre *língua* — o italiano-toscano — e *dialetto* — tudo aquilo que não era italiano-toscano. Entretanto, do ponto de vista estrutural, esses *dialetos* não são variedades do italiano-toscano, mas verdadeiras línguas românicas surgidas, como todas as outras, do latim vulgar.

O terceiro grande espaço — formado pelos dialetos meridionais como o napolitano, o calabrês ou o barês — abrange a parte meridional da Península, as regiões da Campânia, dos Abruzos, do Molise, da Basilicata, da Púlia e da Calábria. Na Sicília, fala-se o siciliano, detentor de um sistema vocálico muito particular que o distingue dos outros dialetos meridionais e de todas as línguas românicas. Na ilha da Sardenha, fala-se o sardo, uma língua românica com particularidades bastante originais em comparação com os falares românicos do continente.

Entre as especificidades do italiano padrão de base toscana, salta aos olhos todas as palavras terminarem em vogal, com exceção de empréstimos tomados de outros idiomas, algumas preposições (*con, in*), o advérbio *non* e os artigos masculinos no singular *il, un*. Isso se deve ao fato de o italiano ter conservado todas as vogais átonas finais e usar a alternância vocálica para a formação do plural (*lupo~lupi, rosa~rose*).

Outra particularidade é a presença de consoantes geminadas — conhecidas como *le doppie* — para diferenciar palavras; assim: *fummo* (nós fomos) ~ *fumo* (fumaça), *cassa* (caixa) ~ *casa* (casa), *tutta* (toda)~ *tuta* (moletom), *cappello* (chapéu) ~ *capello* (cabelo). Muitas dessas consoantes duplas procedem da assimilação de grupos consonantais que se mantiveram diferenciados em outras línguas da família.

PORTUGUÊS	ESPANHOL	CATALÃO	OCCITANO	FRANCÊS	ITALIANO	ROMENO	LATIM
hino	himno	himne	imne	hymne	inno	imn	HYMNUM
objeto	objeto	objecte	objècte	objet	oggetto	obiect	OBIECTUM
feito	hecho	fet	fach	fait	fatto	fapt	FACTUS
sete	siete	set	sèt	sept	sette	şapte	SEPTEM

Tabela 46

Na parte da morfologia, o italiano usa o verbo *avere* como auxiliar para a formação dos tempos compostos com verbos transitivos: *ho mangiato*, e o verbo *essere* (ser) para formar tempos compostos com verbos intransitivos: *sono venuto* e com verbos copulativos *sono stato* ("eu fui", "eu estive" ou "eu fiquei", dependendo do contexto). Para formar a voz passiva, o italiano prefere o verbo *venire,* ao passo que as outras línguas usam o verbo "ser". Assim, uma frase como *se il caffè viene fatto con amore esce più buono*, equivale em português a "se o café for feito com amor, sai mais gostoso".

Por fim, o italiano tem pronomes adverbiais: *ci/vi* para complementos introduzidos pela preposição *a* (*ci penso sempre*, "ainda penso nisso") e *ne* para complementos introduzidos pela preposição *di* e partitivos (*Quanti anni hai? Ne ho sedici*, "Quantos anos você tem? Tenho dezesseis"). Esses pronomes estão presentes em catalão, francês, occitano, italiano e nos demais dialetos da Itália. Nos textos medievais do galego-português e do espanhol, encontramos algumas amostras desses mesmos pronomes, mas eles não tiveram continuidade nas formas atuais dessas línguas e também estão ausentes no romeno. Dessa maneira, os pronomes adverbiais aproximam entre si as línguas centrais do *continuum*, mas, ao mesmo tempo, marcam um contraste em relação às línguas dos extremos ocidental e oriental.

7.6 O romeno no *continuum* românico: uma ilha latina num mar eslavo

No nordeste da Itália, na fronteira com a Eslovênia, o *continuum* românico, que viemos acompanhando desde o Atlântico, se interrompe. Antigamente, falava-se uma língua românica no litoral da Dalmácia — a atual Croácia —, na ilha de Krk (conhecida nas fontes italianas como Veglia), Dubrovnik (antiga Ragusa) e Zara. Essa língua, denominada pela linguística românica de *dálmata*, está documentada por textos e cartas pessoais dos séculos XV e XVI. E, ainda em 1897, o linguista italiano Matteo Bartoli conseguiu entrevistar seu último e derradeiro falante conhecido. Chamava-se Tuone Udaina (1823-1898) e era um habitante de Krk que lembrava ter ouvido falar aquela língua entre seus pais, quando ele era criança. Com a morte de Tuone Udaina, desapareceu a última testemunha do dálmata, continuador direto do latim implantado na região dois mil anos atrás. Um exemplo da perda irreparável que supõe a desaparição de qualquer língua para o patrimônio cultural da humanidade.

Entretanto, se continuarmos avançando para o leste pela Península dos Bálcãs, na margem setentrional do rio Danúbio, voltamos a encontrar uma língua românica: *uma ilha latina num mar de línguas eslavas*, refazendo um dos ditados mais conhecidos a respeito da identidade romena (Boia, 2017). Existem grandes lacunas sobre a formação histórica do povo romeno, que surge nas fontes históricas de maneira tardia, principalmente a partir do século XIV. Algumas teorias afirmam serem eles os continuadores do latim falado na província da Dácia, que ficou sob ocupação romana entre os anos 107 e 271 da Era Comum. Outras consideram que o povo romeno se formou na margem sudoeste do Danúbio — na atual Sérvia —, onde a ocupação romana foi mais duradoura e profunda, e depois seus falantes migraram para o leste (Glessgen, 2007). O romeno não manteve contato com o latim medieval como língua de superestrato, diferentemente das outras línguas românicas (Bassetto, 2008). Um fato igualmente interessante é que o romeno não conservou as palavras latinas relacionadas com a vida urbana: por exemplo, a palavra *oraş* (cidade) é um empréstimo do húngaro *város*, enquanto o étimo latino produziu regularmente *cetate*, que significa "fortaleza, lugar geralmente alto protegido militarmente". Isso nos faz supor que a população romena viveu durante muitos séculos dedicada a atividades camponesas e ao pastoreio dos rebanhos de ovelhas pelos montes Cárpatos. Outro exemplo curioso é a palavra *turmă*, perfeitamente transparente para um falante de português pela forma, mas que significa "grupo de ovelhas, rebanho". O étimo latino *turma* definia a cavalaria romana, composta por cavaleiros e cavalos, ou seja, por pessoas e animais. O romeno reduziu o significado a grupos de animais, enquanto, em português, passou a ser aplicado apenas a grupos de pessoas, especialmente no contexto escolar.

O romeno começa a ser escrito mais tarde do que as línguas românicas da Europa ocidental. O documento mais antigo que chegou até nós é uma carta privada — *Scrisoarea lui Neacşu* — datada de 1521 e escrita em alfabeto cirílico por Neacşu Lupu na cidade de Câmpulung para Johannes Benkner da cidade de Braşov, na Transilvânia. Já no século XIX, ocorre uma progressiva unificação dos territórios de fala romena acompanhada da independência política e do reconhecimento dos impérios vizinhos: Russo, Turco e Austro-húngaro. O romeno assume então a função de língua nacional do novo Estado, as elites intelectuais — com nomes como Mihai Eminescu, Ion Creangă e Ion Luca Caragiale — promulgam o alfabeto latino e adotam inúmeros termos do italiano, do latim e, sobretudo, do francês.

Aqueles empréstimos lexicais foram adaptados às regras ortográficas do romeno: por exemplo, *duş* (do francês *douche*, "ducha"), *jandarmerie* (*gendarmerie*, um corpo de polícia), *a deranja* (*déranger*, incomodar). Precisamente o critério de correspondência — um grafema para cada fonema — prevalece nas normas ortográficas atuais. Ao ler um texto em romeno, chamam nossa atenção os grafemas <ş> e <ţ>. O primeiro corresponde a uma fricativa palatal surda /ʃ/, equivalente a <ch> e <x> do português. O segundo é uma africada alveolar surda /ts/ equivalente ao som do <zz> na palavra *pizza*.

O romeno possui um sistema vocálico relativamente simples com uma série anterior /i/, /e/, uma série posterior /u/, /o/, e uma série central, formada por três elementos: /a/, /ə/, /ɨ/. O fonema /a/ corresponde ao grafema <a>, enquanto para o fonema /ə/ — uma espécie de /a/ fechado — foi adotado o grafema <ă> — a diferença entre os dois é fonológica e serve para diferenciar palavras. Assim, *casă* (casa) diferente de *casa* (a casa). Quanto a /ɨ/, ele pode ser grafado com <â> ou com <î> segundo a origem etimológica ou a posição desse fonema na palavra: <î>

se prefere em posição inicial e final, enquanto o <â> é usado no interior da palavra. Desse modo, a preposição *în* se escreve com <î>, pois procede do latim IN, enquanto *român* (romeno como substantivo) se escreve com <â>, lembrando a origem do povo romeno, ou seja a própria Roma.

Outra questão importante é o vocabulário. As palavras do romeno, transmitidas por via popular desde a época romana, sofreram mudanças profundas. O som de /b/ intervocálico se perdeu, produzindo formas à primeira vista bastante opacas como *cal* < CABALLUM (cavalo), *a spala* < EX-PER-LAVARE, (lavar), *a ierta* < LIBERTARE (que tomou o sentido de perdoar). A oclusiva alveolar sonora /d/ tornou-se fricativa /z/: *zece*<-DECEM (dez), *zi*<DIES (dia), *a zice*<DICERE (dizer), *zeu*<DEUS (deus).

Por outro lado, o romeno conservou, no seu acervo de palavras populares, vocábulos que as outras línguas da família perderam. Por exemplo, o adjetivo *vechi/e* significa "velho/a" e é comum ao romeno e às línguas românicas ocidentais. Porém, não pode ser usado para pessoas; nesse caso, deve ser empregado *bătrân/ă* (pessoa idosa), procedente do latim VETERANUS. Outras línguas da família retomaram essa palavra por via erudita "veterano", mas só o romeno — e o galego *vedraño*, no extremo oposto do *continuum* românico — conservaram o cognato em seu acervo popular. Em outros casos ainda, o romeno manteve formas divergentes. A palavra "folha" — e seus cognatos *hoja, fulla, fuèlha, feuille, foglia* — procede do latim vulgar *FOLIA que, na origem, era o plural neutro de FOLIUM. Em romeno, *folha* diz-se *frunză*, procedente de *FRONDIA, formada pelo mesmo procedimento a partir do étimo FRONS, -NDIS. Mesmo que em português exista a palavra *fronde* como termo da biologia para definir a folha das palmeiras e de certas algas, o parentesco linguístico não fica evidente à primeira vista.

Apesar de todas essas particularidades, não gostaríamos de transmitir uma ideia extremamente negativa sobre a opacidade do léxico romeno. Assim, apresentamos a lista dos dias da semana para mostrar que também há áreas de transparência abertas à intercompreensão. Aliás, nessa parte do vocabulário, é o português a língua menos transparente dentro da família por ter substituído os nomes pagãos por denominações católicas: a *feira* seria o domingo — o dia da festa e do culto —, por isso os dias que seguem são chamados com numerais ordinais.

PORTUGUÊS	ESPANHOL	CATALÃO	OCCITANO	FRANCÊS	ITALIANO	ROMENO	LATIM
segunda-feira	lunes	dilluns	diluns	lundi	lunedì	luni	DIES LUNAE
terça-feira	martes	dimarts	dimars	mardi	martedì	marți	DIES MARTIS
quarta-feira	miércoles	dimecres	dimècres	mercredi	mercoledì	miercuri	DIES MERCURII
quinta-feira	jueves	dijous	dijòus	jeudi	giovedì	joi	DIES JOVIS
sexta-feira	viernes	divendres	divendres	vendredi	venerdì	vineri	DIES VENERIS
sábado	sábado	dissabte	dissabte	samedi	sabato	sâmbătă	SABBATUM
domingo	domingo	diumenge	dimenge	dimanche	domenica	duminică	DIES DOMENICUS

Tabela 47

Quanto às particularidades da morfologia, de novo o romeno apresenta um perfil bem diferenciado. Por um lado, conservou parcialmente as declinações e os casos do latim reduzidos a nominativo/acusativo, dativo/genitivo e vocativo. Há também um grupo numeroso de substantivos e adjetivos descritos como *neutros* porque recebem as marcas do gênero gramatical masculino no singular (*un ou prajit gustos*, "um ovo frito gostoso") e gênero gramatical feminino no plural (*două ouă prăjite gustoase*, "dois ovos fritos gostosos").

Por outro lado, o romeno compartilha inovações da área linguística dos Bálcãs. Como em albanês, o artigo definido vai posposto ao nome e aglutinado graficamente (lembremos mais uma vez os exemplos *lupul*, "o lobo", *câinele*, "o cão", *vulpea*, "a raposa"). O romeno perdeu o infinitivo — como o grego e o búlgaro — e na língua moderna os verbos se apresentam introduzidos pela preposição *a*: (*a mânca*, "comer", *a vrea*, "querer", *a trece*, "passar", *a dormi*, "dormir"). Em romeno, usa-se o presente do subjuntivo — por exemplo: *Corina vrea să studieze la universitate* — nas sentenças subordinadas onde as outras línguas usariam o infinitivo, ou seja: "Corina quer estudar na universidade". Igualmente, usa-se o verbo *a avea* (haver) como único auxiliar para a formação dos tempos compostos dos verbos transitivos e intransitivos: *am mâncat, am venit.* E usam-se auxiliares para formar os tempos de futuro (*voi, vei, va, vom, veți, vor* + infinitivo) e de condicional (*aș, ai, ar, am, ați, ar* + infinitivo).

Por fim, os adjetivos podem ter função adverbial, como explica Ilari (2018: 260), já que o romeno não tem um sufixo produtivo em *-mente* como as outras línguas da família: por exemplo, *profesoara a explicat exact problema*, "a professora explicou exatamente o problema". Esse traço aproxima o romeno dos dialetos do sul da Itália, do português brasileiro e do espanhol da América Latina: nessas línguas, os adjetivos também podem ser usados com função adverbial. Em espanhol colombiano: *mi hermano cocina rico*, em português brasileiro: *ela tomou a decisão rápido*. Algo semelhante se registra no francês coloquial: *il vient direct*, "ele vem direto".

Não pretendemos examinar neste espaço reduzido todos os elementos que definem o romeno dentro das línguas românicas, pois isso seria objeto de estudos monográficos. Apenas quisemos apresentar alguns traços marcantes. Aprender o romeno para desenvolver as competências de produção oral e escrita é um processo longo devido a suas particularidades morfossintáticas; entretanto, a compreensão resulta bastante mais acessível empregando as estratégias metodológicas da intercompreensão.

7.7 As chamadas línguas crioulas dentro do *continuum* românico

Não podemos concluir essa seção sem fazer uma rápida referência às chamadas línguas crioulas de base lexical românica por, pelo menos, dois motivos. Primeiro, porque elas estão presentes no espaço do Caribe e da América Latina, assim como na África, e segundo, porque as suas particularidades põem em xeque várias das propriedades tipológicas descritas ao longo dessas páginas.

Quando a linguística românica surgiu no contexto europeu do século XIX, as questões relativas aos contatos linguísticos e à formação de novas línguas em contextos coloniais não ocupou a atenção daqueles primeiros linguistas, como Diez, Mayer-Lübke e Meillet (Ilari, 2018: 25). Mas, a partir da segunda metade do século XX, o estudo dos contatos linguísticos e das línguas crioulas, desde diversas abordagens teóricas, vem ganhando espaço nas áreas da etnolinguística, da linguística variacionista, da linguística estrutural e também da linguística aplicada. Nesse ponto, podemos perguntar quais são as especificidades que justificam a criação de uma área exclusivamente dedicada às línguas crioulas, a chamada *crioulística*. Para tanto, faz-se necessário definir o próprio termo *língua crioula*.

Segundo Posner (1996: 270), quando uma comunidade se estabelece num território novo, afastado da sua região de origem, com o passar do tempo, seus usos linguísticos tendem a se afastar dos usos da variedade metropolitana. Dessa forma, podemos explicar as diferenças entre as várias normas americanas do espanhol (nos países hispano-americanos), do francês (no Quebec e no Canadá) e do português brasileiro em relação a seus correlatos europeus. A partir de tais premissas, a linguística românica distingue entre os chamados *dialetos constitutivos* — as variedades que continuam o latim implantado em determinada região durante o período da romanização, o português falado entre os rios Minho e Mondego, no norte de Portugal, por exemplo — e os *dialetos consecutivos* — aqueles que continuam variedades implantadas *a posteriori*, o português do Rio de Janeiro, por exemplo. As diferenças entre as variedades se justificam, em boa medida, pelos contatos com outras línguas e pela ação do substrato, do adstrato e do superestrato como estudamos na seção 3.5.3. do terceiro capítulo. Vale lembrar que mesmo a origem das línguas românicas está na propagação do latim nas províncias do Império Romano e no contato com as mais diversas línguas das populações submetidas. Então, qual a diferença — se é que existe — entre o surgimento de uma língua crioula e o de qualquer outra língua?

Como explica Bagno (2017), no verbete dedicado ao termo *crioulo*, o processo de crioulização emerge das movimentações forçadas de pessoas de diferentes línguas e culturas para finalidades de trabalho escravizado durante a era colonial moderna. O autor apresenta as reflexões de Mufwene (2001), segundo as quais os crioulos são especiais do ponto de vista epistemológico apenas pela forma como a linguística os tem estudado: acadêmicos brancos do norte global falando sobre comunidades linguísticas negras do sul. As teses apresentadas pelo linguista haitiano Michel DeGraff (2005) vão na mesma direção: a suposta excepcionalidade das línguas crioulas deriva do racismo científico. Todas as línguas da humanidade se desenvolveram em contato com outras comunidades linguísticas — lembramos a forte influência do francês na formação do inglês ou às trocas entre o tupi, o guarani, o português e o espanhol na América do Sul. Nesse sentido, podemos afirmar que "ou todas as línguas são crioulas, ou nenhuma língua é" (Bagno, 2012: 144).

Ora, se tipologicamente não há uma excepcionalidade nas chamadas línguas crioulas, seu estudo na perspectiva da sociolinguística mostra que historicamente os seus falantes padeceram situações violentas, preconceito e opressão. Por esse motivo, muitas das línguas crioulas sofreram — e continuam a sofrer — pesada estigmatização social, inclusive da parte de seus usuários (Bagno, 2017). No entanto, nos últimos anos, várias delas começam a ser reivindicadas como veículos de expressão cultural e vêm ganhando espaços de oficialidade na esfera pública. Para tanto, faz-se necessário estabelecer uma ortografia unificada e uma norma linguística elaborada com a função de servir como código comum a todos os falantes. As línguas nacionais — o italiano, o francês, o espanhol, o português etc. — também transitaram por esse processo de padronização durante a Idade Moderna.

Após termos debatido a pertinência do termo *línguas crioulas* do ponto de vista tipológico e sociolinguístico, gostaríamos de apresentar muito brevemente o nível do léxico e da gramática como possíveis alavancas para a operatividade delas na intercompreensão.

As línguas crioulas extraíram seu vocabulário da língua sociopoliticamente dominante (superestrato), ou seja, das línguas dos colonizadores: português, francês, inglês, espanhol ou holandês, dependendo da região. Consequentemente, ao classificá-las, os linguistas empregam rótulos como *crioulo de base lexical portuguesa*, *crioulo de base lexical inglesa* etc. ou simplesmente *crioulo português*, *crioulo inglês* etc. Os crioulos com vocabulário derivado de uma língua românica — português, francês ou espanhol — permitem uma primeira aproximação dentro de uma abordagem intercompreensiva graças à transparência lexical, como foi possível observar nos exemplos do primeiro capítulo da Declaração Universal dos Direitos Humanos em crioulo cabo-verdiano (de base portuguesa) e haitiano (de base francesa), apresentados na seção 3.3 do terceiro capítulo.

Já a estrutura gramatical das línguas crioulas provém de várias fontes, incluindo as línguas dos trabalhadores escravizados (substrato). O gênero e o número não são expressos mediante a flexão e as marcas de tempo, aspecto e modo no paradigma verbal são expressos através de auxiliares e perífrases. Desse modo, as línguas crioulas se afastam do tipo românico. Porém, o francês atual também eliminou as marcas morfológicas de plural nos substantivos e adjetivos, recorrendo ao determinante para expressá-la. O português brasileiro, em contextos informais e populares, também tende a marcar o número apenas com o determinante: *as menina forte, uns garoto simpático*. E em línguas do sul da Itália, como o napolitano, a neutralização das vogais finais produziu o mesmo resultado: *'o cuntə* (o conto)~ diferente de *'e cuntə* (os contos). Ou seja, existem tendências de certo modo análogas em outros membros da família.

Para ilustrar o grau de transparência e opacidade, apresentamos o artigo 9 da Declaração Universal dos Direitos Humanos[2] em cinco crioulos. Primeiro, o cabo-verdiano ou kabuverdianu (kv), em vias de se tornar língua oficial da República de Cabo Verde, é falado por aproximadamente um milhão de pessoas em suas variedades (cada ilha do arquipélago de Cabo Verde tem sua própria variedade) e também vem sendo usado na literatura e na música, com vozes como a da cantora Cesária Évora. O segundo da nossa lista é o crioulo da Guiné-Bissau ou kriol (kg), língua franca desse país africano, falada por aproximadamente um milhão de pessoas. As variedades de kabuverdianu e de kriol, ambos de base lexical portuguesa, formam um *continuum* bastante próximo. O terceiro da lista é o papiamento (pp), língua materna dos 329.000 habitantes das ilhas caribenhas de Aruba, Bonaire e Curaçao, pertencentes aos Países Baixos, em frente do litoral venezuelano. A base lexical do papiamento provém do português, do espanhol e das línguas africanas, mas também recebeu influências do araucano, do neerlandês e do inglês. Desde 2003, tem o *status* de língua oficial nas três ilhas do arquipélago, sendo usado na educação, na administração, na literatura e na música. O quarto é o crioulo haitiano — também conhecido como ayisyen (ay) — falado por mais de dez milhões de pessoas tanto no Haiti quanto no seio das comunidades da diáspora (sendo a primeira língua crioula por número de falantes), usado também na educação e na expressão artística do país caribenho. O quinto é o kreol seselwa (se), falado pelos 90.000 habitantes da República das Seicheles, país insular localizado no Oceano Índico, onde é cooficial junto ao francês e ao inglês. Tanto o ayisyen quanto o seselwa são de base lexical francesa.

---

2 O *site* oficial da ONU permite comparar o texto da Declaração Universal dos Direitos Humanos em 500 línguas diferentes (disponível em: www.un.org/fr/universal-declaration-human-rights/index.html. Acesso em: 30 out. 2019).

Ninguém pode ser arbitrariamente preso, detido ou exilado. (português)
Ninguêm podê, di calquer manêra, bai sêr lebádo pa prison, ô ficâ na prison, ô ser mandado di castigo pa longe di sê téra. (kv)
Ningin ka pudi prindidu o ficadu na kalabus, nin ka pudi serkadu na tera, sin roson dianti di lei. (kg)
Ningun hende lo no ta someti na aresto, detencion ni destiero arbitrario. (pp)
Yo pa gen dwa ak fos gro ponyet, arete, mete nan prizon o swa ekzile yon moun. (ay)
Personn pa devret ganny arete, obyen ganny met an detansyon, obyen ganny anvoye an ekzile an bonnavini. (se)

A partir destes exemplos, observamos que os crioulos de base portuguesa são mais transparentes para um leitor brasileiro. O mesmo poderia afirmar um leitor francófono a respeito do ayisyen e do seselwa. A ortografia também pode tornar opacos alguns termos cognatos do português como *arete* (arrestado), *prizon* (prisão), *ekzile* (exilado). Em todo caso, o contexto e a forma representam estratégias para acessar a compreensão. Várias comunidades falantes de crioulos estão implementando suas línguas nos campos da vida pública. A intercompreensão pode ter um papel positivo na formação linguística nesses espaços, como aponta Degache (2007), por exemplo entre o ayisyen (língua materna do povo haitiano), o francês (língua oficial e superestrato), o espanhol (de seus vizinhos caribenhos) e o português brasileiro (na diáspora habitante do Brasil).

O grande passo epistemológico é deixar de identificar esse grupo de línguas com o rótulo *crioulo* e começar a chamá-las simplesmente kabuverdianu, kriol, ayisyen, seselwa etc. como de fato já acontece com o papiamento. Em todo caso, a mudança deverá ocorrer dentro das comunidades de falantes para ser significativa.

8. Para além da gramática contrastiva: conhecer novas línguas para melhor entender a língua materna

A série de tabelas apresentada ao longo do terceiro e quarto capítulos permitiu-nos mapear as bases lexicais, ortográficas e morfológicas de uma abordagem contrastiva entre um grupo de línguas aparentadas. Certamente, elas não trataram de forma detalhada de todos os fenômenos desses idiomas, mas nosso propósito aqui não era ser exaustivos. De igual modo, a maioria dos métodos de intercompreensão publicados nos últimos anos oferecem apêndices gramaticais e guias desse tipo, como veremos no próximo capítulo. A visão comparativa como alicerce da intercompreensão retoma a tradição da linguística românica do século XIX e XX. Pensamos que esse tipo de obra serve como referência da consulta, tanto para preparar materiais didáticos quanto para melhorar as capacidades de leitura e compreensão em línguas próximas com autonomia. Contudo, a utilização de tais recursos deve adotar uma abordagem pedagógica e se adequar aos objetivos dos formadores, considerando o perfil do público-alvo na construção dos saberes. À luz das reflexões anteriores, convém recordar que a flexibilidade da pedagogia intercompreensiva é a melhor garantia de sua eficiência e de seu sucesso.

Ampliando o foco das analogias para o conjunto das línguas indo-europeias, um especialista consegue enxergar o parentesco entre a terceira pessoa do singular e o plural do presente de indicativo do verbo *ser*:

LATIM	PORTUGUÊS	ALEMÃO	SÂNSCRITO	HITITA
est/sunt	é/são	ist/sind	asti/sânti	eszi/asanzi

Tabela 48

Porém, para um leitor não especialista, esse parentesco linguístico talvez resulte opaco. A intercompreensão não se dirige a formar especialistas da linguística histórica ou tipológica (mesmo que nada a impeça de contribuir em tais áreas). Em outras palavras, a progressão na abordagem da intercompreensão não está na construção de um conhecimento filológico aprofundado, mas na aquisição de práticas e estratégias metodológicas para alcançar o significado de mensagens escritas e orais — intercompreensão receptiva — e para negociar na comunicação, em contextos plurilíngues, a fim de ampliar o acervo linguístico e cultural dos indivíduos. As questões morfológicas, sintáticas, lexicais e ortográficas são apenas possibilidades para tal aproximação. Voltando então às bases de nossa abordagem, lembramos que ela se sustenta na aproximação, ou seja, na capacidade de inferência em relação ao contexto. Ao mesmo tempo, o conteúdo e a forma são chaves que nos permitem entender e reformular a mensagem em nossa(s) língua(s) de referência.

Por conseguinte, nem o professor nem os alunos precisam de um panorama sistemático de gramática contrastiva. O recurso exclusivo a tabelas e quadros por parte do aluno acabaria por distorcer a própria essência do método de intercompreensão, que é, nas palavras de Simone (1997), uma espécie de *constituição individual de uma gramática comparativa.* Se o propósito da didática é fazer com que conceitos e teorias se tornem assimilados, a pedagogia, por sua vez, deve construir progressões com objetivos específicos segundo determinado grupo de estudantes inserido em um contexto. Em tal situação, o aluno — sozinho ou em grupo — terá a intuição de uma variação regular que lhe permitirá acessar a regra geral na transposição para outra língua (onde em espanhol temos ditongos crescentes em português costumamos não ter, onde o francês palatalizou o som de /k/ as outras línguas do grupo o conservaram e assim por diante).

A progressão do professor é construída pela automatização de uma compreensão cada vez mais ampla e aprofundada. Já a progressão dos estudantes passa pela conscientização de suas capacidades para inferir os significados e manipular as línguas e a linguagem; essa intuição inicial será gradualmente reforçada.

Retomando a máxima de Goethe que abriu este capítulo, aprender uma nova língua nos permite entender melhor as engrenagens e mecanismos que constituem a gramática da linguagem humana. Nos aproximar das línguas pertencentes à mesma família linguística ou diassistema nos permite (re)conhecer o perfil de nossa própria língua e desenvolver habilidades metalinguísticas. Desse modo, estabelece-se uma relação dialógica: conhecer em profundidade a língua materna — o português brasileiro — tornará as outras línguas mais transparentes e vice-versa. Talvez essa seja uma das mais importantes contribuições das abordagens plurais — especificamente da intercompreensão. Tal atividade é especialmente relevante no trabalho com letramento: ler textos em outras línguas ajuda a desenvolver o letramento em língua materna.

Ao longo dessas páginas, nos referimos às línguas do *continuum* românico em termos espaciais e viajamos através delas de forma imaginária. Mas a distância que separa as variedades também pode ser entendida em termos temporais. Por esse prisma, as línguas do grupo representam fragmentos do passado e do futuro da nossa própria língua.

Capítulo CINCO

Projetos e materiais didáticos

L'expérience allait faire naître la théorie.

A experiência iria gerar a teoria.
SANDRINE CADDÉO E MARIE-CHRISTINE JAMET

1. Panorama de métodos, projetos e manuais de intercompreensão

As reflexões apresentadas nos capítulos precedentes permitiram-nos definir a intercompreensão entre línguas próximas como abordagem metodológica e prática contrastiva, a partir das bases teóricas da comunicação em contextos multilíngues, isto é, quando indivíduos ou comunidades falantes de variedades ou línguas diferentes entram em contato. Neste último capítulo, nosso objetivo é apresentar e analisar diferentes ferramentas pedagógicas que podem ser adaptadas a diversos contextos de ensino-aprendizagem para aumentar o repertório linguístico dos indivíduos. Muitos dos materiais que examinaremos estão disponíveis gratuitamente na internet.

Na década de 1990, apareceram os primeiros métodos e manuais didáticos em decorrência das reflexões teóricas desenvolvidas a respeito das várias famílias linguísticas. Existe assim uma relação dialógica entre ambas as ações, como explica a frase de Caddéo e Jamet (2013: 28) com a qual abrimos este capítulo. O projeto Sigürd reuniu as línguas germânicas e o programa Slavic Network, as línguas eslavas. Aqui, focamos nossa atenção apenas nos métodos existentes no grupo das línguas românicas, ao qual pertence o português brasileiro, escolha que justificamos pelo público — brasileiro, latino-americano e lusófono — destinatário desta obra. Além disso, vale acrescentar que a família das línguas românicas conta com a maior quantidade e variedade de métodos, projetos, manuais e outros materiais didáticos baseados nas abordagens intercompreensivas. A produção que iremos ilustrar tornou-se possível graças ao trabalho conjunto de equipes formadas por professores, pesquisadores e estudantes procedentes dos países em que se falam línguas românicas, tanto na Europa (França, Portugal, Itália, Romênia e Espanha, considerando também a Catalunha) como na América Latina (principalmente Brasil e Argentina); também, com equipes de outros países (como a Alemanha) interessadas na aprendizagem de línguas românicas como segunda língua ou língua estrangeira. Ou seja, os protagonistas de cada um dos projetos se inserem numa constelação de cooperação acadêmica.

Tais métodos e projetos podem ser agrupados segundo vários critérios:

(a) o público-alvo (adultos, adolescentes, comunidade não acadêmica, com fins específicos etc.);
(b) o número de línguas trabalhadas (só línguas nacionais, também línguas regionais ou crioulos de base lexical românica);
(c) a natureza das atividades propostas (leitura plurilíngue, compreensão oral, interação escrita ou oral entre falantes de diferentes idiomas);
(d) os meios utilizados para a difusão desses métodos e projetos (impressos, eletrônicos, cd-rom no caso dos mais antigos).

Segundo Caddéo e Jamet (2013), todos esses fatores traçam um panorama global do estado da arte enormemente variado. Todavia, é quase impossível sermos exaustivos. Estamos cientes da existência de outras iniciativas pessoais ou locais que, por falta de acesso, não aparecem na presente lista. Em nossa apresentação, seguiremos a ordem cronológica em que foram surgindo.

2. Materiais e métodos baseados na leitura plurilíngue

Dedicamos a primeira seção aos métodos pedagógicos de intercompreensão baseados no ensino-aprendizagem de habilidades receptivas, uma competência deliberadamente parcial, de acordo com os pressupostos teóricos e metodológicos explicados na seção 6 do segundo capítulo. Nessa abordagem, a língua materna do aluno possibilita o acesso à leitura de textos de dificuldade crescente graças à contextualização e à aproximação positiva do conteúdo; assim, o falante de uma língua românica aprenderá a ler em outras línguas pertencentes à mesma família, ao mesmo *continuum*.

2.1 EuroComRom e as Sete Peneiras

Os primeiros projetos de ensino-aprendizagem simultâneo de leitura surgiram nas Universidades de Frankfurt e de Giessen na Alemanha da década de 1990. Essa proposta didática foi chamada de EuroCom e pretendia propor um caminho para o plurilinguismo num momento em que o projeto da União Europeia estava em plena expansão. A estratégia da EuroCom abrangia três grupos de línguas: EuroComGerm (para as línguas germânicas, cognatas do alemão), EuroComRom (para as línguas românicas) e EuroComSlav (para as línguas eslavas). É importante esclarecer que o projeto — inicialmente alemão — visava atender um público falante dessa língua germânica. Assim, o acesso à intercompreensão em línguas românicas seria mediado por uma língua ponte previamente adquirida, o francês, a língua românica com maior tradição de ensino na Alemanha.

O ponto de partida da metodologia proposta pelo EuroCom são os *sieben Siebe* — *les sept tamis* na versão francesa —, isto é, as sete peneiras que filtram as analogias entre as línguas do grupo. As dinâmicas e os exercícios consistem em passar os textos por sete peneiras consecutivas. E quais são elas? A primeira é o léxico internacional comum a um grande número de línguas, independente de sua família — por exemplo, *passaporte, democracia, computador* correspondem em polonês a *demokracja, paszport, komputer*, perfeitamente transparentes. A segunda é o léxico pan-românico, isto é, palavras presentes em todas as línguas da família e que permitem transferências imediatas de significado; elas são muito numerosas e constituem a base do vocabulário ativo do indivíduo. A terceira são as correspondências fonéticas: por exemplo, onde em italiano temos o som /p/, em português temos o som /b/. Assim, *lupo/lobo, sapere/saber, aprire/abrir*. Como o método se baseia na leitura, a quarta peneira tem relação direta com a terceira: trata-se das convenções gráficas e de pronúncia. Sabemos que os grafemas <ja>, <jo>, <ju>, <ge> e <gi>, em espanhol, têm o som /x/ (próximo à pronúncia do *r* de *rato* em português brasileiro). De igual maneira, o grafema <nh> do português — e do occitano — equivale a <ñ> em espanhol e em galego, <ny> em catalão, <gn> em francês e italiano, como já explicamos no terceiro capítulo com o exemplo *castanha, castaña, castanya, castanha, châtaigne, castagna, castană*. A quinta peneira são as estruturas sintáticas pan-românicas, isto é, comuns a todas as línguas românicas, como a ordem SVO, substantivo-adjetivo, o uso de preposições, entre outros. Nesse ponto, o português brasileiro, o francês e o romeno apresentam algumas particularidades em contraste com o tipo geral românico. A sexta está formada pelos elementos morfossintáticos, como a existência de artigos determinados e indeterminados, as desinências pessoais dos verbos, a flexão dos substantivos, entre outros. Por último, os prefixos e sufixos — habitualmente de origem grega ou latina — servem para peneirar palavras que senão ficariam pouco transparentes: por exemplo, o verbo francês *rouvrir* é formado pelo prefixo *re-* e o verbo *ouvrir*, poderíamos traduzi-lo por *reabrir* em português. Após peneirar o texto por esses sete filtros, ainda sobrariam algumas palavras próprias de cada língua, que definem o seu perfil, ou seja, sua identidade dentro do *continuum* linguístico.

A equipe de pesquisadores coordenada por Franz-Joseph Meissner publicou livros didáticos e fez formações para divulgar essa metodologia inovadora. Também editou miniguias de cada língua (explicando sua história, distribuição geográfica e características mais marcantes) e um cd-rom com a versão falada de todos os textos da coleção. Entretanto, os materiais didáticos produzidos pelo projeto não configuram propriamente um manual porque não há progressão intencional nas atividades. Outro dado relevante: passados mais de quinze anos de sua conclusão, ter acesso aos materiais não é simples devido, em parte, às mudanças nos meios digitais e tecnológicos (quem tem hoje em dia um leitor de cd-rom?). Apesar disso, algumas das produções continuam disponíveis em http://www.eurocomprehension.info/ (acesso em: 30 out. 2019).

A longo prazo, a contribuição mais importante do EuroComRom foi a criação de uma metodologia para a didática da leitura em intercompreensão entre línguas próximas, adotada e utilizada de formas diferentes pelos projetos posteriores.

2.2 EuRom4 e EuRom5

O projeto EuRom4 foi desenvolvido conjuntamente pelas Universidades de Aix-Marseille (França), Roma III (Itália), Salamanca (Espanha) e Lisboa (Portugal), sob a coordenação da professora Claire Blanche-Benveniste, da Université d'Aix-Marseille, e contou com financiamento do programa europeu Sócrates. Como resultado, foi publicado um manual, em 1997, reunindo técnicas e estratégias para a leitura de textos jornalísticos de dificuldade média em quatro línguas românicas: espanhol, francês, italiano e português. Segundo seus autores, bastavam em média quarenta horas para os estudantes assimilarem tais estratégias e *circularem* sozinhos na leitura de novos textos.

Dez anos mais tarde, a ideia foi retomada e atualizada sob a coordenação das professoras Elisabetta Bonvino (Università di Roma III) e Sandrine Caddéo (Université d'Aix-Marseille). Além disso, a incorporação da Universitat de Barcelona acrescentou o catalão aos quatro idiomas originais. O novo método, intitulado EuRom5, foi publicado em 2011 pela editora italiana Hoelpi, especializada em material didático destinado ao ensino de línguas. O manual apresenta vinte textos jornalísticos em cada uma das cinco línguas — português, espanhol, catalão, italiano e francês —, divididos internamente em três grupos por número de palavras — nenhum deles ultrapassa uma página — e nível de dificuldade, compreendendo do nível A2 ao B2 do Quadro Comum Europeu de Referência (QCER). Desse modo, o objetivo do EuRom5 é levar a pessoa a adquirir capacidades de leitura mediante repetição, a cada unidade, de estratégias que depois devem ser transferidas de uma língua a outra com uma dificuldade crescente. Cada lição oferece uma série de ajudas (lexicais, morfológicas, na ordem das palavras etc.), apresentadas por tabelas de correspondências ou quadros contrastivos de gramática para favorecer a capacidade de inferência dos alunos. Os textos também podem ser ouvidos para a familiarização com as correspondências ortográficas e fonéticas de cada língua. O manual tem ainda um apêndice gramatical contrastivo e um guia didático de apresentação da metodologia tanto para os docentes quanto para aqueles estudantes que fazem as leituras de maneira autônoma.

Quanto ao público-alvo, são principalmente jovens e adultos (estudantes universitários) cuja língua materna seja uma das cinco trabalhadas no método. Espera-se que eles atinjam um nível intermediário-avançado de leitura ao concluir essa formação de aproximadamente quarenta horas. Eventualmente, também pode ser adotado como introdução para a compreensão leitora numa língua determinada, dentro de uma abordagem para fins específicos, ou de língua instrumental.

Os conteúdos do manual e os áudios das leituras estão disponíveis na plataforma *online* mediante *login* com um código obtido ao comprar a versão impressa. Por esse motivo, o acesso é restrito (disponível em: www.eurom5.com/; acesso em: 30 out. 2019).

2.3 Romanica Intercom: um método para um público catalão

Os serviços linguísticos da Universitat Autònoma de Barcelona (UAB) sob a coordenação da professora Eulàlia Vilaginés desenvolveram o projeto Romanica Intercom, inspirado tanto no formato quanto na metodologia do EuRom4. O público-alvo era a comunidade acadêmica da própria universidade, falante de catalão e de espanhol, e a proposta trabalhava dois textos informativos (jornalísticos) para cada uma das cinco línguas visadas (catalão, espanhol, francês, italiano e português). O *site* fornece assistência linguística — tópicos de morfologia, sintaxe e léxico para cada texto — e ainda um guia didático. A inauguração do *site* data de 2007 e continua no ar, no momento da redação do presente livro (www.romanicaintercom.com; acesso em: 30 out. 2019). De certa forma, a Romanica Intercom serviu como ensaio — entre a publicação de EuRom4 e EuRom5 — para a inclusão da língua catalã na nova versão desse último projeto maior.

2.4 A produção latino-americana: Interlat, InterRom, LALIC e Intercompreensão de línguas românicas e língua inglesa

Ao examinar a produção de manuais que seguiam os modelos EuRom4 e EuRom5 no contexto latino-americano, encontramos as experiências de duas universidades do Cone Sul no início dos anos 2000. A Universidad Nacional de Córdoba (UNC), na Argentina, produziu o manual InterRom (2007), sob a coordenação da professora Ana María Carullo. Ele está dividido em dois módulos, ambos com o objetivo de fazer o público hispanofalante — formado por estudantes dessa universidade — desenvolver estratégias para a leitura em francês, italiano e português. O primeiro módulo trata das semelhanças e diferenças de forma estruturalista, enquanto o segundo sistematiza o trabalho com gêneros textuais plurilíngues. Um cd-rom acompanha cada módulo com a leitura dos textos; mas, novamente, o método só foi disponibilizado em versão impressa, o que o torna de difícil acesso na atualidade.

Por sua vez, a Universidad de Playa Ancha (UPLA), em Valparaíso, Chile, publicou um manual intitulado Interlat (2007), em que os autores Gilda Tassara e Patricio Moreno propunham a leitura de quinze textos jornalísticos em espanhol, francês e português. O material tinha também um cd-rom de áudio com os textos oralizados e vários anexos com as atividades corrigidas, fichas gramaticais e uma pequena enciclopédia com as questões culturais mencionadas nos artigos. Todavia, esse manual só foi disponibilizado em versão impressa e até o momento não foi reeditado. Na Universidad de la República, no Uruguai, a professora Laura Masello coordena o projeto LALIC (Lecturas sobre y desde América Latina), onde a intercompreensão é usada como ferramenta na construção do conhecimento crítico sobre a América Latina para estudantes das áreas das ciências humanas e sociais (Masello, 2018).

Mais recentemente, em 2017, as professoras Janaina Michelle França de Oliveira, do Instituto Federal do Rio Grande do Norte, e Selma Alas Martins, da Universidade Federal do Rio Grande do Norte, publicaram um caderno de atividades intitulado "Intercompreensão de línguas românicas e língua inglesa" (na tabela da seção 7 do presente capítulo esse material é identificado como ICLR-IFRN). O manual apresenta atividades que visam desenvolver o letramento crítico dos estudantes integrando quatro línguas românicas — o português, o espanhol, o francês e o italiano — e a língua inglesa, graças à sua enorme quantidade de vocabulário de origem latina, fazendo dela uma verdadeira ponte entre as famílias românica e germânica. O manual pode ser baixado no repositório do IFRN em formato eletrônico (www.romanicaintercom.com; acesso em 30 out. 2019).

Cabe pontuar que outros materiais didáticos foram desenvolvidos como projetos piloto em dissertações de mestrado — como as de Valente (2015), Dautzenberg (2016) e Felix (2016), defendidas na UFPR — e teses de doutorado — como a de Souza (2013), defendida na UFRN, e a de Paulo (2018), defendida na USP. Esses materiais — disponíveis como apêndices aos respectivos trabalhos acadêmicos — poderiam ser testados virtualmente e ampliados no futuro.

3. Materiais, métodos baseados na interação em plataformas digitais

Dedicamos essa seção à apresentação dos métodos e recursos *online* baseados numa abordagem interacionista da intercompreensão. Seu objetivo se aproxima dos trabalhos precedentes, pois também propõem estratégias para a leitura plurilíngue, acrescentando a interação entre os participantes. O desenvolvimento e uso de plataformas e suportes digitais foi fundamental para viabilizar as atividades.

3.1 A saga interacionista: Galatea, Galanet e Galapro

O Centro de Didática de Línguas e o Laboratório Lidilem (Laboratoire de Linguistique et Didactique des Langues Etrangères et Maternelles) da Université Stendhal Grenoble 3 na França — atualmente Université Grenoble-Alpes (UGA) — formou uma equipe de pesquisadores coordenada pela professora Louise Dabène nos anos 1990, com o objetivo de desenvolver uma metodologia de intercompreensão entre falantes de línguas românicas. Esse projeto recebeu o nome de Galatea e reuniu, além da coordenação da Universidade de Grenoble, pesquisadores das universidades francesas de Lyon e de Paris, assim como de outros países: Chile, Espanha, Itália, Portugal, Romênia e Suíça.

Dabène (1994: 170) explica: na primeira fase do projeto, estudaram-se as estratégias empíricas de amostras de falantes nativos das diferentes línguas românicas para ler um texto escrito numa língua da mesma família que, entretanto, eles nunca tinham estudado. Na segunda fase, foram analisados os resultados para determinar quais questões (gramática, vocabulário, gêneros textuais) ofereciam maiores dificuldades para a compreensão. Na terceira, a informação levantada foi sistematizada para elaborar um material didático de compreensão oral e escrita baseado em módulos de autoaprendizagem acompanhados de um guia. Como resultado, o projeto Galatea (1996-1999) produziu uma coleção de cd-roms divididos em pares de línguas: três para o público francófono (francês-espanhol, francês-italiano e francês-português) e três destinados à compreensão do francês por falantes dessas outras línguas (espanhol-francês, italiano-francês e português-francês). Cada cd-rom apresenta um módulo introdutório e cinco módulos com níveis de dificuldade crescentes, bem como dois módulos de sensibilização para a romanofonia, isto é, a esfera dos falantes de línguas românicas ou neolatinas. Além disso, cada módulo didático se articula em torno de um texto explorado em cinco fases: introdução, compreensão global, compreensão detalhada, revisão e avaliação com o tutor (já que as interações ficavam registradas no cd-rom). Dessa forma, o estudante podia rever sua progressão e identificar suas necessidades. Certamente, os cd-roms hoje são uma tecnologia ultrapassada, mas ainda são recursos válidos tanto na preparação de novos materiais didáticos quanto na pesquisa.

Dando continuação à experiência do Galatea, o projeto Galanet se desenvolveu entre 2001 e 2004, sob a coordenação de Christian Degache, da Université Stendhal Grenoble 3. O Galanet abandonava o formato do cd-rom e passava a ficar abrigado numa plataforma *online* que propunha a comunicação intercompreensiva entre os participantes em fóruns de bate-papo. O público-alvo eram estudantes — de ensino secundário e superior ou de centros de línguas — assim como adultos fluentes, ao menos, numa das línguas românicas de referência, quer como língua materna quer como língua previamente aprendida. Cada participante tinha a liberdade de usar sua(s) língua(s) de preferência, esforçando-se para ler e entender as mensagens dos colegas em outras. O objetivo de cada sessão consistia na realização de uma tarefa final, geralmente de teor intercultural, entre equipes formadas pelos participantes. Esse objetivo comum servia para motivar a comunicação e desenvolver estratégias de negociação. Uma equipe de tutores acompanhava e moderava o andamento das sessões, que aconteciam de forma semidirigida e quase sempre assíncrona. Assim, a interação escrita funcionava como eixo e motor da formação e, consequentemente, da intercompreensão.

Ainda na sequência do projeto Galanet, desenvolveu-se o projeto Galapro, entre 2008 e 2013, sob a coordenação da professora Helena Araújo e Sá da Universidade de Aveiro (UA), Portugal, e com financiamento da Comissão Europeia. O projeto reuniu seis instituições de ensino superior, além da Universidade de Aveiro: a Universidad Complutense de Madrid (UCM), Espanha; a Universitat Autònoma de Barcelona (UAB), Catalunha-Espanha; a Université Lumière Lyon 2 (ULL2), França; a Université Mons-Hainaut (UMH), Valônia-Bélgica; a Università degli Studi di Cassino e del Lazio Meridionale (UniCas), Itália; e, a Universitate Alexandru Ioan Cuza (UAIC), Romênia. O Galapro visava à formação de formadores *para a* intercompreensão *através da* prática da intercompreensão. Desse modo, o público-alvo eram principalmente professores de línguas (maternas e estrangeiras) assim como docentes de outras disciplinas, interessados na construção de saberes em contexto plurilíngue e intercultural, e ainda profissionais de áreas adjacentes como as ciências da comunicação e a pedagogia. Diferentes perfis também eram levados em conta: tanto estudantes universitários em formação quanto profissionais já atuantes e participantes de atividades de formação contínua. A metodologia era bastante próxima à do projeto Galanet: interação numa plataforma *online* para realizar uma tarefa em conjunto sob a supervisão dos tutores e moderadores. Os objetivos específicos do Galapro abrangiam: o desenvolvimento de competências profissionais de educação linguística; o domínio de ferramentas transversais (uso das tecnologias com fins comunicativos e acadêmicos) por parte dos participantes; a consolidação do sentimento de pertença a uma comunidade ampla, conforme uma cultura escolar baseada na intercompreensão e na cooperação. Ao finalizarem a sessão de formação, os participantes do Galapro podiam se tornar tutores-animadores das sessões do Galanet.

Em suma, os três projetos da "Gala Saga" apresentam grandes diferenças de implementação, mas compartilham um mesmo intuito: disponibilizar um espaço de comunicação e cooperação entre pessoas de diferentes países com distintas bagagens linguísticas e culturais. As equipes que os desenharam e acompanharam seu desenvolvimento foram incorporando as tecnologias que, naquela altura, iam surgindo e rapidamente substituíam os formatos precedentes. Infelizmente, os *sites web* desses projetos (www.galanet.eu e www.galapro.eu) foram desativados. Não obstante, as informações principais da "Gala Saga" podem ser consultadas em: http://e-gala.eu/ (acesso em: 30 out. 2019) e em http://lingalog.net/dokuwiki/intercomprehension/projetsetpf/galanet (acesso em: 30 out. 2019).

3.2 O Projeto Cinco: cooperação em intercompreensão para o mundo profissional

O projeto Cinco foi desenvolvido entre 2011 e 2013 pela equipe da Universidade Católica Portuguesa (UCP) sob a coordenação da professora Filomena Capucho. Agrupou 17 entidades parceiras procedentes de Portugal, Espanha, França, Itália e Romênia e contou com financiamento da Comissão Europeia. O objetivo era integrar a intercompreensão na formação profissional disponibilizando uma ferramenta *online* para aprender as estratégias intercompreensivas em cinco línguas românicas: português, espanhol, francês, italiano e romeno. Para tanto, foi criada uma estrutura modular que reunia esses materiais e foram propostas formações tanto a distância, na plataforma digital, quanto presenciais, em diferentes polos. O público visado pelo projeto eram pessoas adultas do âmbito profissional (os setores da indústria, do comércio e dos serviços) que adquiririam competências linguísticas e interculturais essenciais para cooperar com parceiros internacionais. Como objetivo secundário, esperava-se formar uma rede internacional de docentes responsáveis pelo acompanhamento por essa formação. Os materiais produzidos podem ser consultados gratuitamente no *site* http://projetocinco.eu/ (acesso em: 30 out. 2019).

A partir da experiência do projeto Cinco, desenvolveram-se novas iniciativas como Intermove (entre 2015 e 2018), que buscava aplicar a intercompreensão na formação dos participantes em intercâmbios acadêmicos. O *site* do projeto esta disponível em: http://inter-move.eu/ (acesso em: 30 out. 2019).

3.3 Outros recursos *online* de aprendizagem autônoma: Babel Web e Book2

Há ainda outros recursos que podem ser utilizados tanto por pessoas que queiram se formar de maneira autônoma em intercompreensão quanto por docentes ou pesquisadores que queiram propor uma formação seguindo essa abordagem.

O *site* Babel oferece tarefas numa língua românica escolhida pelo usuário — francês, espanhol, italiano, catalão, português e romeno — para fazer contribuições que alimentem o fórum, permitindo uma prática real e socializada. A plataforma dialoga com o Facebook, sendo possível se cadastrar com a conta dessa rede social, curtir as postagens e compartilhar os textos na linha do tempo dos participantes. O projeto conta com o apoio da região austríaca de Salzburgo, a Université de Strasbourg, escolas de línguas, editoras e organismos oficiais (disponível em: www.babel-web.eu, acesso em: 30 out. 2019).

Já o Instituto Goethe produziu o método Book2. Com cem unidades para níveis iniciantes, que combinam parte escrita e áudio em mais de quarenta idiomas — a plataforma viabiliza 1.600 combinações —, o usuário deve escolher sua língua de partida e a que quer aprender (disponível em: www.goethe-verlag.com, acesso em 30 out. 2019).

4. A formação de redes de pesquisa: Redinter e Miriadi

No início da segunda década do século XXI, os pesquisadores envolvidos nos projetos precedentes sentiram a necessidade de integrar, numa rede comum, as diferentes equipes que vinham trabalhando com intercompreensão: aquelas que desenvolveram métodos baseados na leitura — como EuRom5 ou Interlat —, as que enfatizavam a interação em plataformas digitais — responsáveis pela "Gala Saga" —, além de um número considerável de projetos locais. Assim, a iniciativa de Filomena Capucho, da Universidade Católica Portuguesa (UCP), foi acompanhada por quase trinta instituições de ensino superior e outras organizações, como a Agência Universitária da Francofonia (AUF), a União Latina e a Delegação Geral para a Língua Francesa e as Línguas da França (DGLFLF), órgão dependente do Ministério da Cultura e da Comunicação da França. Formou-se então a Rede Europeia de Intercompreensão (Redinter), com o objetivo de intercambiar ideias, práticas pedagógicas e propor projetos de pesquisa e formação tendo como tema comum a intercompreensão e o multilinguismo. O projeto contou com financiamento da Comissão Europeia durante o período de 2008 a 2011 e teve caráter divulgativo, pois buscava articular a comunidade acadêmica — formada por estudantes, docentes e pesquisadores — com os agentes políticos e sociais.

A partir de 2012, o projeto Miriadi (Mutualisation et Innovation pour un Réseau de l'Intercompréhension à Distance) coordenado por Sandra Garbarino através do Centro de Pesquisa em Terminologia e Tradução (CRTT) da Universidade Lumière Lyon 2, continuou o trabalho iniciado pela Redinter. Dessa vez, reuniram-se dezenove parceiros europeus e dezoito membros associados procedentes da América Latina, da América do Norte e da África. O objetivo dessa nova rede era contribuir para a inovação do ensino-aprendizagem de línguas através da promoção da formação em intercompreensão interativa na internet, disponibilizando recursos digitais, repositórios para professores e uma plataforma de trabalho alojada no seu portal: www.miriadi.net (acesso em: 30 out. 2019). Os recursos e as formações dirigiam-se a todos os públicos, desde o ensino fundamental à universidade e à formação profissional e tecnológica. Contemplou-se também um número importante de línguas nacionais (espanhol, francês, italiano, português e romeno), regionais (catalão, occitano, corso), crioulas (como o mauriciano) e ainda o inglês e o alemão.

O Miriadi passou, em 2015, a ser gerido pela APICAD (Associação Internacional para a Promoção da Intercompreensão a Distância), criada em 2014 em Lyon para tal fim. Essa associação — composta por instituições de ensino públicas e privadas, agentes sociais e particulares — promove a intercompreensão como via de acesso ao plurilinguismo e à valorização de todas as línguas, entendendo esses objetivos como um imperativo do nosso tempo e um desafio para o futuro. A rede Miriadi foi premiada com o Selo Europeu das Línguas em 2017 e continua desenvolvendo suas atividades até o presente momento.

5. O plurilinguismo na escola: da exclusão à sua progressiva integração

Depois de termos apresentado os principais métodos, produzidos nos últimos trinta anos, destinados majoritariamente ao público adulto, prosseguimos nossa exposição examinando métodos e projetos que visam despertar a sensibilidade para a diversidade linguística e cultural entre o público infantil. Mas, antes, retomaremos sucintamente a trajetória do multilinguismo na escola.

Historicamente, a pluralidade linguística — inerente a qualquer sociedade — foi invisibilizada, apagada, menosprezada ou mesmo perseguida nas salas de aula. Na maioria dos países, os sistemas educacionais impuseram a língua nacional como língua *única* do ensino, e não como língua comum. Tal política linguística dizimou os idiomas locais — denominados "patoás", "linguajares" ou "dialetos" — e gerou um forte preconceito contra os falantes de variedades menos padronizadas da língua nacional. No contexto brasileiro, o patrimônio linguístico e cultural indígena — línguas autóctones — foi banido, e mesmo os idiomas trazidos pelos imigrantes europeus e asiáticos nas ondas migratórias dos séculos XIX e XX — línguas alóctones — foram reprimidos e perseguidos, como o italiano, o alemão e o japonês durante a Segunda Guerra Mundial. Já as variedades vernáculas de português brasileiro — faladas pela grande maioria da população além dos círculos das elites brancas urbanas — foram alvo de uma constante crítica purista e marca de discriminação em seus usuários, como explicam Dante Lucchesi (2015), Marcos

Bagno (2015) e Carlos Alberto Faraco (2016). Para além de questões locais, situação bastante semelhante se verifica nos outros países latino-americanos durante o século XX: promoção da língua nacional — o espanhol —, apagamento das línguas dos imigrantes, perseguição das comunidades indígenas — e de suas línguas — e preconceito contra as variedades vernáculas, muitas vezes assimiladas à figura do mestiço, do habitante do interior, em suma, do não branco. Ao fechar as portas da escola para a diversidade linguística e cultural, fez-se tábula rasa dos saberes dos estudantes. Vale lembrar que a *cegueira* das autoridades educativas se revela em grande parte artificial, pois, fora dos muros da escola, as línguas convivem em contínuo contato produzido pelos deslocamentos dos seus falantes.

Só nas últimas décadas se começou a reconsiderar a diversidade linguística e cultural da população e seu papel em sala de aula, reavaliando assim o valor das línguas regionais e minoritárias ou a implementação da língua de sinais nos sistemas de ensino.

A partir da década de 1950, as línguas regionais começaram a ser reconhecidas como matéria de estudo ou veículo do ensino em vários países da Europa, como a França, a Inglaterra e a Itália. As décadas sucessivas viram a chegada dos filhos dos imigrantes, muitos deles procedentes de países do Hemisfério Sul, anteriormente colônias desses países europeus. A seguir, explicaremos detalhadamente as principais experiências com práticas intercompreensivas em sala de aula.

5.1 Os projetos de Despertar para as Línguas: EvLang, Ja-Ling e EOLE

Segundo a definição utilizada em vários projetos europeus e recolhida no Cadre de Référence pour les Approches Plurièlles des Langues et des Cultures, ou CARAP (2011), o despertar para as línguas — chamado em francês de "Éveil aux langues" e, em inglês, de "Awakening to languages" — não tem o objetivo de ensinar formalmente uma língua estrangeira, mas de sensibilizar o público para a diversidade linguística e cultural. Eric Hawkins iniciou o movimento Language Awareness na Inglaterra durante os anos 1980 e, já na década de 1990, o Centro Europeu de Línguas Modernas (ECML), com sede na cidade austríaca de Graz, começou a promover projetos de *despertar para as línguas* como uma primeira tentativa de introduzir o contato linguístico na sala de aula e valorizar as línguas da migração, as de herança e as variedades regionais. Surgiram então dois programas sob a coordenação de Michel Candelier: EvLang (Éveil aux Langues), com o intuito de introduzir a diversidade linguística e cultural na escola francesa, e Ja-Ling (Jauna Linguarum, "janela das línguas" em latim), que estuda a aplicação pedagógica dessa metodologia na Europa (disponível em: http://jaling.ecml.at/, acesso em: 30 out. 2019).

A partir de 2003, a CIIP (Conférence intercantonale de l'instruction publique de la Suisse romande et du Tessin) aplicou nas escolas primárias dos cantões suíços de língua francesa — também conhecidos como Suisse Romande — e do cantão de Ticino — que tem o italiano como único idioma oficial — o programa EOLE (Éveil et Ouverture aux Langues à l'École, que podemos traduzir como "despertar e abertura para as línguas na escola"). Considerando a sala de aula como um espaço de socialização plurilíngue, o objetivo do EOLE era mobilizar os repertórios dos alunos e as línguas regionais da Suíça, principalmente as variedades franco-provençais e galo-italianas tradicionalmente faladas naquela região. Familiarizar os alunos do ensino fundamental com sonoridades e sistemas de escrita conhecidos ou desconhecidos ajudava a ativar suas habilidades metalinguísticas, que depois seriam úteis no processo de aquisição da língua escrita e do letramento. Os materiais do EOLE estão divididos em dois volumes: o primeiro contém dezesseis atividades (para estudantes de 4 a 8 anos) e o segundo, dezenove atividades (para estudantes de 9 a 12 anos). Outras produções do projeto resultaram numa coleção de 35 atividades de conscientização linguística, baseadas em textos escritos nas línguas regionais, e sequências didáticas realizáveis *online* (disponível em: http://eole.irdp.ch/eole/index.html, acesso em: 30 out. 2019).

Na mesma linha do EOLE, as universidades de Turim, na Itália, Aix-Marseille, na França e Bucareste, na Romênia, desenvolveram entre 2004 e 2006 o programa VrAL (Voie Romaine à l'Apprentissage des Langues, "Via Romana para a aprendizagem de línguas"). O resultado foi um cd de áudio e vídeo com unidades que permitiam testar estratégias para a compreensão oral em três línguas românicas (francês, italiano e romeno) destinadas a um público-alvo de 8 a 10 anos.

Finalmente, podemos mencionar Chainstories, uma série de contos com o objetivo de fazer com que as crianças pequenas e suas famílias apreciem a diversidade linguística e também as semelhanças das famílias de línguas (disponível em: www.chainstories.eu, acesso em: 30 out. 2019).

5.2 Euromania: um manual para a integração da intercompreensão na escola

Considerando as experiências precedentes, uma equipe sob a coordenação de Pierre Escudé desenvolveu o Euromania, um manual escolar em intercompreensão para a aprendizagem de várias disciplinas dirigido a estudantes de 8 a 11 anos. Esse projeto contou com financiamento da Comissão Europeia, através do programa Sócrates, e reuniu seis instituições de países falantes de línguas românicas: a Université le Mirail-Toulouse 2 e o Institut Universitaire de Formation des Maîtres de Toulouse (IUFM), ambos na França; o Instituto Politécnico de Leiria, em Portugal; a Universidad de Valladolid, na Espanha; a Cooperativa Insegnanti di Iniziativa Democratica (CIID), de Roma, e a editora escolar Humanitas, da Romênia. Observando a lista das instituições parceiras, vemos que o projeto aproxima a universidade de outras instituições de ensino, assim como das cooperativas de professores e do mundo editorial. Nessa perspectiva, as equipes de trabalho foram compostas por linguistas, especialistas em didática de línguas e psicopedagogos.

O objetivo não era ensinar a intercompreensão em línguas românicas, mas abordar temas das disciplinas tradicionais mediante a intercompreensão com textos e atividades redigidas em oito idiomas diferentes: português, espanhol, francês, italiano, romeno, catalão, occitano e latim. A escolha linguística era estratégica, pois, por um lado, colocava em pé de igualdade línguas hegemônicas (oficiais nos respectivos países), minoritárias (regionais) e minorizadas (como o português, o espanhol e o romeno falados por famílias migrantes na França e, muitas vezes, carentes de prestígio). Por outro lado, a diversidade linguística tinha como finalidade didática apresentar o *continuum* e sistematizar as estratégias intercompreensivas dos estudantes. Do ponto de vista da organização, o manual se divide em vinte unidades acompanhadas de um portfólio final. Entre as atividades, sete são dedicadas às ciências, cinco à história, quatro à matemática e outras quatro à tecnologia. Com a ajuda de documentos e instruções escritas nas várias línguas do manual, espera-se construir vinte conceitos disciplinares comuns aos currículos nacionais em vigor, tais como a metamorfose dos anfíbios, os estados da água, a história medieval, o funcionamento de uma engrenagem, as figuras geométricas, entre outros. Isso permite ao Euromania ser adotado virtualmente pelo sistema educacional de qualquer país. O portfólio final trabalha de forma específica as questões linguísticas apresentadas ao longo das unidades do manual para estabelecer pontes entre as línguas, tais como a flexão de gênero e número, os artigos determinados e indeterminados, a formação de advérbios etc.

Em síntese, o Euromania apresenta uma singularidade em comparação com outros métodos de intercompreensão porque integra os conhecimentos disciplinares e a formação linguística. Os alunos podem comparar as línguas, pensar hipóteses sobre o conteúdo, usá-las como veículo para a construção de significado. Em outras palavras, não se busca aprender as outras línguas, mas aprender mediante — ou graças a — outras línguas, ou seja, uma abordagem por conteúdos. Por conseguinte, desenvolvem-se três habilidades: uma de ordem cognitiva (o aluno aprende melhor usando vários canais da linguagem); uma de ordem metalinguística (o aluno formula recursos expressivos em língua materna porque observa e manipula o funcionamento e os recursos de idiomas relacionados); e uma terceira, de ordem plurilíngue (o aluno adquire competências de compreensão e produção escrita e oral). A familiarização dos estudantes — que, vale lembrar, têm entre 8 e 11 anos — com outros idiomas contribui para uma abertura maior à diversidade e uma sensibilização que, posteriormente, pode auxiliar a aprendizagem formal de novas línguas na adolescência ou na universidade.

A partir de 2008, foram realizadas as experiências em instituições educativas para implementar esse manual nas escolas. A academia de Toulouse, na França, adotou o Euromania como apostila nos três primeiros anos do *collège* — equivalente ao quarto, quinto e sexto anos do sistema brasileiro — para as disciplinas de língua estrangeira (1h por semana), ciências e tecnologia (2h por semana), história e geografia (2h por semana), matemática (5h por semana) e língua materna - francês (8h por semana). Em 2012, o Departament d'Ensenyament (equivalente às secretarias estaduais de educação) do Governo da Catalunha — La Generalitat — reeditou o manual, adaptando-o ao sistema educacional local, que tem o catalão como língua veicular, e o implementou nas suas escolas. Os módulos e os áudios do Euromania estão disponíveis em www.euro-mania.eu (acesso em: 30 out. 2019).

5.3 A União Latina na promoção da intercompreensão: Itinerários românicos e Limbo

A União Latina (UL) é uma organização internacional composta por países que têm alguma língua românica como idioma oficial ou nacional e seu principal objetivo é promover a cooperação cultural. No *site* da UL, estão alojadas três iniciativas de materiais didáticos que adotam a intercompreensão.

A primeira é Itinerários Românicos, um conjunto de seis módulos que partem de um curta-metragem de animação e propõem uma série de atividades em intercompreensão, integrando as seis línguas da União Latina: catalão, espanhol, francês, italiano, português e romeno. O caráter lúdico das atividades e a qualidade gráfica das animações tornam esse material bastante atrativo para o público de 8 a 12 anos. A temática dos módulos é muito diversificada e permite seu uso flexível em sala de aula: conscientização, introdução à compreensão oral e escrita, assim como várias séries de exercícios (disponível em: www.unilat.org/dpel/intercomprehension/itineraires_romans/pt, acesso em: 30 out. 2019).

Além dos módulos dos Itinerários Românicos, o site da UL abriga o Limbo, um material lúdico-didático para a aprendizagem cruzada do espanhol e do português (uma vez que se pode acessá-lo por uma ou outra língua) como idiomas veiculares da América Latina. Tal como os Itinerários Românicos, o Limbo visa principalmente a um público pré-adolescente. Os jogadores acompanham uma personagem que deve superar um labirinto linguístico e desvendar um mistério. De acordo com as informações do *site*, o objetivo é promover o ensino do espanhol e do português na região em prol do entendimento mútuo dos cidadãos latino-americanos (disponível em: www.unilat.org/DPEL/Intercomprehension/Limbo/pt, acesso em 30 out. 2019).

Por último, o site da UL apresenta "A odisseia das línguas latinas", um conjunto de breves narrativas em que se explica as origens e o percurso histórico do português, espanhol, francês, italiano, romeno, além do próprio latim. Essas histórias estão disponíveis em todas as seis línguas da organização (disponível em: http://www.unilat.org/DPEL/Promotion/L_Odyssee_des_langues/pt, acesso em: 30 out. 2019).

6. A construção de quadros de referência para o ensino e avaliação da intercompreensão: CARAP, REFIC, REFDIC e Eval-IC

Depois de termos feito uma revisão dos projetos e materiais didáticos desenvolvidos para o público adulto e infantil, dedicamos esta seção a esclarecer algumas questões importantes do arcabouço teórico-metodológico que os sustenta. Com isso, esperamos estabelecer uma relação dialógica entre teorias e métodos — as teorias e as abordagens metodológicas produzem materiais de ensino, a publicação e difusão de novos materiais de ensino reformulam as bases teóricas anteriores.

O Quadro Comum Europeu de Referência para as Línguas (QCER) define a aquisição de competências multilíngues e interculturais entre os seus objetivos. No entanto, essa dimensão muitas vezes foi negligenciada nas políticas linguísticas e nas práticas em sala de aula. As equipes de Redinter e Miriadi, mencionadas na seção 4, se engajaram ativamente em vários projetos a fim de preencher essa lacuna, trazendo para as novas pesquisas o conhecimento acumulado desde os primeiros projetos como o Galatea ou o EuRom4. Dessa forma, podemos traçar uma linha de continuidade que, ao mesmo tempo, foi integrando novas gerações de pesquisadores e novos parceiros estratégicos.

Assim, entre 2004 e 2007, o Centro Europeu para as Línguas Modernas desenvolveu o "Quadro de Referência para as Abordagens Plurais das Línguas e Culturas", conhecido como CARAP, por sua sigla em francês, ou FREPA, em inglês. Foi criado no interior do projeto ALC (Através de Línguas e Culturas) e faz parte das propostas que buscam repensar os paradigmas vigentes em prol do multilinguismo. O CARAP/FREPA apresenta quatro eixos norteadores: (a) o despertar para as línguas; (b) a intercompreensão entre línguas próximas; (c) as abordagens interculturais; (d) a didática integrada de vários idiomas nos currículos acadêmicos. Espera-se igualmente disponibilizar ferramentas para projetar e articular intervenções didáticas que apoiem a progressão do aluno e o enriquecimento contínuo de suas competências plurilíngues e pluriculturais. O CARAP/FREPA não estabelece uma relação antagônica com o panorama preexistente — em parte desenhado pelo QCER —, antes gera *sinergias*, ações conjuntas entre os vários atores e campos do saber. O conjunto dos documentos, descritores e materiais do CARAP/FREPA podem ser consultados no *site* https://carap.ecml.at/ (acesso em: 30 out. 2019).

O CARAP/FREPA também serviu como base para que o programa Miriadi desenvolvesse dois quadros de referência para as habilidades de comunicação plurilíngue em intercompreensão: o REFIC e o REFDIC. Sob a coordenação de Maddalena De Carlo, da Università degli Studi di Cassino e del Lazio Meridionale (UNICAS), equipes de universidades da Itália, Espanha, França e Portugal trabalharam na redação dos descritores das várias competências nesses dois quadros. Os dois quadros estão compostos por descritores que mapeiam exemplos concretos, sugestões práticas e fontes de informação, podendo ser utilizados como guias para a programação didática. A seguir, explicamos brevemente as especificidades de cada um deles.

O REFIC — acrônimo de Référentiel de compétences de communication plurilingue en intercompréhension — é uma ferramenta para a avaliação de competências em intercompreensão no âmbito da educação multilíngue. Esse documento se destina a professores e formadores, mas também pode ser usado por adultos em autoformação. Seus principais objetivos são definir atitudes, conhecimentos e habilidades que facilitem a comunicação multilíngue e intercultural e ainda promover a inserção curricular da intercompreensão, assim como sua disseminação como prática pedagógica e comunicativa (disponível em: www.miriadi.net/refic, acesso em: 30 out. 2019). Já o REFDIC — acrônimo de Référentiel de compétences en didactique de l'intercompréhension — é um guia para a construção e avaliação da formação de profissionais capazes de integrar a intercompreensão no âmbito das suas atividades docentes (disponível em: www.miriadi.net/refdic, acesso em: 30 out.

2019). Em síntese, o REFIC pretende avaliar a formação do público em intercompreensão e o REFDIC se dirige à formação docente.

Mais recentemente, entre 2016 e 2019, desenvolveu-se o projeto Eval-IC (Évaluation des compétences en intercompréhension) que se propõe gerar descritores, protocolos e ferramentas para a avaliação e a certificação de competências de intercompreensão em línguas românicas. Esse projeto, coordenado por Christian Ollivier, da Université de la Réunion, com financiamento do programa Erasmus+, é o resultado de uma parceria entre catorze instituições de ensino superior oriundas de oito países europeus (Áustria, Bélgica, Alemanha, Espanha, França, Itália, Portugal e Romênia), além de 35 membros associados entre universidades[1], escolas e entidades culturais da Europa, América Latina e também dos Estados Unidos.

O projeto espera ampliar bases epistemológicas da intercompreensão sistematizando os referenciais dos quadros precedentes em intercompreensão receptiva, tanto oral quanto escrita, e interativa, na comunicação exolinguística. Com esse objetivo, a equipe criou descritores das várias competências, assim como modelos e ferramentas de avaliação por níveis que posteriormente foram testados e validados pelos membros associados; sua análise serviu para ajustar ou reformular os mencionados instrumentos metodológicos. O conjunto de informações e as produções do projeto estão disponíveis em: http://evalic.eu/ (acesso em: 30 out. 2019).

O resultado final de Eval-IC é um quadro de consenso para a avaliação, que poderá ser retomado por futuros projetos interessados em sistematizar a certificação das formações. Por esse motivo, espera-se que o Eval-IC tenha um efeito retroativo nas práticas didáticas em intercompreensão, retomando assim a relação dialógica entre projetos, materiais e teorias.

7. Recapitulando: projetos e produtos para o ensino da intercompreensão

Fazer um levantamento completo dos materiais disponíveis baseados na intercompreensão em línguas românicas é uma tarefa extremamen-

1 A USP, a UNICAMP e a UFPR são membros associados.

te complexa, pois, por um lado, alguns dos mais antigos são inacessíveis na internet — as páginas estão indisponíveis — ou só foram divulgados em formato impresso para o público local; por outro, surgem a todo momento novas iniciativas incentivadas pela comunidade educativa. Estando cientes de nossas limitações, reunimos na tabela seguinte os projetos previamente descritos, considerando vários elementos em relação ao meio (impresso/digital/web), às línguas que integram e ao público-alvo.

Identificação	Manual livro	CD-Rom	Site web	PT	ES	CA	OC	FR	IT	RO	Público
EuRom5	*	*	*	*	*	*	-	*	*	-	adulto
Romanica	-	-	*	*	*	*	-	*	*	-	adulto
InterRom	*	-	-	*	*	-	-	*	*	-	adulto
Interlat	*	*	-	*	*	-	-	*	-	-	adulto
ICLR-IFRN	*	-	*	*	*	-	-	*	*	-	adulto
Galatea	-	*	-	*	*	-	-	*	*	-	adulto
Galanet	-	-	*	*	*	-	*	*	*	*	adulto
Cinco	-	-	*	*	*	-	-	*	*	*	adulto
Galapro	-	-	*	*	*	-	*	*	*	*	adulto
Babelweb	-	-	*	*	*	-	*	*	*	*	adulto
Euro-mania	*	-	*	*	*	*	*	*	*	*	infantil
EOLE	*	-	*	-	*	-	-	*	*	-	infantil
Itinerários	-	-	*	*	*	*	-	*	*	*	infantil
Limbo	-	-	*	*	*	-	-	-	-	-	infantil

Tabela 49

Existe uma característica comum a todos eles: a preparação dos alunos para progredirem de maneira autônoma, adquirindo as estratégias de acesso ao significado apresentadas no segundo capítulo. A princípio, essa autonomia representa um ativo em toda uma série de situações, mas também poderia ser interpretada em oposição ou em concorrência com as abordagens tradicionais baseadas no ensino formal de um idioma. No entanto, as experiências didáticas das três últimas décadas revelam que não é assim: a intercompreensão prepara os estudantes para a aprendizagem de novos idiomas transferindo os conhecimentos de uns no processo de aquisição dos outros. Ou seja, o ensino de línguas românicas (como o espanhol, o francês, o italiano etc.) é retroalimentado pela intercompreensão. Enquanto formadores, conhecemos casos de alunos procedentes por exemplo do curso de francês que, depois de completar uma formação em intercompreensão, decidiram fazer um curso de italiano para ampliar seu repertório linguístico e desenvolver a produção nessa terceira língua. Desse modo, a intercompreensão é uma via para aprender a aprender novas línguas.

A intercompreensão também pode ser explorada com finalidade lúdica, como seria o caso do Limbo. Nesse sentido, a editora francesa Assimil, especializada no ensino de línguas estrangeiras, que conta com uma enorme coleção de métodos de ensino em idiomas do mundo inteiro, lançou um jogo de tabuleiro intitulado Latino-linguo, desenhado por um de seus autores, Henri-Sébastien Erhard (2017). Os jogadores devem avançar pelo tabuleiro até alcançar a meta — a casinha de "Roma". Para tanto, respondem a perguntas escritas em cartões numa grande variedade de línguas neolatinas (nacionais, regionais e minoritárias). De acordo com as instruções, podem jogar de 2 a 6 pessoas e as partidas têm duração de 15 minutos a 1 hora. Outras iniciativas de criação de videojogos de sensibilização e memória com várias línguas românicas estão sendo testadas atualmente, como a Romanica, uma iniciativa do Ministério da Cultura francês, que propõe trinta níveis para descobrir um mundo multilíngue e ativar as capacidades plurilíngues dos jogadores (disponível em http://www.culture.gouv.fr/Thematiques/Langue-francaise-et-langues-de-France/Ressources/Ressources-pedagogiques-et-sensibilisation/Romanica, acesso em: 30 out. 2019).

8. A integração curricular da intercompreensão: possibilidades e empecilhos

A intercompreensão quebra as distinções políticas e sociolinguísticas que impõem uma hierarquia das línguas e traz para o centro da sala de aula a diversidade e a variação, elementos fundamentais da linguagem humana, retomando o pensamento de Saussure que norteia nosso trabalho. Do ponto de vista da linguística cognitiva e da psicolinguística, a intercompreensão contribui para desenvolver estratégias metacognitivas com as quais é possível perceber, sistematizar e se adaptar às continuidades e diferenças na comunicação em situações diversas. Nesse sentido, ela representa uma abordagem útil no planejamento e realização de atividades orientadas para entender o funcionamento das línguas, observar, comparar, experimentar e manipular unidades linguísticas, transferindo depois tais conhecimentos para o estudo de elementos novos. Do ponto de vista ético, a intercompreensão valoriza um modelo de comunicação plural onde todas as vozes encontram seu espaço, todas as variedades e línguas são portadoras de sistemas culturais e de saberes. Os participantes de uma formação em intercompreensão são conduzidos a tomar consciência de seus perfis linguísticos — se apoderar de sua própria bagagem linguística e cultural — e, consequentemente, dar valor ao perfil do outro, promovendo o respeito mútuo. Ademais, nossa abordagem entende as próprias línguas como espaços de aprendizagem, o que possibilita formas de trabalho interdisciplinares que construam conjuntamente formações específicas e transversais (um bom modelo disso é o manual Euromania).

Na sua práxis, a intercompreensão defende as competências parciais, receptivas, e o direito à aproximação dos estudantes. Esses aspectos desafiam velhos hábitos pedagógicos baseados no ensino sistemático pautado por níveis e o domínio de todas as habilidades segundo o modelo do *falante nativo*. Encontramos aqui um paradoxo: as qualidades que fundamentam a originalidade e a efetividade da intercompreensão para reformular os paradigmas existentes podem-se tornar um pretexto para rejeitá-la se forem mal interpretadas pela comunidade educativa ou pelos atores políticos; julgando-a como divergente, pouco viável, inassimilável ou ingenuamente utópica.

Portanto, existem obstáculos consideráveis em sua difusão. Para começar, a lógica atual do monolinguismo anglo-americano que recebe enormes investimentos dos países de língua inglesa e sobretudo de países terceiros. Pensando no caso da União Europeia (UE), se se efetivar o processo de saída do Reino Unido — o chamado *Brexit* —, apenas a Irlanda (com aproximadamente quatro milhões de habitantes) e Malta (com aproximadamente quinhentos mil habitantes) terão o inglês como língua oficial, junto ao gaélico-irlandês no caso da Irlanda e ao maltês no caso de Malta. Assim, o peso demográfico do inglês representará pouco mais de 1% do total da população da UE (aproximadamente 507 milhões de pessoas, dos quais mais de 200 milhões são falantes de línguas românicas!). No entanto, a língua inglesa é usada como língua de trabalho desse bloco transnacional (junto ao francês e ao alemão) e, de fato, vem sendo empregada como *lingua franca* nas relações sociais, econômicas e acadêmicas dos cidadãos europeus. François Grin (2005), da Universidade de Genebra, qualificou as políticas atuais desses países como uma espécie de corrida — desejada ou não — em direção ao *tudo em inglês* e *tudo para o inglês.*

Desde a perspectiva brasileira e latino-americana, podemos nos perguntar se é conveniente valorizar só uma língua e uma cultura. Não seria mais prudente promover relações multilaterais mediadas por vários idiomas que se dirijam preferentemente aos países e às comunidades com os quais o Brasil compartilha laços históricos, culturais e linguísticos? De acordo com nossa exposição, seria muito vantajoso apoiar o ensino de português nos países vizinhos hispanofalantes assim como promover — ou resgatar — no Brasil ações legislativas que reforcem o ensino e a difusão da língua espanhola nos níveis federal, estadual e municipal.

Para além dessa questão central de política linguística, há outros entraves a levar em conta, como o papel do ensino de línguas e das ciências humanas em nossa sociedade, fato que influi na oferta de idiomas estrangeiros e na produção dos planos de ensino. O receio dos gestores da educação diante da inovação e das limitações dos currículos — baseados, em boa medida, na preparação de exames de conhecimentos disciplinares — aparecem como empecilhos a ser superados, já que eles podem fazer com que os próprios docentes tenham baixas expectativas acerca das capacidades e competências tanto dos seus alunos quanto de si mesmos.

Enfim, dedicaremos a última parte do capítulo a discutir as vantagens da intercompreensão e as dificuldades que seria necessário contornar para sua plena curricularização nos vários níveis de ensino.

8.1 Elementos para a integração da intercompreensão no ensino básico

A questão fundamental é a integração da intercompreensão às estruturas educacionais vigentes, isto é, não tanto ensinar novas línguas quanto usá-las como veículo para o ensino de disciplinas já consolidadas nas grades curriculares como matemática, história ou ciências, retomando, mais uma vez, a sala de aula como espaço de construção de saberes. Em face das dificuldades que listamos, as experiências relatadas nas seções anteriores demonstram ser possível introduzir nas escolas as abordagens plurais — principalmente a intercompreensão e o despertar para as línguas — por três vias:

(a) conscientização e sensibilização para a diversidade de um mundo multilíngue;
(b) iniciação e aproximação ao plurilinguismo;
(c) e, por fim, aprendizagem e construção de habilidades plurilíngues.

Essas três vias podem ser trilhadas de forma progressiva no tempo: assim, nos primeiros anos de escolaridade, seria introduzida a conscientização para a diversidade de línguas mediante atividades que levem a desenvolver a consciência dos alunos a respeito dos seus próprios repertórios e dos repertórios dos outros membros da turma. Algumas atividades propõem elaborar um *passaporte* com o número de línguas que cada estudante aprende, conhece ou com a qual está em contato. A partir daí, a iniciação ao plurilinguismo pode se apoiar na contação de histórias, em músicas e leituras plurilíngues. Cremos que os Itinerários Românicos da União Latina, por exemplo, se encaixam bem nessa fase de despertar para a intercompreensão.

Entretanto, uma vez superados os estágios de conscientização e iniciação, quais práticas a escola oferece para desenvolver a aptidão natural das crianças ao plurilinguismo? Parece-nos evidente que a paisagem ainda é monocromática, e a escola continua oferecendo pouco espaço para praticar, aprender e transmitir a diversidade linguística e cultural. Diante desse panorama, a integração de novas práticas não deve ser colocada em oposição frontal ao contexto preexistente. É necessário procurar formas fáceis de implementar do ponto de vista técnico e não sobrecarregar o trabalho nem dos discentes nem dos docentes. O objetivo não é transformar tudo, mas mudar a perspectiva: aprender idiomas de forma comparativa e simultânea na dinâmica de sua função veicular de saberes e de conhecimentos disciplinares. Nessa perspectiva, o manual da Euromania foi usado na França, na Catalunha e em outros países da Europa com sucesso por estudantes dos anos iniciais. Os participantes dos experimentos não consideravam estar estudando línguas, mas sim matemática, história, ciência ou tecnologia, ou seja, a relação deles com as línguas mudava drasticamente: elas tornavam-se familiares e os textos plurilíngues eram entendidos graças ao contexto disciplinar e ao objetivo acadêmico. Os alunos adquiriram conhecimentos linguísticos e disciplinares sem aumentar a carga horária, todo um exemplo de eficiência no planejamento curricular.

É verdade que, até agora, as práticas integradas de ensino foram negligenciadas pelas autoridades educacionais da maioria dos países — e consequentemente pelos editores de materiais didáticos e pelos autores de apostilas —; porém, assistimos ao começo de um interesse crescente que supera a visão monolíngue, prova disso são todos os métodos aqui listados. Assim, o objetivo é pôr em marcha um círculo virtuoso: se as experiências demonstram resultados positivos, isso poderá ser apresentado aos agentes pedagógicos e às autoridades educacionais responsáveis por definir programas e objetivos de ensino; como consequência, novas apostilas e métodos seriam editados, introduzindo essas abordagens e, finalmente, divulgados na formação docente. É necessário fazer um trabalho persuasivo e de diálogo constante para convencer as autoridades educacionais, os professores e a comunidade da pertinência de incorporar as abordagens plurais às práticas pedagógicas vigentes. Lutando incansavelmente contra um conceito fechado de educação que não considere as bagagens linguísticas e culturais dos alunos, seu entorno imediato e suas necessidades futuras.

Precisamos também desconstruir o mito da *lingua franca* universalmente conhecida — primeira ilusão — e dominada de maneira impecável — segunda ilusão — pelos estudantes. Uma língua desprovida do paroquialismo, que não esteja enraizada nas comunidades de falantes, é língua de ninguém, condenada a um *semilinguismo* incapaz de produzir uma comunicação verdadeira. Nesse sentido, as propostas de educação plurilíngue não devem estabelecer uma dicotomia entre língua materna e estrangeira, mas sim integrar várias línguas e saberes numa perspectiva interdisciplinar. Esperamos que os próximos anos tragam avanços nessa direção em prol de uma escola que valorize a diversidade e o desenvolvimento da cidadania.

8.2 Aplicações da intercompreensão no ensino de português como língua não materna

O ensino de português brasileiro como língua não materna representa uma área em expansão como consequência do peso demográfico, econômico e cultural do Brasil no panorama atual do mundo globalizado. O exame Celpe-Bras, outorgado pelo Instituto Nacional de Estudos e Pesquisas Educacionais Anísio Teixeira (INEP), é reconhecido oficialmente pelo Ministério das Relações Exteriores do Brasil como o único certificado brasileiro de proficiência em português como língua estrangeira; ele vem sendo aplicado no país e no exterior desde 1999, tendo importante efeito retroativo na formação dos professores e nos programas de ensino dos centros de línguas públicos e privados.

De igual modo, o panorama de ensino de português como língua não materna oferece uma diversidade de termos — formulados seguindo diferentes visões de língua e de linguagem. Assim, existem as conotações PLE (português língua estrangeira), PLA (português como língua adicional), PFOL (português para falantes de outras línguas), PL2 (português como segunda língua) e outras como língua de herança, de escolarização e de acolhimento em contexto de migração ou refúgio — aqui, nós adotamos a sigla PLE. Mas quais vantagens pode acrescentar a abordagem em intercompreensão para o ensino-aprendizagem de PLE?

Em primeiro lugar, é preciso lembrar que todos esses universos de ensino compartilham o fato de se dirigirem a adultos ou crianças falantes de outro idioma como primeira língua. Por esse motivo, a área de PLE se baseia, no mínimo, na integração de dois idiomas: a língua de origem do aluno — podendo ser mais de uma — e a língua adquirida: o português brasileiro (PB). É importante salientar que a região que mais se interessaria pela aprendizagem do PB são os países latino-americanos hispanofalantes como a Argentina, o México e a Colômbia[2]. Nesse contexto, a metodologia acaba adotando, quase de forma inconsciente, uma abordagem comparativa e intercompreensiva: o professor fala e explica em português, sendo entendido desde o primeiro dia pela tur-

[2] O par linguístico PB-espanhol foi abordado didaticamente na *Gramática brasileña para hablantes de español* de Bagno e Carvalho (2015).

ma. Ele certamente precisa reconhecer as habilidades linguísticas dos alunos, que não estão aprendendo a ler e escrever, mas sim aprendendo a ler e escrever em PB, o que é bastante diferente. Em outras palavras, os estudantes estão interagindo com a língua-alvo e adquirindo nela recursos linguísticos, comunicativos, expressivos; para tanto, partem das suas próprias bagagens em língua materna e nos outros idiomas com os quais previamente tenham estado em contato. Por essa razão, as línguas da turma devem ser reconhecidas como portadoras de habilidades, competências e saberes que precisam ser integrados na dinâmica das aulas.

Além disso, sabemos que a didática do PLE se adapta segundo as línguas de origem dos estudantes. Fazendo uma analogia geográfica, se alguém nos pergunta como se chega a Salvador da Bahia, nossa resposta mudará de acordo com o lugar de partida do nosso interlocutor. Ele não seguirá o mesmo roteiro se vier de Barcelona, Buenos Aires, Montreal ou Chicago. O meio de transporte utilizado também determina o itinerário. Ora, dependendo das línguas maternas, da bagagem de cada aluno e do contexto onde ele está inserido, seu processo de aprendizagem de PB percorrerá uma estrada específica.

O Centro de Línguas e Interculturalidade da UFPR, com sede em Curitiba, distribui os estudantes de PLE em três perfis: línguas neolatinas, grupos interculturais e falantes de línguas afastadas (sobretudo do sudeste asiático). De acordo com Martins *et al.* (2016), no grupo de línguas neolatinas, a metodologia se concentra principalmente em aspectos discursivos e de produção escrita, já que os alunos adquirem os rudimentos gramaticais muito rapidamente (não devemos esquecer que se encontram numa situação de imersão linguística, em contato direto e constante com o PB). Contudo, esse princípio não tem de ser assumido automaticamente, pois os alunos com dificuldades em letramento em língua materna podem se sentir mais à vontade em grupos interculturais, onde o ritmo de aprendizagem é mais lento; ao contrário, também temos experiências de estudantes estadunidenses anglófonos com bom nível de espanhol, o que os capacita a se integrarem na turma de línguas neolatinas.

Aplicar a intercompreensão nas aulas de PLE implica que o professor, falante de PB, faça uma reflexão sobre sua própria língua, integrando-a ao espaço mais amplo das línguas românicas e ao contato linguístico entre comunidades de falantes mais próximas ou mais afastadas. Desse modo, as línguas podem ser entendidas como uma sucessão de círculos concêntricos: partindo do mais transparente ao menos transparente de acordo com um idioma de referência. A transparência abrange o alfabeto e o sistema de escrita utilizado, o léxico (retomando o método das sete peneiras de Meissner), as proximidades ou dificuldades fonológicas, as relações morfossintáticas (em boa medida compartilhadas pelas línguas românicas) e inclusive os aspectos pragmáticos e culturais (como os fraseologismos e a paremiologia).

Para concluir essa seção, destacamos a importância de propor capacitações em intercompreensão para professores que atuam na área de PLE, tais como disciplinas no nível de graduação e da pós-graduação, especialização e oficinas.

8.3 Questões para a integração da intercompreensão nos currículos acadêmicos universitários

Hoje em dia, a intercompreensão em línguas românicas vem sendo integrada nos currículos universitários dos cursos de Letras em países como Alemanha, Argentina, Colômbia, Chile, Espanha, França, Itália, Portugal e Suíça. Existem também experiências de ensino de italiano e francês para hispanofalantes na Universidade Estadual da Califórnia, em Long Beach, Estados Unidos. Naquele contexto, a intercompreensão permite que os estudantes se apoderem do espanhol — língua de herança ou de migração para muitos deles — como chave para entrar nas outras línguas latinas. No âmbito brasileiro, a UFMG, a UFPR, a UFRN, a UNICAMP, a UNILA e a USP contam com disciplinas optativas dedicadas à intercompreensão. Ademais, existem vários projetos internacionais — a maior parte listada no presente capítulo — e pesquisas nos níveis de mestrado e doutorado. Tudo isso prova o interesse crescente da comunidade acadêmica pelas abordagens plurais para repensar práticas pedagógicas e ampliar as bases epistemológicas da linguística aplicada.

No entanto, é necessário multiplicar os materiais disponíveis, difundir amplamente os métodos existentes e propor adaptações às necessidades específicas de acordo com o entorno acadêmico e o público--alvo. Como explicam Escudé e Janin (2010), existem experiências de integração da intercompreensão em línguas românicas com outras áreas das ciências humanas como os Estudos da Tradução — nas universidades de Treviso (Itália), Pompeu Fabra de Barcelona, Pablo de Olavide em Sevilha (Espanha) — e a gestão multilíngue da informação — na Universidade de Reims (França). Nossa abordagem também está sendo implementada nos cursos de línguas aplicadas da Universidade Federal da Paraíba (UFPB), em que os discentes aprendem várias línguas simultaneamente. Outro campo em que acreditamos que a intercompreensão teria um papel importante é na literatura comparada, área de enorme tradição nas universidades do mundo inteiro que, de forma mais ou menos consciente, emprega uma prática comparativa e reúne tradições linguísticas, discursivas, literárias e culturais.

Entretanto, a intercompreensão não pode ficar reduzida à inserção de disciplinas no âmbito dos cursos de Letras: faz-se necessário integrá-la em outras áreas do conhecimento como meio de ensino. Ela pode funcionar como alavanca para a internacionalização das Instituições de Ensino Superior (IES) brasileiras, preparando os discentes, os docentes e os trabalhadores das agências de relações internacionais para a mobilidade e a cooperação nos diversos projetos a partir do respeito à diversidade linguística e cultural. No contexto dos intercâmbios acadêmicos e dos acordos bilaterais em nível de graduação e pós-graduação, as práticas intercompreensivas teriam um papel central por entender as línguas como espaços de construção do saber que fornecem estratégias para os acadêmicos transitarem entre diferentes culturas de ensino-aprendizagem. Todas essas possibilidades de aplicação nos fazem ter certeza do potencial dessa abordagem inscrita nas políticas de promoção do plurilinguismo.

Por fim, não podemos apostar só na formação das futuras gerações, mas devemos considerar os professores em exercício, que nunca tiveram contato com essa abordagem, e oferecer a eles formação através de oficinas, módulos introdutórios, especializações etc., de modo que adaptem essas ferramentas a seu contexto de atuação.

Apêndice

Propostas didáticas em intercompreensão

1. Primeiros passos para integrar a intercompreensão nas aulas de língua(s)

Esperamos ter dado, ao longo dos cinco capítulos anteriores, uma ideia precisa da intercompreensão em línguas românicas, abrangendo suas bases teóricas, seus princípios metodológicos, suas produções e suas aplicações didáticas. O conjunto de tais ferramentas modela uma chave para melhorar a capacidade comunicativa e ampliar o acervo linguístico e cultural dos indivíduos, uma dinâmica que nos permite aproximar-nos do outro conservando nossa própria identidade, refazendo no cotidiano uma prática ancestral.

Agora, vamos trilhar caminhos para a integração da intercompreensão aos currículos escolares e universitários, pois só a prática dessa abordagem garante sua efetiva divulgação junto à comunidade acadêmica. Faz-se necessário também implementá-la nos vários contextos de ensino, quer como disciplina em si, quer como abordagem metodológica em outras matérias, salientando o valor das línguas como espaço para a construção do conhecimento. O número crescente de projetos na América Latina, na Europa e em outras regiões do globo nos faz acreditar estarmos no caminho certo. Assim, acrescentamos ao conteúdo do livro este apêndice, que pode ser consultado para elaborar materiais didáticos em intercompreensão. Ademais, convidamos nossas leitoras e leitores a consultarem os métodos apresentados no capítulo anterior, disponíveis *online*.

Cada uma das atividades brevemente apresentadas propõe um tipo de reflexão diferente da intercompreensão dentro das abordagens plurais. Em todo caso, os formadores devem levar em consideração:

(a) o público-alvo (crianças, jovens, adultos, estudantes universitários etc.);
(b) os interesses, os objetivos e as motivações dos estudantes;
(c) os conhecimentos linguísticos da turma (ver a primeira atividade);
(d) a modalidade da formação (presencial, semipresencial ou a distância);
(e) as línguas que serão trabalhadas na formação (como meio e fim);
(f) os materiais didáticos (impresso, em plataformas *online* etc.);
(g) as atividades pedagógicas (leitura, sensibilização, escuta, interação escrita etc.).

Cabe ao professor escolher os ingredientes mais adequados para a formação proposta.

2. *Minha biografia linguística*: ponto de partida para as abordagens plurais

O desprezo pela língua do outro é o desprezo pelo outro na sua essência. Em contrapartida, a valorização da bagagem linguística e cultural de um indivíduo é a valorização de suas identidades e seu reconhecimento. Por essa razão, consideramos fundamental começar qualquer formação — seja uma oficina, um minicurso, uma disciplina etc. — fazendo o levantamento das *línguas da turma*, (re)conhecendo as línguas e variedades dos membros do grupo para, depois, integrá-las à formação. As abordagens plurais para o ensino de línguas e de culturas se propõem trabalhar com mais de uma língua ou variedade; por conseguinte, a diversidade deve se fazer presente e ser valorizada desde o início. Assim, propomos como primeira atividade a elaboração da biografia linguística dos estudantes — o docente também pode participar do exercício e elaborar a sua própria como um membro a mais do grupo. Os objetivos que buscamos alcançar são os seguintes:

(a) apresentar as abordagens plurais à turma;
(b) sensibilizar os estudantes, pelo reconhecimento do seu próprio perfil, para os perfis linguísticos dos seus colegas;
(c) *quebrar o gelo* e propor espaços de diálogo e trocas na sala de aula.

Existem vários modelos de biografias linguísticas e cada formador pode adaptá-los, ou mesmo criá-los, de acordo com seus objetivos específicos. A modo de exemplo, apresentamos aqui uma versão adaptada do questionário elaborado pela pesquisadora Sara Valente (2015: 118--119), que tem sido utilizado com alunos e alunas da Universidade Federal do Paraná (UFPR):

Atividade: *Minha biografia linguística*

(A) Meu perfil linguístico em doze perguntas

(1) Indique a(s) sua(s) língua(s) "materna(s)":

____

(2) Quais são as línguas que utiliza em família?

____

(3) Quais são as línguas que utiliza com os amigos ?

____

(4) Quais são as línguas que utiliza em bate-papo na Internet ou nas redes sociais?

____

(5) Quais são as línguas que utiliza em troca de emails?

____

(6) Quais são as línguas que utiliza em âmbito profissional?

____

(7) Quais são as línguas que utiliza em âmbito escolar ou acadêmico?

___

(8) Já estudou ou está estudando uma(s) língua(s) fora do âmbito escolar? Por quais motivos? Como você faz?

___

(9) Das línguas estrangeiras que aprendeu, qual considera ter sido a mais fácil de aprender (indique apenas uma)? E por quê?

___

(10) Qual lhe pareceu mais difícil (indique apenas uma)? E por quê?

___

(11) Costuma recorrer à comparação entre a sua língua materna e a(s) língua(s) que aprendeu?

___

(12) O que é uma língua românica? Indique o nome de algumas línguas dessa família:

___

Atividades desse tipo permitem uma primeira sensibilização com o plurilinguismo, formando uma constelação de idiomas não necessariamente aparentados, com diferentes graus de conhecimento e proficiência por parte dos estudantes.

No momento de aplicar a atividade, cada participante responde individualmente seu questionário e, em seguida, compartilham-se as respostas e a experiência em pequenos grupos. Por fim, o docente pode explicar sua biografia linguística para a turma e fazer uma roda de conversa em que cada participante apresenta a sua. Ele pode escrever no quadro os idiomas que os alunos forem nomeando, de modo a compor o conjunto das línguas do grupo. Essa informação será de grande importância para a reflexão e a preparação dos encontros seguintes. Além disso, será possível quebrar a lógica do monolinguismo e a oposição frontal entre línguas: elas se integram numa constelação plural onde todas têm o seu espaço, se relacionam e são valorizadas como portadoras de saberes e de cultura.

3. *A flor das línguas*: despertar para as línguas da turma

As informações dos alunos em suas biografias linguísticas podem servir de base para organizar uma *flor das línguas*. Essa atividade vem sendo proposta com sucesso em formações que visam à sensibilização com a intercompreensão e ao despertar para as línguas, dirigidas especialmente a um público em idade escolar (crianças a partir de 8 anos e adolescentes). Mesmo assim, nada a impede de ser adaptada para adultos e, de toda maneira, o professor também deverá adaptar o questionário da biografia linguística caso se proponha a aplicá-lo para crianças (perguntas mais simples e em número menor).

De acordo com a proposta recolhida no CARAP (disponível em: https://carap.ecml.at/Portals/11/NTForums_Attach/Awaken20_la_fleur_des_langues.pdf; acesso em: 30 out. 2019), os objetivos dessa atividade são:

(a) tomar consciência da diversidade linguística representada na turma;
(b) reconhecer alguns termos fundamentais como língua(s) materna(s) e língua(s) estrangeira(s);
(c) aprender uma metodologia de trabalho colaborativa na qual todos os membros do grupo intervenham na construção do saber.

Assim, depois de uma série de atividades de sensibilização e de mapeamento das biografias linguísticas, que pode variar segundo o público-alvo, cada estudante recebe uma pétala onde deve escrever as línguas que conhece e sua relação com cada uma delas (língua materna, língua estrangeira, língua de herança usada pelas gerações mais velhas de sua família, língua de acolhimento, língua escolar etc.). O material do CARAP fornece um modelo dessas pétalas:

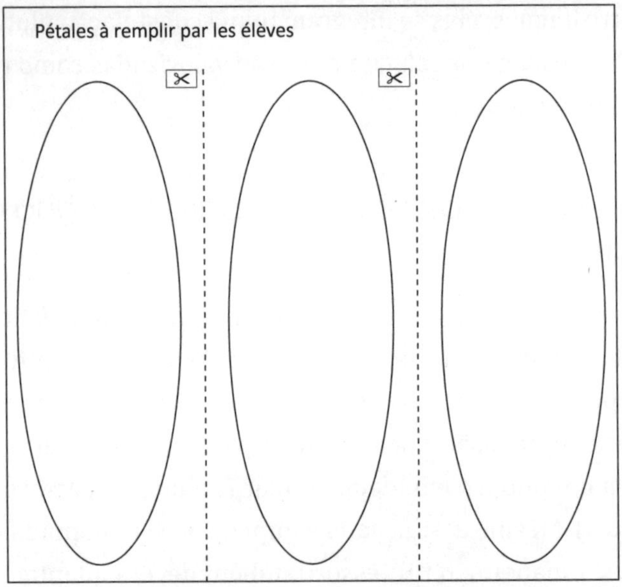

Desse modo, os alunos transferem as línguas que conhecem do questionário da biografia linguística para a pétala. Em seguida, cada um cola sua pétala numa flor, reunindo as línguas da turma, que ficariam assim à disposição de todos. Em ambientes escolares, essa flor poderia ficar pendurada na parede da sala de aula. Esse ponto de referência pode ser retomado pelo formador para planejar os encontros seguintes.

4. *Leituras espelhadas*: a intercompreensão como ferramenta para o letramento plurilíngue

Nas seções 6 e 7 do segundo capítulo, explicamos que a intercompreensão, enquanto abordagem didática, desenvolve a compreensão escrita como competência parcial. Assim, os estudantes podem avançar mais rapidamente e — visto que as competências linguísticas não são categorias separadas — as habilidades adquiridas são passíveis de se integrar posteriormente à aquisição da produção, transformando a progressão tradicional (consultar as figuras 3 e 4). Ao propor atividades de leitura, podemos trabalhar o mesmo texto em diferentes línguas ou abordar textos diferentes em línguas diferentes. A atividade que propomos em seguida encaixa-se na primeira categoria.

Como explicam Caddéo e Jamet (2013: 131), a leitura de um mesmo documento redigido em várias línguas é uma boa via para nos familiarizarmos com a pluralidade linguística. Atividades de leitura espelhada permitem uma enorme variedade de adaptações quanto ao número de idiomas trabalhados e podem, também, abranger várias famílias linguísticas. Dependendo do nosso público-alvo (interesses acadêmicos, idade etc.), ao prepararmos os materiais didáticos, podemos usar um conto, um artigo da Declaração Universal dos Direitos Humanos, um trecho de um romance ou mesmo um folheto com informações turísticas. Esses textos plurilíngues não precisam ser necessariamente traduções, mas sim versões equivalentes que compartilham o mesmo conteúdo com leves diferenças no plano informativo. O exemplo apresentado aqui foi retirado do manual Euromania (Escudé, 2008) — descrito na seção 5.2 do quinto capítulo —; trata-se de uma fábula clássica, ou seja, uma história curta protagonizada por animais, que ilustra uma lição moral adequada ao público-alvo daquele manual (crianças entre 9 e 11 anos).

Os objetivos são os seguintes:

(a) familiarizar os estudantes com a metodologia da intercompreensão pela discriminação de formas que se repetem e outras que mudam de maneira sistemática;

(b) melhorar as estratégias de leitura tanto horizontal, para chegar ao conteúdo do texto, quanto vertical, para observar os pontos de continuidade e as divergências entre cada versão da história;

(c) sistematizar correspondências lexicais, que devem ser reunidas numa tabela;

(d) adquirir consciência de que a forma das palavras — a morfologia — informa: nos indica a categoria gramatical de vários elementos, nos permite saber se eles estão no singular ou no plural etc.

As versões da fábula são apresentadas no manual acompanhadas de elementos paratextuais relevantes. Primeiramente, as palavras mais importantes, que depois servirão para completar a tabela, estão marcadas em negrito. Em segundo lugar, os textos aparecem em diferentes cores, induzindo a pensar que cada cor representa uma versão diferente. Ademais, há uma imagem que ilustra a fábula e, por último, os áudios de todos os textos estão disponíveis no site. Aqui reproduzimos essas versões, assim como o desenho.

LINGUA LATINA **Rana** major **bove** esse volens In prato quondam rana conspicit bovem, Et tacta invidia tantae magnitudinis Rugosam inflat pellem. Tum natos suos interrogat: « Maiorne bove sum? » Illi negant. « Quis nunc maior est? ». « Bos etiam nunc maior est, mater ». Tandem, dum vult validius inflare sese, rana se rumpit Et eius miserum corpus iacet.	
PORTUGUÊS A **rã** que quer ser maior do que o **boi** Certo dia, num prado, a rã vê um boi. Cheia de inveja da sua bela corpulência, Incha a sua pele rugosa e pergunta aos seus filhos: "Quem é maior?" "O boi!" respondem eles. "E agora?" "Ainda é o boi, mãe!" Por fim, de tanto inchar, a rã explode E o seu pobre corpo cai por terra.	ESPAÑOL La **rana** que quería ser más grande que un **buey** Un día, en un prado, la rana ve a un buey. Tiene envidia de su bella corpulencia E hincha su piel rugosa y pregunta a sus hijos: "¿Quién es el más grande?" "¡El buey!" respondieron ellos. "¿Y ahora?" "¡Otra vez el buey, madre!" Finalmente, a fuerza de hincharse, la rana explota Y su pobre cuerpo cae al suelo.
OCCITAN La **rana** que vòl èsser mai gròssa que lo **buòu** Un jorn, dins un prat, la rana vei un buòu. Gelosa de sa bela corpulència, Confla sa pel rugosa e demanda a sos filhs : « Qual es mai gròs ? » « Lo buòu ! » çà dison. « E ara ? » « Totjorn lo buòu, maire ! » A la fin, a fòrça de se conflar, la rana espeta E son paure còrs tomba pel sòl.	FRANÇAIS La **grenouille** qui veut se faire plus grosse que le **bœuf** Un jour, en un pré, la grenouille voit un boeuf. Tombant jalouse de sa belle corpulence, Elle enfle sa peau rugueuse et demande à ses fils : « Qui est le plus gros ? » « Le boeuf ! » répondent-ils. « Et maintenant ? » « Toujours le boeuf, mère ! » A la fin, à force de s'enfler, la grenouille éclate Et son pauvre corps retombe à terre.
ITALIANO La **rana** che voleva essere più grossa del **bue** Un giorno, in un prato, la rana vede un bue. Ingelosita della sua bella corporatura, Gonfia la sua pelle rugosa e domanda ai suoi figli: "Chi è il più grosso?" "Il bue!" rispondono loro. "E adesso?" "Sempre il bue, mamma!" Alla fine, a forza di gonfiarsi, la rana scoppia E il suo povero corpo ricade a terra.	LIMBA ROMANA **Broasca** care vrea să fie mai mare ca **boul** Într-o zi, într-o poiană, broasca vede un bou. Geloasă fiind pe frumoasa lui corpolență, Își umflă pielea rugoasă și-și întreabă fiii: „Cine e mai mare?" „Boul!" răspund ei. „Și acum?" „Tot boul, mamă!" În final, de atâta umflat, broasca explodează Și bietul ei corp cade pe pământ.

A partir da leitura plurilíngue, pede-se para os estudantes *reformularem* a fábula na sua língua de referência, o que não significa fazer especificamente uma tradução. É interessante notar que o professor pode adaptar a atividade retirando da lista versões de línguas que considere demasiado transparentes. Por exemplo, para um público de estudantes brasileiros, recomendamos, obviamente, retirar a versão em português, mas também a versão em espanhol, pois, desse modo, os estudantes terão de prestar uma atenção maior às línguas mais afastadas.

As atividades de observação sobre o texto propostas no manual Euromania se dirigem à formação do plural. Os procedimentos morfológicos — acréscimo de *-s* ou alternâncias vocálicas — são sistematizados numa tabela que os alunos preenchem com os elementos extraídos dos textos e que reproduzimos abaixo. Como vimos na segunda seção do quarto capítulo, o gênero (masculino e feminino) e o número (singular e plural) estão sistematizados tanto nos substantivos como nos artigos.

TEXTO LATINO	PRATUM	PRATA	RANA	RANAE/RANAS
TEXTO PORTUGUÊS	o prado	os prados	a rã	as rãs
TEXTO ESPANHOL	el prado	los prados	la rana	las ranas
TEXTO OCCITANO	lo prat	los prats	la rana/la granhòta	las ranas/las granhòtas
TEXTO FRANCÊS	le pré	les prés	la grenouille	les grenouilles
TEXTO ITALIANO	il prato	i prati	la rana	le rane
TEXTO ROMENO	poiană	poienile	broasca	broaștele

Tabela 50

O mesmo manual propõe uma segunda atividade que trabalha sobre o léxico completando um quadro de cognatos que revelam a origem comum da nossa família linguística: o latim.

LATIM	PORTUGUÊS	ESPANHOL	CATALÃO	OCCITANO	FRANCÊS	ITALIANO	ROMENO
rana	rã	rana	granota	rana	grenouille	rana	broască
boue	boi	buey	bou	buòu	boeuf	bue	bou
prato	prado	prado	prat	prat	prat	prato	poiană
mater	mãe	madre	mare	maire	mère	madre	mamă
pellem	pele	piel	pell	pel	peau	pelle	piere
rugosam	rugosa	rugosa	rugosa	rugosa	rugueuse	rugosa	rugosă
corpus	corpo	cuerpo	cos	còrs	corps	corpo	corp

Tabela 51

A partir desse quadro, os estudantes podem refletir sobre questões como as diferenças ortográficas e o uso de sinais como o til do português, os acentos graves do francês e do occitano e os sinais diacríticos do romeno. No nível fonético, podem ser levantadas as correspondências entre a presença ou ausência de ditongos (*boi/buey*), as mudanças consonantais e a conservação ou perda das vogais finais. Vale lembrar que esses elementos faziam parte das alavancas apresentadas no quarto capítulo. Em síntese, a partir dessas diferenças, é possível perceber as semelhanças e os pontos em comum que aproximam nossas línguas. Esses conhecimentos sistematizados (no caso, a flexão do sintagma nominal em gênero e número e às correspondências lexicais) também podem ser transferidos para próximas leituras, avançando na progressão dos estudantes.

5. *Notícias multilíngues*: atividades de leitura integrada

Enquanto as atividades precedentes desenvolviam a sensibilização para a diversidade linguística e propunham uma primeira aproximação à intercompreensão, a leitura integrada permite construir sequências didáticas em que estratégias de compreensão sejam adquiridas. Assim, essa proposta trabalha com uma série de textos diferentes sobre um mesmo assunto ou gênero textual — por exemplo, notícias de jornais de países diferentes. Como propõem Caddéo e Jamet (2013: 131), é importante calibrar com cuidado os documentos do ponto de vista qualitativo (nível de dificuldade) e quantitativo (extensão) para minimizar o impacto do contato direto com línguas diferentes. Os formadores tampouco devem esquecer o perfil do público. Alguns métodos apresentados no quinto capítulo — principalmente EuRom5, Interlat e InterRom — baseiam-se nessa metodologia de trabalho. No entanto, eles costumam trabalhar as línguas separadamente: lê-se um artigo em francês, depois um em italiano e assim sucessivamente. Sem querer criticá-los, é mais interessante trabalhar de maneira simultânea com várias línguas para evitar opor de forma frontal uma a outra. Desse modo, os estudantes estarão imersos num constante exercício de mapeamento do sistema linguístico, do *continuum*, o que agiliza a transferência das estratégias de leitura de uma língua para outra.

As atividades de leitura integrada em várias línguas visa atingir os objetivos seguintes:

(a) obter informações relevantes sobre um tema de interesse a partir de textos plurilíngues;

(b) adotar estratégias de compreensão escrita e leitura plurilíngue transferíveis entre gêneros textuais e entre línguas;

(c) desenvolver capacidades de expressão escrita reformulando na(s) língua(s) de referência as mensagens;

(d) permitir uma familiarização efetiva com a intercompreensão, o que faz com que os alunos passem a se enxergar como sujeitos plurilíngues inseridos no vasto sistema das línguas românicas.

Em seguida, apresentamos um exemplo de atividade didática:

Atividade: *Notícias multilíngues*

(1) Escolha uma mesma notícia (entre 200 e 400 palavras) de pelo menos três jornais ou de três *sites* de notícias redigidos em espanhol, galego, catalão, francês, italiano ou romeno. Copie as notícias referenciando o *link* da fonte.

(2) Leia cada notícia marcando as informações principais.

(3) Reescreva a notícia em português a partir das três fontes (150-200 palavras).

(4) Aplique as sete peneiras (*les sept tamis* de Meissner) aos títulos de cada notícia e apresente um paralelismo e um contraste linguístico ou cultural entre as línguas com as quais você trabalhou.

No momento de preparar a atividade, o formador pode selecionar uma série de notícias para trabalhar em sala de aula como primeiro exemplo de familiarização dos estudantes com tal dinâmica. Manuais como EuRom5, Interlat e InterRom apresentavam as notícias escolhidas pelas respectivas equipes didáticas. Entretanto, passada mais de uma década desde a publicação daqueles materiais, essas notícias se tornaram desfasadas. Por outro lado, a internet oferece acesso direto e atualizado a *sites* de informação e agências de imprensa internacionais (como a Reuters), cujos conteúdos estão disponíveis em um grande número de idiomas. Dessa forma, é bastante simples escolher uma notícia internacional relevante para a formação.

Os elementos paratextuais — imagens, fotografias e infográficos — que habitualmente acompanham os textos jornalísticos também trazem informações preciosas para a compreensão. Durante a atividade, o docente pode aproveitar para explicar a metodologia das sete peneiras de Meissner, que apresentamos na seção 2.1 do quinto capítulo. Vale lembrar alguns procedimentos de leitura sugeridos por Caddéo e Jamet (2013: 43) bastante simples e muito práticos:

Atividade: *Notícias multilíngues*

As estratégias a seguir ajudarão a ler os textos. Preste atenção:

(1) Faça uma primeira familiarização através do tema e do título.

(2) Faça uma primeira leitura silenciosa da totalidade do texto, em seguida retome a leitura frase a frase.

(3) Para auxiliar a leitura, as palavras que você não entender podem ser substituídas por *coisa* ou por *coisar* (se for um verbo), *coisando, coisado*. O objetivo é chegar até o final da frase.

(4) Volte a ler a frase completa para verificar se tudo ficou esclarecido ou marcar os elementos que permanecem opacos, já que eles podem ser resolvidos em outras frases do texto.

(5) Passe à frase seguinte e torne a fazer o mesmo procedimento.

Os elementos opacos e desconhecidos que, com certeza, aparecerão nos textos, muitas vezes podem ser esclarecidos pelo contexto da frase, como se observa na seguinte manchete:

> Texto fonte: *Le mythique stade Maracanã de Rio rouvre officiellement ses portes.*
> Primeira leitura: *O mítico estádio Maracanã do Rio (re)coisa oficialmente suas portas.*
> Segunda leitura: *O mítico estádio Maracanã do Rio reabre oficialmente suas portas.*

As atividades de compreensão leitora com notícias plurilíngues permitem usar as competências adquiridas de maneira significativa: a intercompreensão serve para ampliar nossas fontes de informação. Uma questão igualmente interessante é a perspectiva dos vários jornais sobre a mesma notícia derivada da ideologia do meio de comunicação que representam, do lugar geográfico e também da relação mais ou menos direta de seus leitores com o fato referido. Consoante tais atividades, é possível propor à turma a criação de uma coleção de textos, um portfólio, sobre um tema específico — como, por exemplo, um conjunto de artigos científicos plurilíngues sobre determinado objeto de pesquisa.

6. *Cinema e Romanofonia*: o trabalho em redes

As abordagens interacionistas estiveram presentes nos projetos de intercompreensão desde as suas origens nos anos 1990. Elas propõem um trabalho em rede entre falantes de várias línguas com a liberdade de usar as variedades e idiomas de sua preferência para negociar os significados e cooperar em salas de bate-papo visando a um objetivo comum ou à realização de uma tarefa. Salientamos alguns objetivos que possibilitam esse tipo de proposta didática, como:

(a) colocar em contato direto falantes de várias línguas que moram em diferentes territórios;

(b) experimentar em primeira pessoa a intercompreensão escrita e a comunicação exolíngue, negociando os significados, a fim de atingir objetivos compartilhados;

(c) descobrir tópicos de culturas que usam as línguas românicas como veículo de expressão (por exemplo, através do cinema);

(d) criar laços afetivos produzindo um sentimento comum de pertencimento, de solidariedade na diversidade.

Dentro desse recorte, Regina Célia da Silva, da UNICAMP, e Christian Degache, da UFMG, têm animado sessões de formação na plataforma Miriadi. Sob o título *Romanofonia e cinema*, eles propõem assistir uma série de filmes (aproximadamente cinco) de diferentes nacionalidades, realizados em diferentes idiomas, os quais abordam uma mesma temática. Assim, por exemplo, o tema escolhido para a sessão de 2018 foi a *Escola e a aprendizagem no cinema*. A seguir, reproduzimos a apresentação da sessão em francês e em português.

Atividade: *Cinema e romanofonia*	
Autour d'une sélection de 5 films ("Au revoir les enfants", "La historia oficial", "Caterina va in città", "Central do Brasil", "Entre les murs") qui ont en commun de montrer des situations d'enseignement et d'apprentissage variées, dans des écoles publiques ou privées, dans différents pays, différentes époques, différents contextes, en classe ou en dehors, abordant ainsi des questions liées à l'éducation et à la formation, nous formerons des groupes de travail pour publier nos productions sur le web social (Wikipédia, adorocinema, allocine, YouTube...). Pour y parvenir, nous échangerons (beaucoup!) et nous consulterons des documents oraux et écrits qui gravitent autour du cinéma, dans au moins 4 langues romanes. Cette aventure s'étendra de fin septembre à mi-décembre 2018, sur environ 10 semaines durant lesquelles, au fil de 5 étapes, nous allons collaborer, dialoguer et débattre dans cette session.	Em torno de uma seleção de 5 filmes ("Au revoir les enfants", "La historia oficial", "Caterina va in città", "Central do Brasil", "Entre les murs") que têm em comum mostrar situações de ensino e aprendizagem variada, em escolas públicas ou privadas, em diferentes países, diferentes épocas, diferentes contextos, na sala de aula ou fora dela, abordando assim questões relacionadas com a educação e a formação, formaremos grupos de trabalho para publicar nossas produções em sítios *web* (Wikipedia, adorocinema, allocine, YouTube ...). Para tanto, vamos trocar (muitas!) mensagens e vamos consultar documentos orais e escritos que giram em torno do cinema, em pelo menos 4 línguas românicas. Esta aventura acontecerá do final de setembro até meados de dezembro de 2018, durante aproximadamente 10 semanas nas quais colaboraremos, discutiremos e debateremos nesta sessão dividida em 5 etapas.
(Disponível em: https://www.miriadi.net/en/4741-20182romanofonia-e-cinema-3-l-ecole-au-cinema. Acesso em: 30 out. 2019)	

Como se explica na apresentação, a duração da sessão contempla o tempo para assistir os filmes, a apresentação dos participantes inscritos na plataforma e os primeiros intercâmbios entre eles, explicando suas motivações para participar da formação. Depois, os tutores formam grupos de trabalho para abordar diferentes temas e produzir uma tarefa final que pode ir desde a legendagem plurilíngue da cena de um filme até a produção de uma sequência didática a partir de um trecho, passando pela redação do roteiro de um curta-metragem. Muito mais informações estão disponíveis na plataforma do Miriadi.

7. *Entendi!* Trabalhando a compreensão oral desde as abordagens intercompreensivas

Em várias passagens deste livro, fizemos referência às possibilidades de intercompreensão oral entre falantes de línguas românicas e, de fato, muitas das estratégias de compreensão escrita podem ser transferidas para a produção oral. Mas não podemos esquecer que a escrita permite voltar ao texto em leituras sucessivas para resolver as partes opacas e acessar o conteúdo. Na oralidade, predomina a imediatez e torna-se mais complicado pedir a nosso interlocutor que reformule ou repita sua mensagem constantemente. Além disso, o francês e o português de Portugal apresentam padrões prosódicos que, sem uma familiarização prévia, os tornam pouco transparentes aos ouvidos dos outros falantes de línguas românicas. Os contrastes fonológicos e os pares mínimos (entre vogais semifechadas e semiabertas em português e em catalão, entre consoantes simples e duplas em italiano, entre /r/ vibrante simples e múltipla em espanhol etc.) também diferem de uma língua a outra, o que torna complicado transferir tais competências.

Apesar disso, a maioria dos materiais didáticos — EuRom5, Galatea, Euromania, Itinerários Românicos entre outros — apresentam uma versão oral dos textos escritos. Recomendamos esse trabalho simultâneo entre texto oral e texto escrito para acessar o significado — aplicando estratégias de leitura — e se familiarizar com a *música* e os *sons* de cada língua, mapeando progressivamente as relações entre grafemas e fonemas.

Também é interessante propor atividades com músicas ou vídeos centrados na oralidade que completem com texto escrito as informações orais. Apresentamos como exemplo um vídeo realizado pelo Departamento de Cultura do Governo da Catalunha — *la Generalitat* — intitulado *El català, llengua per a tothom* ("o catalão uma língua para todos") com o objetivo de apresentar essa língua como um veículo atual de progressão social aberto à produção das artes e das ciências. A finalidade divulgativa do vídeo faz dele uma boa opção como material didático autêntico em sala de aula.

Os objetivos visados com essa atividade são:

(a) familiarizar os estudantes com a sonoridade de uma nova língua, o catalão (nesse ponto, cabe dizer que existem diferenças dialetais entre os falantes que aparecem no vídeo);

(b) propor uma interação entre a mensagem oral e os dados escritos como fontes complementares para extrair informações relevantes;

(c) desenvolver um conhecimento metalinguístico: usa-se o catalão para falar sobre o catalão.

Certamente o formador pode decidir assistir o vídeo mais de uma vez com a turma para que ela tenha tempo suficiente de retomar as informações e responder as perguntas.

Atividade: *Entendi!*

(1) Què saps tu del català? Mira i escolta amb atenció el següent vídeo publicat pel Departament de Cultura de la Generalitat de Catalunya, després respon a les qüestions que et proposem.

El català, llengua per a tothom
(Disponível em: https://youtu.be/Yt-Nnuw_Y90, acesso em: 30 abr. 2019)

(a) Quantes persones saben parlar avui en dia el català?
(b) Quantes persones adultes han estudiat català des del 1991?
(c) A quins àmbits acadèmics i culturals el català està present?
(d) Al rànquing de llengües més parlades de la Unió Europea, el català quina posició ocupa?
(e) En quines situacions de la vida quotidiana la gent parla en català?

(2) Numa escala de 1 a 5, onde 1 é "nada transparente" e 5 é "muito transparente", como você classifica o grau de transparência do catalão falado e escrito.
Català escrit: 1, 2, 3, 4, 5.
Català oral: 1, 2, 3, 4, 5.

Como explicam Caddéo e Jamet (2013: 95), ao planejar a programação de um curso ou de uma formação, é necessário decidir se será dada prioridade: a um módulo escrito, seguido de uma formação específica para desenvolver as capacidades de compreensão oral; ou ao trabalho simultâneo com documentos escritos e documentos orais para facilitar a passagem de um canal ao outro. Enquanto prática ancestral, a intercompreensão funcionou oralmente entre falantes sem letramento. Por esse motivo, não faz sentido fazer uma formação sem levar em consideração essa dimensão das línguas em contato.

8. *Adote uma língua*: reconhecimento das características de uma língua dentro do *continuum* linguístico

A partir de nossas próprias experiências como formadores em intercompreensão em línguas românicas, observamos que uma prática bastante comum nas disciplinas ofertadas em universidades de vários países é propor aos estudantes a escolha de uma língua para apresentar ao conjunto da turma. Esse tipo de dinâmica costuma funcionar bastante bem com um público de alunos dos cursos de Letras ou áreas afins, que conta com uma base de conhecimentos linguísticos e metalinguísticos. Também devemos considerar que tais estudantes vão se tornar professores de línguas maternas e estrangeiras. Em suma, essa atividade será relevante principalmente na formação de formadores.

Levando em consideração essas premissas, apresentamos um exercício com os seguintes objetivos didáticos:

(a) refletir sobre as características gerais do *continuum* linguístico e da família românica a partir da descrição de um dos seus membros;

(b) abrir um espaço na sala de aula para as línguas não hegemônicas: crioulas (haitiano, cabo-verdiano, papiamento etc.) e regionais (galego, occitano, friulano, sardo, talian etc.);

(c) criar um laço afetivo entre os estudantes e essas línguas, tomando consciência da riqueza desse patrimônio e da importância de conservar e respeitar a diversidade linguística da humanidade;

(d) atualizar de maneira aplicada os estudos comparativos da linguística românica que deram origem às abordagens intercompreensivas;
(e) aumentar a autoestima e a curiosidade dos alunos, que se tornam *especialistas* num idioma até então desconhecido.

Eventualmente, os contatos linguísticos também podem ser tema das apresentações, apresentando, por exemplo, os elementos românicos em inglês, os contatos linguísticos do português e do espanhol com o guarani (ou com outras línguas indígenas), os empréstimos das línguas germânicas nas línguas românicas e vice-versa etc.

Parece-nos adequado prever essas atividades no calendário da formação dando tempo suficiente para os alunos buscarem as informações e prepararem suas apresentações. Podemos aproveitar as instruções da atividade para trabalhar línguas que tenham sido previamente apresentadas (neste caso usamos o espanhol).

Atividade: *Adote uma língua*

(1) En grupos de dos o tres personas vamos a presentar una lengua románica. Cada grupo deberá buscar informaciones sobre:
(a) la formación histórica de esa lengua;
(b) las características principales que la diferencian de las otras lenguas de la família;
(c) un documento escrito (como una breve noticia, un cuento, la letra de una canción) o/y un documento audiovisual (una canción, un video, un cortometraje) que permita el contacto directo de nuestros(as) compañeros(as) con el idioma presentado.

Importante: se debe tener en cuenta la finalidad didáctica a la hora de presentar ese contenido.

Essa atividade possibilita uma grande adaptação a perfis de estudantes diferentes (de graduação e de pós-graduação). O docente pode orientar a duração dos seminários (quinze minutos, trinta etc.), assim como o formato (em vez de seminários orais, pode se apresentar um relatório ou um breve dossiê). A atividade também pode ser avaliada e, posteriormente, integrada na nota final da formação. Além disso, hoje em dia a internet permite acessar conteúdos de enciclopédias plurilíngues, *sites* de associações culturais, materiais didáticos *online* e muitas outras fontes de informação. Para tanto, aconselhamos a consulta do material "A odisseia das línguas latinas", ao qual fizemos referência na seção 5.3 do quinto capítulo (disponível em: http://www.unilat.org/DPEL/Promotion/L_Odyssee_des_langues/pt, acesso em: 30 out. 2019).

9. *Tão longe e tão perto*: introdução à fraseologia plurilíngue através da intercompreensão

A fraseologia é a área da linguística que estuda os provérbios, as expressões idiomáticas e as frases com sentido fixo. Construções desse tipo estão presentes em todas as línguas do mundo, pois, como explica Moreno Cabrera (2016: 59), os procedimentos retóricos são uma das características da linguagem humana. Elas não têm um significado literal — por exemplo, *bater as botas* com o significado de morrer — e respondem a uma cultura material que muda segundo o ambiente e a época — por exemplo, *enfiar o pé na jaca* faz referência a uma fruta bem presente no Brasil. Os estudantes de línguas estrangeiras tendem a pensar que essas expressões são muito diferentes das existentes em suas línguas maternas e, além disso, esse tipo de conteúdo não costuma receber atenção nas aulas, que priorizam recursos comunicativos mais imediatos.

A atividade a seguir foi desenvolvida no contexto das atividades de monitoria de Brenda Buschle na disciplina Intercompreensão em Línguas Românicas do curso de Letras da UFPR e conduzida durante o primeiro semestre de 2018. A proposta era selecionar alguns fraseologismos em português, espanhol e romeno. Assim, os objetivos que esperamos atingir com essa atividade são:

(a) refletir sobre a distância e a proximidade entre as línguas românicas;

(b) problematizar os elementos de opacidade e transparência das línguas, os recursos que cada cultura usa para criar metáforas e como eles respondem a tendências universais;

(c) sensibilizar os estudantes para a importância desses provérbios na comunicação, colocando o centro da atenção em um recurso expressivo muitas vezes negligenciado nas aulas de língua estrangeira;

(d) observar o léxico transparente e a formulação desses ditados.

As frases, escritas em pequenos bilhetes, eram passadas à turma, que devia organizar as correspondências entre os idiomas. Eventualmente, outras línguas poderiam ser acrescentadas a nossa proposta. A seguinte tabela apresenta as frases selecionadas:

	PORTUGUÊS	ESPANHOL	ROMENO
1	Em terra de cego, quem tem um olho é rei.	En el país de los ciegos, el tuerto es el rey.	În țara orbilor, cel cu un ochi este împărat.
2	Antes tarde do que nunca.	Más vale tarde que nunca.	Mai bine mai târziu decât niciodată.
3	Mais vale um pássaro na mão do que dois voando.	Más vale pájaro en mano que ciento volando.	Cine aleargă după doi iepuri, nu prinde niciunul.
4	Todos os caminhos levam a Roma.	Todos los caminos conducen a Roma.	Toate drumurile duc la Roma.
5	Diz-me com quem andas que te direi quem és.	Dime con quién andas y te diré quién eres.	Spune-mi cu cine te însoțești, ca să-ți spun cine ești.
6	Onde há fumaça, há fogo.	Donde hay humo, hay fuego.	Nu iese fum fără foc.
7	Falando no diabo, aparece o rabo.	Hablando del rey de Roma, por la puerta asoma.	Vorbești de lup și lupul la ușă.
8	Os olhos são as janelas da alma.	Los ojos son el espejo del alma	Ochii sunt fereastra sufletului.
9	Cão que ladra não morde.	Perro ladrador, poco mordedor	Câinele care latră nu mușcă.
10	Jogar pérolas aos porcos.	Echar perlas a los cerdos	A da perle la porci.

Um rápido exame das frases permite observar que algumas (como 2, 4, 5, 6, 8, 9, 10) são muito transparentes para os leitores brasileiros. Outras (como 7) têm paralelismos quanto à forma — ao falar de uma personagem considerada tabu, ela aparece —, mas essa personagem em português é associada ao diabo, em espanhol, ao Papa (*el rey de Roma*) e em romeno, ao lobo (*lupul*). De forma semelhante, na frase 1, as versões fazem referência à figura do *rei/rey*, mas em romeno se fala do *imperador* (*împărat*). A frase número 3 em romeno coloca "duas lebres" (*doi iepuri*), coincidindo com o português (*dois pássaros*). Já o espanhol prefere um número muito maior, impossível de abranger, *ciento* (cem). A partir dessa atividade, o formador poderia refletir com a turma sobre como a forma das frases e o contexto atuam estrategicamente facilitando a compreensão para além dos elementos de opacidade.

10. *O latim, uma língua com boa saúde*: tecendo pontes entre as línguas clássicas e as línguas modernas através da intercompreensão

As grandes mudanças ocorridas no campo da linguística aplicada durante os séculos XX e XXI reformularam profundamente o ensino-aprendizagem de línguas estrangeiras modernas. Entretanto, elas quase não tiveram nenhum impacto no ensino das chamadas línguas clássicas (o latim, o grego, o antigo hebraico, o sânscrito etc.). O trabalho nessas aulas continua se dedicando principalmente à tradução de textos e ao ensino da gramática. Além disso, o latim clássico e o grego antigo costumam ser estudados de forma estanque sem relação direta com suas variações atuais: as línguas românicas e o grego moderno. O professor Guy Cherqui (2013, *apud* DGLFLF, 2016: 15) explica:

> Ao isolar as línguas antigas em suas formas exclusivamente clássicas, sem mencionar jamais suas evoluções, suas variações, a riqueza dessa história, privamos os estudantes da identidade dessas línguas e de uma história suscetível de encantá-los[1].

Isoladas como testemunhas de um mundo cada vez mais longínquo e incompreensível, as línguas clássicas vivem um longo declínio na maioria dos sistemas educacionais, que questionam sua *utilidade* no panorama atual. Apesar disso, elas continuam sendo de enorme importância nos campos da ciência, na formação de neologismos, e também nos

[1] "En isolant les langues anciennes dans leurs formes exclusivement classiques, sans jamais parler de leurs évolutions, de leurs variations, de la richesse de cette histoire, on prive les élèves de ce qui fait l'identité de cette langue et d'une histoire susceptible de les passionner."

cursos de direito, cujos estudantes ainda têm aulas de direito romano. Assim, uma renovação no ensino de línguas clássicas poderia focalizar a sua conexão com os idiomas modernos e o desenvolvimento de habilidades metalinguísticas dos alunos, fazendo dele um conhecimento significativo. Tais conexões abrangem não só as línguas românicas — derivadas do latim vulgar —, mas também o léxico de outros idiomas — como o inglês e, em menor medida, o alemão — que, como foi dito no quarto capítulo, tomaram inúmeros termos do latim e do grego.

A partir dessas considerações, apresentamos um exercício com os seguintes objetivos didáticos:

(a) desenvolver habilidades metacognitivas discutindo a relação entre o léxico (elemento relativamente transparente) e a morfossintaxe (elemento de opacidade do latim para os falantes de línguas românicas);

(b) desenvolver habilidades de letramento utilizando a pontuação para organizar a leitura em unidades de significado menores e, por isso, mais facilmente assimiláveis (essa habilidade serve para qualquer texto escrito em qualquer língua);

(c) refletir sobre a distância e a proximidade linguística não só no eixo espacial, mas também temporal, percebendo que cada língua é o veículo de uma cultura e que existe uma opacidade intrínseca em todas elas;

(d) melhorar a autoestima dos estudantes ao conferirem que eles conseguem interagir com um texto escrito vinte séculos atrás (pense então o que não serão capazes de fazer com textos atuais em espanhol ou em italiano!).

Para tanto, propomos a leitura do início da *Guerra da Gália* de Júlio César, uma obra que narra em primeira pessoa as campanhas militares do general romano entre o ano 58 e o ano 52 antes da Era Comum, que tiveram como resultado a conquista e a romanização do território hoje ocupado pela França. O texto a ser trabalhado numa aula de aproximadamente duas horas de duração são apenas as duas sentenças que abrem o primeiro livro da obra. O texto vai acompanhado de um mapa, elemento paratextual relevante para a compreensão.

Atividade: O latim, uma língua com boa saúde

Gallia est omnis divisa in partes tres, quarum unam incolunt Belgae, aliam Aquitani, tertiam qui ipsorum lingua Celtae, nostra Galli appellantur. Hi omnes lingua, institutis, legibus inter se differunt. Gallos ab Aquitanis Garumna flumen, a Belgis Matrona et Sequana dividit.

CAIUS IULIUS CAESARIS - DE BELLO GALLICO, LIBER PRIMUS

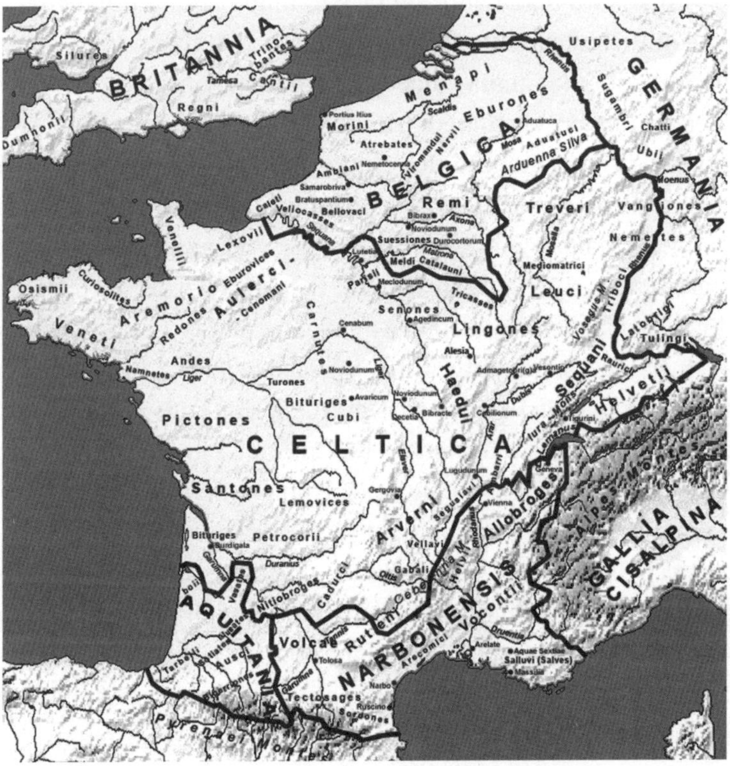

A Gália no tempo de Júlio César[2]

(1) Le o comezo do Primeiro Libro da *Guerra das Galias* de Xulio César en latín, observa o mapa e responde as seguintes cuestións:

(a) Identifica as palabras transparentes e aquelas que consegues entender aínda que teñas algunhas dificultades.

(b) Consegues entender o significado xeral? Explícao coas túas palavras.

(c) Cantas partes explica César que compoñen a Gália? Por que son diferentes entre si?

(d) Enumera os elementos que axudan e os que dificultan a comprensión.

---

[2] Fonte: Creative Commons. Disponivel em: https://bit.ly/2p29hOM. Acesso em: 30 out. 2019.

Essa atividade permite ampliar o trabalho com leitura plurilíngue, mas também poderia ser usada para uma primeira sensibilização com o latim. Aconselhamos que as instruções das atividades sejam dadas numa língua diferente do português, trabalhando assim em intercompreensão dentro da proposta do ensino integrado e das abordagens plurais. No exemplo que segue, escolhemos o galego, considerando duas vantagens: a primeira é sua enorme proximidade com o português, o que torna os enunciados muito transparentes, a segunda é trazer para uma posição central uma língua considerada não hegemônica e minoritária.

Fazendo um breve comentário das respostas esperadas, a primeira pergunta dirige a atenção dos alunos para o léxico que, nesse trecho, mostra grande proximidade com o português. Primeiramente, há termos transparentes: Gallia = Gália; est = é; divisa = divisa/dividida; in = em; partes = partes; três = três; unam = uma; Belgae = Belgas; tertiam = terça/terceira; qui/quarum = que; lingua = língua; Celtae = Celtas; nostra = nossa; Galli = Gauleses; institutis = instituições; legibus = leis (pensemos no termo erudito *legislar*) ; inter se = entre si; differunt = diferem; ab = a; Aquitanis = Aquitanos; Garumna = Garona (um rio do sul da França que aparece no mapa); Belgis = Belgas; Matrona = atual Marne (rio do norte da França que aparece no mapa); et = e; Sequana = Sena (rio que aparece no mapa); dividit = divide. Outros termos menos transparentes podem ser omitidos numa primeira leitura para conseguir chegar até o final da sentença. Assim, por exemplo, os alunos podem "pular" *omnis* na primeira frase por considerá-lo um elemento opaco: *Gallia est (omnis) divisa in partes tres*, chegando assim ao significado: "A Gália é dividida em três partes".

Num segundo momento, o docente pode escrever no quadro esses elementos opacos: o adjetivo *omnis* aparece também na forma *omnes* e significa *todo(a)*. Em português, podemos encontrá-lo em palavras eruditas como *onipotente* (quem pode tudo), *onipresente* (que está em todo lugar), *onívoro* (que come de tudo) e inclusive em *ônibus,* uma forma em caso dativo daquela mesma palavra que significa precisamente "para todos" e que foi usada para definir esse meio de transporte público.

O pronome *aliam* significa "a outra", ou seja, a segunda das três partes citadas por César. Esse étimo reaparece em palavras do português como *alheio/a*, *alien* (as criaturas que vêm de outro planeta!) e *alienado/a*.

Já *ipsorum* é um pronome que significa "eles mesmos", inclusive a palavra *mesmo* do português — assim como *mismo* em espanhol, *mateix* em catalão, *même* em francês, *medesimo* em italiano — procede da forma do latim vulgar **metispe* ou **metipsimus,* onde conseguimos reconhecer *ipse* aglutinado. Talvez nossas leitoras e leitores tenham ouvido — ou usado — o latinismo *ipso facto* no sentido de "por isso mesmo; pelo fato em si".

A forma *appellantur* pertence ao verbo *appellare,* que significa "chamar" em latim, e em português a encontramos nos termos *apelar, apelido.* As pessoas que estudaram francês com certeza aprenderam frases como *je m'appelle* ("eu me chamo").

Por fim, o termo *flumen* significa "rio" em latim. À primeira vista, pode parecer uma palavra muito opaca, mas a encontramos em termos derivados como *fluminense,* adjetivo relativo ao Estado do *Rio* de Janeiro. Descobrimos assim a relação entre o substantivo *rio* e o adjetivo *fluminense* em português. Por outro lado, as pessoas que tenham conhecimentos de italiano seguramente apontariam que nessa língua *rio* se diz *fiume.*

Uma vez respondida a primeira pergunta sobre o léxico, podemos abordar a segunda, que pede para explicar o significado do trecho. Entramos assim na morfossintaxe e no sistema da declinação casual, que marca a função dos substantivos, adjetivos e pronomes na sentença. Esses elementos são extremamente opacos para um leitor romanófono contemporâneo e precisam ser estudados de maneira formal. Porém, nosso objetivo aqui é simplesmente nos aproximarmos do significado global.

O trecho é uma descrição geográfica da Gália e o mapa ajuda a visualizar os territórios mencionados por Júlio César. Nessa altura, cabe dizer que a Gália Cisalpina e a província a Narbonensis, Gália Narbonense no arco mediterrâneo, já tinham sido colonizadas pelos romanos antes de César, cujas campanhas estenderam o domínio para o norte. Entendendo a primeira frase *"Gallia est (omnis) divisa in partes tres"*, os alunos serão levados a reconhecer qual é cada uma dessas três partes numeradas no texto: *unam incolunt Belgae*, uma, a primeira, é habitada pelos belgas (ao norte); *aliam Aquitani*, a outra, a segunda, é habitada pelos aquitanos (ao sul); *tertiam qui ipsorum lingua Celtae, nostra Galli appel-*

lantur, a terceira é propriamente a Gália dos gauleses, na região central. Sobre essa última parte, César dá mais informações, dizendo: "*Ipsorum lingua [appellantur] Celtae, nostra [lingua] Galli appellantur*," ou seja: na língua deles se chamam celtas, na nossa os chamamos de gauleses. O latim permitia uma grande liberdade na colocação das palavras, podendo omitir alguns termos nas sentenças, o que dificulta a leitura, pois precisamos deduzir *aquilo que falta*. O ponto marca o final dessa unidade de sentido, uma vez compreendida a primeira frase, podemos passar para a seguinte: *"Hi omnes lingua, institutis, legibus inter se differunt"*. Aqui é interessante localizar o verbo (*differunt*), colocado no final da sentença; o significado geral seria algo assim como "todos eles diferem entre si por causa da língua, das instituições e das leis". A última parte explica os rios que separam (*dividit*) esses três povos: "*Gallos ab Aquitanis Garumna flumen [dividit], a Belgis Matrona et Sequana [flumen] dividit*". Ou seja, "os gauleses dos aquitanos, o rio Garona separa, e dos belgas os separam os rios Marne e Sena".

Em síntese, o léxico estudado nesse breve fragmento revela todo um *continuum*, uma rede que reúne vários registros do português com outras línguas românicas e com o próprio latim. Cabe ao docente ativar todos esses conhecimentos para mostrar o profundo nexo que une o português atual ao latim falado por generais romanos como Júlio César dois mil anos atrás. As estratégias de leitura utilizadas — como segmentar as sentenças em unidades menores mediante a pontuação ou *pular* as palavras não transparentes — podem ser transferidas para a leitura de outros textos.

Assim, os estudantes do curso de latim têm tudo a ganhar integrando a intercompreensão em suas práticas didáticas. Como resultado positivo, podemos acrescentar que o conhecimento dos textos clássicos, mesmo sendo parcial, amplia consideravelmente a cultura letrada.

11. *Uma aula de intercompreensão, uma aula em intercompreensão*: planejamento de unidades didáticas na formação de formadores

Vários projetos desenvolvidos no quadro da intercompreensão contemplam, além da sensibilização e da formação do público geral, a formação de formadores. De igual modo, as equipes que trabalham nas universidades latino-americanas e europeias vêm propondo cursos de formação continuada junto às secretarias de educação. Dentro desse recorte, a atividade apresentada a seguir seria adequada para concluir um curso de formação de formadores. A proposta é planejar uma aula ou uma unidade didática a partir das teorias apresentadas durante a formação que insiram a prática da intercompreensão nas abordagens plurais para o ensino de línguas e de culturas. Portanto, pode-se visar à sensibilização com um entorno plurilíngue, ao ensino de uma língua específica (português como língua estrangeira ou materna, espanhol, francês, italiano ou mesmo inglês) desde uma perspectiva intercompreensiva, ou usar a intercompreensão para trabalhar conteúdos disciplinares (história, ciências, matemática etc.). Por essa razão, colocamos no título da atividade uma aula *de* e *em* intercompreensão, sendo a abordagem meio e fim, veículo do conteúdo e matéria de ensino ao mesmo tempo.

Os objetivos são os seguintes:

(a) contribuir para que os estudantes se apropriem da intercompreensão como uma ferramenta útil para o ensino de línguas (materna e estrangeira) ou como veículo de outros conteúdos disciplinares;

(b) avaliar o grau em que os estudantes assimilaram as propostas teóricas e metodológicas da intercompreensão;

(c) renovar, aprimorar e diversificar as práticas docentes adaptadas aos seus respectivos contextos;

(d) ampliar, mediante a prática, as teorias que sustentam nossa reflexão criando uma relação dialógica entre ambos os elementos.

Como essa atividade está pensada para ser feita ao final de uma formação, depois de ter trabalhado com leitura plurilíngue, as instruções serão formuladas em várias línguas do *continuum* românico.

Os participantes da formação deverão entregar essa ficha com o plano de aula preenchido e com as atividades criadas a partir deste quadro. Do ponto de vista didático, pode ser interessante explicar a atividade nas primeiras aulas da formação em intercompreensão, porque assim os estudantes terão em vista a atividade final e poderão pensar em como formular as atividades desde suas próprias experiências. Igualmente, se poderia reservar um tempo, na metade da formação, para os estudantes apresentarem suas propostas antes de entregar a versão final. Por último, para que as aulas planejadas pelos estudantes não fiquem no papel e sejam de fato conduzidas, no contexto universitário brasileiro, a extensão oferece um espaço aberto para acolher este tipo de propostas; ou seja, as atividades planejadas na formação de formadores poderiam ser integradas posteriormente num curso de extensão aberto para a comunidade externa.

Atividade: *Uma aula de intercompreensão, uma aula em intercompreensão*

Elabore uma unidade didática de língua estrangeira (francês, espanhol, inglês, italiano, PLE), de língua materna, ou de alguma outra disciplina em que você apresente a intercompreensão aos alunos e a utilize como ferramenta didática. Para tanto, deverá completar e descrever os seguintes pontos:

(a) **Objetivos** didácticos y **procedimientos**: enumera los objetivos de la actividad y los procedimientos didácticos y de evaluación que pretendes utilizar relacionándolos con el contenido.

(b) **Contenuto** specifico della lezione: (spiega che **tipo di esercizi** saranno fatti: lettura plurilingue, questioni culturali, risveglio alle lingue, ascolto, interazione plurilingue nei chats ecc.).

(c) **Durada del curs**: si consideres una sola sessió o una sèrie de lliçons.

(d) **Public cible** (âge, profil académique ou professionnel etc.) et **contexte**: formel (scolaire, universitaire) ou informel (activité extrascolaire, associations etc.).

(e) **Modalitate** de învățământ (presential, distanță, *online*).

(se precisar, pode acrescentar outros itens)

Referências bibliográficas

12. A avaliação da formação

Para concluir esse breve percurso de propostas didáticas em intercompreensão, precisamos falar da avaliação. Como explicamos na seção

6 do quinto capítulo, existem alguns quadros que propõem descritores para avaliar as competências em intercompreensão, nomeadamente o CARAP, o REFIC e o REFDIC. O projeto Eval-IC deverá servir para reunir todos esses documentos de uma forma mais coerente, dando como resultado esperado, a longo prazo, um efeito retroativo nas atividades didáticas. Já que é preciso fazer a avaliação continuada das atividades ao longo da formação, a criação de um portfólio plurilíngue reunindo os documentos elaborados pela turma pode ser um instrumento válido. A competência de compreensão leitora, por exemplo, também pode ser avaliada mediante a reformulação oral do conteúdo por parte do aluno, integrando assim várias competências.

Ao finalizar a formação, é conveniente passar um questionário de avaliação da formação aos participantes. Hoje em dia, há recursos na internet que nos permitem criar esse tipo de formulários e enviar em versão digital ou impressa. Os dados coletados são preciosos para melhorar as atividades de ensino de intercompreensão e também como *corpus* da pesquisa científica. A seguir, reproduzimos o questionário proposto por Valente (2015: 118-120) para estudantes da UFPR.

ANEXO

Questionário sobre o curso de intercompreensão

Chegamos ao final das aulas de Intercompreensão. Esperamos que você tenha gostado de participar desse curso. Solicitamos alguns minutos do seu tempo para preencher este questionário, independentemente do número de aulas frequentadas. Esse questionário é muito importante para a nossa pesquisa e pode ser útil para você ter um olhar reflexivo sobre o que aprendeu 🙂

Muito obrigadas e obrigado,

Sara, Xavi e Karine

1. Qual é sua idade?

____

2. A quantas aulas você assistiu? (número aproximado, total 15 aulas)

____

3. Quais eram suas expectativas? (várias opções possíveis)
   - ☐ Conhecer mais sobre as línguas românicas
   - ☐ Aprender a entender as línguas românicas
   - ☐ Conhecer mais sobre as diferentes culturas dos países latinos
   - ☐ Aprender a entender uma língua em particular
   - ☐ Outras, especifique: ________________________

4. O curso atingiu as suas expectativas?
   - ☐ Completamente
   - ☐ Quase completamente
   - ☐ Mais ou menos
   - ☐ Suficientemente
   - ☐ Não

5. O curso de intercompreensão fez você descobrir aspectos culturais que desconhecia dos países falantes de línguas românicas?
   - ☐ Não
   - ☐ Sim, especifique quais aspectos culturais e de que língua:

   ____

6. A intercompreensão ajudou você a ser mais consciente das características da sua língua materna?
   - ☐ Não
   - ☐ Sim, de quais características da sua língua você ficou mais consciente?

   ____

7. A intercompreensão modificou a sua ideia do que quer dizer "conhecer uma língua"?
   - ☐ Não
   - ☐ Sim, detalhe qual era sua ideia anterior a respeito de "conhecer uma língua" e qual é agora:

   ____

8. Classifique de 1 a 5 cada língua, de acordo com a sua ideia de compreensão ANTES do curso (1 achava muito difícil de entender, 5 muito fácil).

	1	2	3	4	5	
Catalão						Catalão
Espanhol						Espanhol
Francês						Francês
Galego						Galego
Italiano						Italiano
Romeno						Romeno

9. Classifique de 1 a 5 cada língua, de acordo com a sua ideia de compreensão DEPOIS do curso (1 achava muito difícil de entender, 5 muito fácil).

	1	2	3	4	5	
Catalão						Catalão
Espanhol						Espanhol
Francês						Francês
Galego						Galego
Italiano						Italiano
Romeno						Romeno

10. Classifique de 1 a 5 cada língua, de acordo com a sua percepção de distância/proximidade em relação ao português que você tinha ANTES do curso (1 achava muito próximo, 5 muito distante).

	1	2	3	4	5	
Catalão						Catalão
Espanhol						Espanhol
Francês						Francês
Galego						Galego
Italiano						Italiano
Romeno						Romeno

11. Classifique de 1 a 5 cada língua, de acordo com a sua percepção de distância/proximidade em relação ao português que você tinha DEPOIS do curso (1 achava muito próximo, 5 muito distante).

	1	2	3	4	5	
Catalão						Catalão
Espanhol						Espanhol
Francês						Francês
Galego						Galego
Italiano						Italiano
Romeno						Romeno

12. O que você mais gostou em relação ao conteúdo apresentado durante as aulas? (pode escolher duas respostas)
   - ☐ A parte linguística comparativa (tabelas comparativas com o léxico, com a gramática geral em várias línguas etc.)
   - ☐ A parte linguística de uma língua em particular (quando a gente explicava o uso de UMA língua-alvo; por exemplo: a negação do francês, os pronomes em catalão);
   - ☐ O descobrimento de novas línguas e variedades
   - ☐ A parte sociocultural dos países com línguas românicas
   - ☐ Outros, especifique: ______________________

13. A intercompreensão contribuiu na sua formação acadêmica ou profissional?
   - ☐ Não
   - ☐ Sim, em que? ______________________

Costumamos finalizar a formação — seja ela presencial ou à distância, tenha o formato de uma disciplina própria, de um módulo dentro de uma disciplina, de uma oficina ou de um minicurso — agradecendo pela atenção e esperando que a chave da intercompreensão lhes permita abrir portas e avançar por novas trilhas.

Obrigado — Grazas — Gracias — Gràcies — Mercé — Merci — Mèsi — Grazie — Grazia — Mulțumesc

Referências bibliográficas

BAGNO, M. *Gramática pedagógica do português brasileiro.* São Paulo: Parábola, 2012.

___. *Preconceito linguístico.* São Paulo: Parábola, 2015.

___; CARVALHO, O. L. S. *Gramática brasileña para hablantes de español.* São Paulo: Parábola, 2015.

___. *Dicionário crítico de sociolinguística.* São Paulo: Parábola, 2017.

BANNIARD, M. *Du latin aux langues romanes.* Paris: Nathan Université, 1997.

BASSETTO, B. F. "O romeno no contexto românico". *Organon*, nº 44/45, jan.-dez., Porto Alegre, 2008, pp. 39-52.

___. *Elementos de filologia românica.* vol. I e II. São Paulo: Edusp, 2010.

BEACCO, J. C.; BYRAM, M. (orgs). *De la diversité linguistique à l'éducation plurilingue: guide pour l'élaboration des politiques linguistiques en Europe.* Conseil de L'Europe, Division des politiques linguistiques. Strasbourg: Conseil de l'Europe, 2007. Disponível em: www.coe.int/lang/fr. Acesso em: 30 out. 2019.

BEC, P. *Manuel pratique de philologie romane,* vols. 1 e 2. Paris: Picard. 1970.

BLANCHE-BENVENISTE, C. *Eurom 4. Méthode d'apprentissage simultané de quatre langues romanes.* Firenze: La Nuova Italia Editrice, 1997.

___. Formes de compréhension approximative. In: CASTAGNE, E. (dir.). *Les Enjeux de l'intercompréhension.* Reims: Presses universitaires de Reims, 2007, pp. 167-79. Disponível em: http://logatome.eu/Enjeux%20intercomprehension.pdf. Acesso em: 30 out. 2019.

BOIA, L. *Istorie si mit in constiinta romaneasca.* Bucareste: Humanitas, 2017.

BONVINO, E.; CADDEO, S.; VILAGINES, E.; PIPPA, S. *EuRom5: Leggere e capire 5 lingue romanze. Portugues; español; italiano; català; français.* Milão: Hoepli, 2011.

BRITO, A. M.; OLIVEIRA NETO, G.; LOHSE, B. *Gramática comparativa Houaiss — Quatro línguas românicas.* São Paulo: Publifolha, 2011.

CADDEO, S. Trois langues romanes au service de l'enseignement du français — Aspects morphologiques et syntaxiques. In: CANDELIER, M.; LOANNITOU, D.; VASSEUR, M.-T. (dir.), en collaboration avec E. Vilaginés Serra. *Conscience du pluriliguisme: pratiques, représentations et interventions.* Rennes: Presses Universitaires de Rennes, 2008, pp. 219-232.

___; JAMET, M-C. *L'intercompréhension: une autre approche pour l'enseignement des langues.* Paris: Hachette, 2013.

CANDELIER, M. *L'éveil aux langues à l'école primaire. Evlang: bilan d'une innovation européenne.* Louvain-la-Neuve: De Boeck, 2003.

CAPUCHO, F.; MARTINS, A.; DEGACHE, C.; TOST, M. P. (eds). *Actes du colloque Diálogos em Intercompreensão.* Lisboa: Universidade Católica Editora. 2007.

CASTAGNE, E. (coord.). *Intercompréhension et inférences — Intercomprehension and inférences.* Reims: Presses universitaires de Reims, 2004. Disponível em: http://logatom.free.fr/eurosem2003.pdf. Acesso em: 30 out. 2019.

___. (coord.). *Les enjeux de l'intercompréhension — The stakes of intercomprehension.* Reims: Presses Universitaires de Reims-Épure, 2005-2007.

CASTILHO, A. T. de. Os mostrativos no português falado. In: Castilho. A. T. de (ed.) *Gramática do português falado*, vol. 3. Campinas: Unicamp, 1993. pp. 119-143

CERQUIGLINI, B. *L'Accent du souvenir.* Paris. Éditions de Minuit. 1995.

CONSELHO DA EUROPA. *Quadro europeu comum de referência para as línguas: Aprendizagem, ensino, avaliação.* Versão em português. Lisboa: Edições ASA, 2018.

CONSELHO DA EUROPA. *Guia para o desenvolvimento das políticas de educação linguística.* 2007.

CONTI, V. et GRIN, F. (coord.). *S'entendre entre langues voisines: vers l'intercompréhension.* Genève: Georg, 2008

CORTÉS VELÁSQUEZ, D. *Intercomprensione orale. Ricerca e pratiche didattiche.* Roma: Le lettere dell'università, 2015.

COSTE, D. Quelques remarques sur la diversification des langues en contexte scolaire. In: CDL--LIDILEM. *De la didactique des langues à la didactique du plurilinguisme. Hommage à Louise Dabène. Grenoble.* Grenoble: Université Stendhal-Grenoble-III, 1998.

___; CAVALLI, M. *Education, mobilité, altérité. Les fonctions de médiation de l'école.* Strasbourg: Conseil de l'Europe, 2015. Disponível em: https://rm.coe.int/education-mobilite-alterite-les--fonctions-de-mediation-de-l-ecole/16807367ef. Acesso em: 30 out. 2019.

CUQ, J.-P. *Dictionnaire de didactique du français langue étrangère et seconde.* Paris. CLE international, 2003.

DABÈNE, L. L'enseignement de l'espagnol aux francophones: pour une didactique des langues voisines. *Langages* 39, 1975, pp. 51-61.

___. *Repères sociolinguistiques pour l'enseignement des langues.* Paris: Hachette, 1994.

DALGALIAN, G. *Enfances plurilingues.* Paris: L'Harmattan, 2000.

DABÈNE, L; DEGACHE. C. (eds). Comprendre des langues voisines, *ELA Revue de didactologie des langues-cultures.* Nº 104. Paris: Didier, 1996.

DEGACHE, C. *Développer l'intercompréhension dans l'espace linguistique roman: le programme Galatea/Socrates.* Assises de l'enseignement du et en français, séminaire de Lyon, 23-25. Aupelf-Uref. Sept. 1997. Disponível em: https://hal.archives-ouvertes.fr/hal-02307705/document. Acesso em: 30 out. 2019.

___. Nouvelles perspectives pour l'intercompréhension (Afrique de l'Ouest et Caraïbe) et évolutions du concept. In: ARAÚJO E SÁ, M. H; HIDALGO DOWNING, R; MELO-PFEIFER, S; VELA DELFA, C. (orgs.). *A Intercompreensão em Línguas Românicas.* Aveiro: GALAPRO, 2009.

DEGRAF, M. Linguists' Most Dangerous Myth: The Fallacy of Creole Exceptionalism. *Language in Society* 34, pp. 533-591.

DÉLÉGATION GÉNÉRALE À LA LANGUE FRANÇAISE ET AUX LANGUES DE FRANCE, ministère de la Culture et de la Communication. *L'intercompréhension entre langues apparentées.* Références. 2016. Disponível em: https://www.ecml.at/Portals/1/documents/intercomprehension-2015_enligne.pdf. Acesso em: 30 out. 2019.

DETEY, S; LYCHE, C. Le français de référence et la norme. In : DETEY S. *et al.* (dir.). *La prononciation du français dans le monde. Du natif à l'apprenant.* Paris: Clé International, 2016. pp. 23-29.

DOYÉ, P. *L'intercompréhension.* Strasbourg: Conseil de l'Europe, études de référence, 2005. Disponível em: www.coe.int/t/dg4/linguistic/Source/DoyeFR.pdf. Acesso em: 30 out. 2019.

DUVERGER, J. De l'enseignement bilingue à l'éducation plurilingue. *Le français dans le monde*, 355 (janv.). 2008. pp. 25-27.

ECO, U. *La ricerca della lingua perfetta nella cultura europea.* Bari: Laterza, 1994.

___. *La Recherche de la langue parfaite dans la culture européenne.* (trad.: MANGANARO, J. P.). Paris : Seuil, 1994.

EPSTEIN, I. *La pensée et la polyglossie : essai psychologique et didactique.* Paris: Payot, 1915.

ERHARD, H-S. *Latino Linguo. Jogo de tabuleiro.* Paris: Assimil, 2017.

ESCUDÉ, P. *Euro-mania Aprendo com as línguas. Manual europeu Euro-Mania. Níveis A1 e A2*. Lisboa: Lidel. Disponível em: https://www.euro-mania.eu/index.php. Acesso em: 30 out. 2019.

___. Les langues sont le lieu des apprentissages. *Cahiers Pédagogiques,* numéro spécial *Enseigner les langues aujourd'hui,* janvier 2017. Disponível em: http://www.cahiers-pedagogiques.com/Les-langues-sont-le-lieu-des-apprentissages. Acesso em: 30 out. 2019.

___. Jules Ronjat, une vie dans les langues. In: ESCUDÉ, P. *Actes du colloque Ronjat 2013 ESPE.* Toulouse: Edition des Archives Contemporaines, 2016, pp. 1-19.

___. L'intercompréhension intégrée: apprendre en apprenant par les langues. In: PLIDAM, INALCO. *Enseignement et apprentissage des langues et pratiques numériques émergentes.* Paris: Édition des Archives Contemporaines, 2015, pp. 15-25.

___. Intégrer les langues au cœur des apprentissages. *Politique, économie et didactique de l'intercompréhension,* Passages de Paris 8/2013b, pp. 42-61.

___. L'intercompréhension et ses compétences: une première lecture de l'emploi de la méthode d'apprentissage Euro-mania. In: DOYÉ, P; MEISSNER, F. J. *Lernerautonomie durch Interkomprehension: Projekte und Perspektiven.* Tübingen: Gunter Narr Verlag, 2010.

___. Les Enjeux d'un manuel européen plurilingue: présentation d'une méthode européenne. Colloque européen: didactique du plurilinguisme. (8-13 ans). 30 sept.-1 oct. IUFM de Toulouse. 2008. Disponível em: www.euro-mania.eu.

___; JANIN, P. *Le point sur l'intercompréhension clé du plurilinguisme.* Paris: Clé Internationale, 2010.

FARACO, C. *História sociopolítica da língua portuguesa.* São Paulo: Parábola, 2016.

FELIX, F. M. Guaranet: Experiências de contato e intercompreensão em guarani, português, espanhol e francês. Dissertação de mestrado. Curitiba: UFPR, 2016. Disponível em: https://acervodigital.ufpr.br/handle/1884/45946. Acesso em: 30 out. 2019.

GARDE, P. *Le Discours balkanique, les mots et les hommes.* Paris: Fayard, 2004.

GLESSGEN. M.-D. *Linguistique romane — domaines et méthodes en linguistique française et romane.* Paris: Armand-Colin, 2007.

GRICE, H. P. Logique et conversation (trad. F. Berthel e M. Bozon). *Communiations,*30, 1979, pp. 27-54.

GRIN, F. *L'enseignement des langues étrangères comme politique publique.* Paris: Haut Conseil de l'évaluation de l'école, 2005. Disponível em: https://fr.calameo.com/read/ 000018783513e23911444. Acesso em: 30 out. 2019.

HAGÈGE, C. *Le Souffle de la langue. Voies et destins des parlers d'Europe.* Paris: Éditions Odile Jacob, 1992.

HAUT CONSEIL DE L'ÉVALUATION DE L'ÉCOLE. *Quelle politique linguistique pour quel enseignement des langues?* Avis nº 19. Paris. Ministère de l'Education Nationale, de l'Enseignement supérieur et de la Recherche. 2005. Disponível em: cisad.adc.education.fr/hcee/documents/avis19.pdf. Acesso em: 25 abr 2019.

HORATIUS, F. Q. *De Arte Poetica.* Disponível em: www.perseus.tufts.edu/hopper/text?doc=Perseus:abo:phi,0893,006:46. Acesso em: 30 out. 2019.

HUCHON, M. *Histoire de la langue française.* Paris: Le livre de poche, 2002.

HUMBOLDT, W. *Introduction à l'œuvre sur le kavi et autres essais.* Trad. P. Caussat. Paris: Seuil, 1974.

ILARI, R. *Linguística românica.* São Paulo: Editora Contexto, 2018.

IRDP. Institut de Recherche et de Documentation Pédagogique. *EOLE Education et ouverture aux langues à l'école.* Neuchâtel, 2014. Disponível em: http://eole.irdp.ch/eole/. Acesso em: 30 out. 2019.

JAKOBSON, R.; LÉVI-STRAUSS, C. *Correspondance 1942-1982.* Trad.: P. Maniglier. Paris: Editions du Seuil, 2018.

JAMET, M-C. (dir.). *Orale e intercomprensione tra lingue romanze, ricerche e implicazioni didattiche.* Venise: Libreria Editrice Cafoscarina s.r.l., 2009.

JANIN, P. Développer le plurilinguisme, enjeu essentiel de notre temps: quel rôle pour l'intercompréhension?. In : GONÇALVES, C; GROUX, D. (dir.). *Approches comparées de l'enseignement des langues et de la formation des enseignants.* Paris: L'Harmattan, 2009, pp. 49-69.

JAURÈS, J. Jean Jaurès e o ensino de línguas regionais da França. Trad.: F. J. Calvo del Olmo. *Revista X*, v. 2, p. 1-15, 2014. Disponível em: https://revistas.ufpr.br/revistax/article/view/40319. Acesso em: 30 out. 2019.

KERBRAT-ORECCHIONI, C. Analyse des conversations et négociations conversationnelles. In: Grosjean, M; Mondada, L. (eds.). *La négociation au travail*. Lyon: Presses Universitaires de Lyon, 2004.

LAFONT, R. *Quarante ans de sociolinguistique à la périphérie*. Paris: L'Harmattan, 1997.

LAGARES, X. C; BAGNO (orgs.). *Políticas da norma e conflitos linguísticos*. São Paulo: Parábola Editorial, 2011.

LANCELOT, C. *Nouvelle méthode pour apprendre facilement et en peu de temps la langue latine contenant les rudiments et les regles des genres, des déclinaisons, des preterits, de la syntaxe et de la quantité. Mises en françois, avec un ordre tres-clair et tres-abregé.* Paris: Antoine Vitré, 1644.

LAPIERRE, J. W. *Le pouvoir politique et les langues*. Paris: PUF, 1988.

LUCCHESI, D. *Língua e sociedade partidas: a polarização sociolinguística do Brasil*. São Paulo: Contexto, 2015.

MARTINS, B. F.; MOHR, D. ; OLMO, F. J. C. ; SANTOS, J. P. ; DONADEL, V. Alunos falantes de línguas neolatinas do curso de PLE no CELIN-UFPR: perfil, necessidades e interesses. In: RUANO, B. P; SANTOS, J. M. P; SALTINI, L.M L. (orgs.). *Cursos de português como língua estrangeira no CELIN-UFPR: Práticas docentes e experiências em sala de aula*. Curitiba: Editora UFPR, 2016, pp. 75-94.

MARTY-LAVEAUX, C. "Langues romanes". In: BUISSON, F. *Dictionnaire de Pédagogie et d'instruction primaire*, tomo 2, 2ª parte, 1888.

MASELLO, L. Présentation du projet Lectures sur l'Amérique Latine en Intercompréhension. *Synergies Brésil*, 13. pp. 109-125. Disponível em: http://gerflint.fr/Base/Bresil13/masello.pdf Acesso em: 30 out. 2019.

MEISSNER, F. J. et al. *EuroComRom — les sept tamis: lire les langues dès le départ. Avec une introduction à la didactique de l'intercompréhension*. Aachen: Shaker Verlag, 1999.

___. Que pourra apporter la didactique du plurilinguisme au développement de l'école européenne? *Les Langues Modernes*, nº 1/2008, pp. 39-50.

___. Le transfert dans la didactique du plurilinguisme. In : KISCHEL, G. (org.). *EuroCom. Mehrsprachiges Europa durch Intercomprehension in Sprachfamilien*. Tagungsband des Internationalen Fachkongresses. Hagen. 9-10. Aachen. Shaker Verlag. November 2001, pp. 46-57.

MESCHONNIC, H. *De la langue française. Essai sur une clarté obscure*. Paris: Hachette, 1997.

MEUNIER, O. *De la démocratisation de la société à celle des formes de connaissance. Vers une ouverture de la forme scolaire aux savoirs socioculturels*. Paris: L'Harmattan, 2008.

MORENO CABRERA, J.C. *La dignidad e igualdad de las lenguas*. Madrid: Alianza Editorial, 2016.

OLIVEIRA, J. M. F. d'; MARTINS, S. A. *Intercompreensão de línguas românicas e língua inglesa*. Natal: IFRN, 2017. Disponível em: https://memoria.ifrn.edu.br/handle/1044/971 Acesso em: 30 out. 2019.

OLLIVIER, C. Le linguistique et le non linguistique en intercompréhension. *Cahiers de l'Acedle*, 3. pp. 127-149. Disponível em: https://eurofle.wordpress.com/category/intercomprehension/. Acesso em: 30 out. 2019.

PERREGAUX, C. *Les Enfants à deux voix. Des effets du bilinguisme sur l'apprentissage de la lecture*. Bern: Peter Lang, 1994.

PORQUIER, R; PY, B. *Apprentissage d'une langue étrangère, contexte et discours*. Paris: Didier/CREDIF, 2004.

POSNER, R. *Las lenguas románicas*. Trad.: S. Iglesias. Madrid: Cátedra, 1998.

PY, J; SOMAT, A. Normativité, conformité et clairvoyance : leurs effets sur le jugement évaluatif dans un contexte scolaire. In: BEAUVOIS, J. L.; JOULE, R. V.; MONTEIL, J. M. (eds.). *Perspectives cognitives et conduites sociales*, vol 3. DelVal : Cousset, pp. 167-193.

QUENEAU, R. *Exercices de style*. Paris: Gallimard, 2018 [1947].

RAYNOUARD, F.-J.-M. *Grammaire comparée des langues romanes de l'Europe Latine*. Paris: Imprimerie de Firmin Didot, 1821.

REINHEIMER, S.; TASMOWSKI, L. *Pratique des langues romanes.* Paris: L'Harmattan, 1997.
RENZI, L. *Nuova introduzione alla filologia romanza.* Bologna: Il Mulino, 1985.
REUILLON-BLANQUET, M. "Grammaire des Dames et apprentissage des langues". In: AYRES-BENNETT, W. (ed.). *Histoire, Épistémologie, Langage. La grammaire des dames.* 16/11,1994, pp. 55-76.
RONJAT, J. *La Syntaxe du provençal moderne.* Mâcon: Protat frères, 1913.
___. *Le Développement du langage observé chez un enfant bilingue.* Edição P. Escudé. Francfort: Peter-Lang, 2014 [1913].
ROULET, E. *Langue maternelle et langues secondes. Vers une pédagogie intégrée,* Paris: Didier, 1980.
SAUSSURE, F. *Cours de linguistique générale.* Paris: Éditions Payot & Rivages, 2016 [1916].
___. *Curso de linguística geral.* Trad.: A. Chelini; J. P. Paes; I. Blikstein. São Paulo: Cultrix, 2006.
SCHMIDELY, J; ALVAR EZQUERRA, M; GONZÁLEZ, C. H. *De una a cuatro lenguas. Del español al portugués, al italiano y al francés.* Madrid: Arco Libros, 2016.
SIMONE, R. Gramática mental comparada. *Le français au monde,* 1997. pp. 28-29.
SKUTNABB-KANGAS, T. *Pourquoi préserver et favoriser la diversité linguistique en Europe? Quelques arguments.* Strasbourg: Conseil de l'Europe, études de référence, 2002. Disponível em: www.coe.int/t/dg4/linguistic/Source/Skuttnab-KangasFR.pdf. Acesso em: 30 out. 2019.
SOUZA, R. E. G. Didática do plurilinguismo: efeitos da intercompreensão de línguas românicas na compreensão de textos escritos em português. Tese de doutorado. 2013. Disponível em: http://repositorio.ufrn.br:8080/jspui/bitstream/123456789/16388/1/RudsonEGS_TESE.pdf. Acesso em: 30 out. 2019.
SWIGGER P. Les études linguistiques romanes des origines jusqu'au début du XIXe siècle : les "prémices" de la romanistique. In: KLUMP A; KRAMER J; WILLEMS A. (eds.). *Manuel des langues romanes.* Berlin: De Gruyter, 2014, pp. 13-42.
TABOURET-KELLER, A. *Le bilinguisme en procès, cent ans d'errance.* Limoges: Lambert-Lucas, 2013.
TEYSSIER, P. *Comprendre les langues romanes, méthode d'intercompréhension. Du français, à l'espagnol, au portugais, à l'italien et au roumain.* Paris: Chandeigne. 2004.
TOST, M. P. I progetti europei d'intercomprensione tra parlanti di lingue romanze. In: BENUCCI, A. (ed). *Le lingue romanze, una guida per l'intercomprensione.* Torino: UTET, 2005, pp. 15-54.
TRUCHOT, C. *Europe: l'enjeu linguistique.* Paris: La Documentation Française, 2008.
VYGOTSKI, Lev. *Pensée et langage.* Trad.: Françoise Sève. Paris: La Dispute, 1997, pp. 374-376.
VALENTE, S. *Convergences et différences dans l'enseignement de l'intercompréhension et du Français Langue Etrangère (FLE): conception du matériel pédagogique et expérience en contexte brésilien.* Dissertação de mestrado, 2015. Vol 1 e 2. f. 316. Disponível em: https://acervodigital.ufpr.br/handle/1884/40260. Acesso em: 30 out. 2019.
YAGUELLO, M. *Catalogue des idées reçues sur le langage.* Paris: Le Seuil, 1988.
ZEMB, J. M. *Des raisons de mieux comprendre que la raison comprend assez bien. Compreendre les langues, aujourd'hui.* Paris: La Til Éditeur, 1995.

Série Estratégias de ensino

1. *O ensino do espanhol no Brasil*, João Sedycias [org.]
2. *Português no ensino médio e formação do professor*, Clecio Bunzen & Márcia Mendonça [orgs.]
3. *Gêneros catalisadores — letramento e formação do professor*, Inês Signorini [org.]
4. *A formação do professor de português — que língua vamos ensinar?*, Paulo Coimbra Guedes
5. *Muito além da gramática — por um ensino de línguas sem pedras no caminho*, Irandé Antunes
6. *Ensinar o brasileiro — respostas a 50 perguntas de professores de língua materna*, Celso Ferrarezi Jr.
7. *Semântica para a educação básica*, Celso Ferrarezi Jr.
8. *O professor pesquisador — introdução à pesquisa qualitativa*, Stella Maris Bortoni-Ricardo
9. *Letramento em EJA*, Maria Cecilia Mollica & Marisa Leal
10. *Língua, texto e ensino — outra escola possível*, Irandé Antunes
11. *Ensino e aprendizagem de língua inglesa — conversas com especialistas*, Diógenes Cândido de Lima [org.]
12. *Da redação à produção textual — o ensino da escrita*, Paulo Coimbra Guedes
13. *Letramentos múltiplos, escola e inclusão social*, Roxane Rojo
14. *Libras? Que língua é essa?*, Audrei Gesser
15. *Didática de línguas estrangeiras*, Pierre Martinez
16. *A palavra e a sentença — estudo introdutório*, Ronaldo de Oliveira Batista
17. *Coisas que todo professor de português precisa saber*, Luciano Amaral Oliveira
18. *Gêneros textuais & ensino*, Angela Paiva Dionisio, Anna Rachel Machado & Maria Auxiliadora Bezerra [orgs.]
19. *As cadeias do texto — construindo sentidos*, Cláudia Roncarati
20. *Produção textual na universidade*, Désirée Motta-Roth & Graciela Rabuske Hendges
21. *Análise de textos — fundamentos e práticas*, Irandé Antunes
22. *Dicionários escolares — políticas, formas & usos*, Orlene Lúcia de Sabóia Carvalho & Marcos Bagno [orgs.]
23. *Inglês em escolas públicas não funciona? Uma questão, múltiplos olhares*, Diógenes Cândido de Lima [org.]
24. *Dicionários na teoria e na prática — como e para quem são feitos*, Claudia Xatara, Cleci Regina Bevilacqua & Philippe Humblé
25. *Gêneros textuais — reflexões e ensino*, Acir Mário Karwoski, Beatriz Gaydeczka & Karim S. Brito
26. *Letramentos de reexistência — poesia, grafite, música, dança: hip-hop*, Ana Lúcia Silva Souza
27. *Pesquisar no labirinto — a tese, um desafio possível*, Francisco Perujo Serrano
28. *O território das palavras — estudo do léxico em sala de aula*, Irandé Antunes
29. *Multiletramentos na escola*, Roxane Rojo & Eduardo Moura [orgs.]
30. *Leitura e mediação pedagógica*, Stella Maris Bortoni-Ricardo et alii [org.]
31. *Numeramento — aquisição das competências matemáticas*, Michel Fayol
32. *Letramentos no ensino médio*, Ana Lúcia Silva Souza, Ana Paula Corti & Márcia Mendonça
33. *Neologia em português*, Margarita Correia & Gladis Maria de Barcellos Almeida
34. *Língua e literatura: Machado de Assis na sala de aula*, Alexandre Huady Torres Guimarães & Ronaldo de Oliveira Batista
35. *O ouvinte e a surdez — sobre ensinar e aprender a libras*, Audrei Gesser
36. *Ensinar na universidade — conselhos práticos, dicas, métodos pedagógicos*, Markus Brauer
37. *Os doze trabalhos de Hércules — do oral para o escrito*, Stella Maris Bortoni-Ricardo & Veruska Ribeiro Machado [orgs.]
38. *Múltiplas linguagens para o ensino médio*, Clecio Bunzen & Márcia Mendonça [orgs.]
39. *Leitura de literatura na escola*, Maria Amélia Dalvi, Neide Luzia de Rezende & Rita Jover-Faleiros [orgs.]
40. *Escol@ conectada — os multiletramentos e as tics*, Roxane Rojo [org.]
41. *Sete erros aos quatro ventos — a variação linguística no ensino de português*, Marcos Bagno
42. *Cenas surdas: os surdos terão lugar no coração do mundo?*, Renato Dente Luz
43. *Aquisição de linguagem*, Michèlle Kail
44. *Métodos de ensino de inglês — teorias, práticas, ideologias*, Luciano Amaral Oliveira
45. *Aquisição da escrita*, Michel Fayol
46. *Pedagogia do silenciamento — a escola brasileira e o ensino de língua materna*, Celso Ferrarezi Jr.
47. *Por que a escola não ensina gramática assim?*, Stella Maris Bortoni-Ricardo et al. [orgs.]
48. *Aquisição de segunda língua*, Vera Lúcia Menezes de Oliveira e Paiva
49. *Gramática contextualizada — limpando "o pó das ideias simples"*, Irandé Antunes
50. *Língua, Linguagem, linguística — pondo os pingos nos ii*, Marcos Bagno
51. *Hipermodernidade, multiletramentos e gêneros discursivos*, Roxane Rojo & Jacqueline Barbosa
52. *Produzir textos na educação básica — o que saber, como fazer*, Celso Ferrarezi Jr. & Robson S. de Carvalho
53. *Faça a diferença — ensinar línguas estrangeiras na educação básica*, Alex Garcia da Cunha & Laura Miccoli [orgs.]
54. Coaching *instrucional — formação continuada e ensino de línguas*, Alex Garcia da Cunha
55. *Fonologia, fonética e ensino — guia introdutório*, Mikaela Roberto
56. *De alunos a leitores — o ensino da leitura na educação básica*, Celso Ferrarezi Jr. & Robson S. de Carvalho
57. *Enunciado de atividades e tarefas escolares — modos de fazer*, Denise Lino de Araújo
58. *Tiras no ensino*, Paulo Ramos
59. *O mundo na sala de aula — intertextualidade nos anos finais do ensino fundamental*, Maria Silvia Gonçalves
60. *Textualidade — noções básicas e implicações pedagógicas*, Irandé Antunes
61. *Poesia na sala de aula*, Hélder Pinheiro
62. *Ensinar a ler, aprender a avaliar — avaliação diagnóstica das habilidades de leitura*, Robson S. de Carvalho
63. *Oralidade na educação básica — o que saber, como ensinar*, Robson Santos de Carvalho & Celso Ferrarezi Jr.
64. *Vygotsky — a interação no ensino/aprendizagem de línguas*, Francisco José Quaresma de Figueiredo
65. *Intercompreensão — a chave para as línguas*, Pierre Escudé & Francisco Calvo del Olmo

nota da editora

DIGA NÃO À CÓPIA

pratique essa ideia

Quando você copia uma obra, está contribuindo para que nos próximos anos os alunos não tenham mais o que copiar, porque:

1. Não haverá autores interessados em produzir textos. A produção de um livro demanda muito tempo, formação específica e dedicação, e eles precisam trabalhar para viver.
2. Também não haverá editoras interessadas em investir em uma obra que ficará estocada, especialmente quando se tratar de obras traduzidas. Os alunos do futuro terão de ler as obras na língua em que foram editadas.
3. E mais: você está contribuindo para acabar com o emprego de funcionários de gráficas, editoras, para o fechamento de livrarias, para o empobrecimento da cultura do país, além, é claro, de violar a lei de direitos autorais (Lei nº 9.610/98), praticando um CRIME previsto no artigo 184 do Código Penal, sem prejuízo de ter que reparar o dano causado.

E para que isso? A cópia custa em média R$ 0,15 por página. Este livro, R$ 0,16. POR QUE, ENTÃO, NÃO TÊ-LO?

Além do mais, cópias se perdem ao longo do temppo. O livro não. Ele é para sempre, pode ser repassado a outras pessoas, é fundamental para a formação de todo profissional que se pretenda competente. Todo bom profissional precisa de uma biblioteca própria. Para isso a Parábola Editorial contribui pondo no mercado livros com qualidade gráfica e de conteúdo a melhor preço que a cópia.

Quando você diz não à cópia, está dizendo não à violência e à falta de ética... Pode não parecer, mas quando copia uma obra na qual se empenhou tanto trabalho para que ela virasse um livro e chegasse ao mercado, você está colaborando com a corrupção que alimenta nosso crônico atraso!

Esta obra foi composta em Cambria 11/15 e Calibri 10/14
e impressa em papel Lux Cream 60g
para a **Parábola Editorial** em dezembro de 2019.

Impressão e acabamento:
Gráfica Paym